Kapitalismus – eine Religion in der Krise II

Religion – Wirtschaft – Politik

——

Schriftenreihe des Zentrums für Religion, Wirtschaft und Politik
Herausgegeben von
Georg Pfleiderer (geschäftsführend), Martin Baumann,
Pierre Bühler, Gerd Folkers, Antonius Liedhegener,
Jürgen Mohn, Wolfgang W. Müller, Daria Pezzoli-Olgiati,
Konrad Schmid, Peter Seele und Jörg Stolz

——

Band 9 – 2015

Georg Pfleiderer | Peter Seele | Harald Matern (Hg.)

Kapitalismus – eine Religion in der Krise II

Aspekte von Risiko, Vertrauen, Schuld

Bibliografische Informationen der Deutschen Nationalbibliothek

Die Deutsche Nationalbibliothek verzeichnet diese Publikation in der Deutschen Nationalbibliografie; detaillierte bibliografische Daten sind im Internet über http://dnb.d-nb.de abrufbar.

Umschlaggestaltung: Simone Ackermann, Zürich
Druck: ROSCH-BUCH, Scheßlitz

© 2015
Pano Verlag, Zürich www.pano.ch
Nomos Verlagsgesellschaft, Baden-Baden www.nomos.de

ISBN 978-3-290-22030-3 Pano Verlag
ISBN 978-3-8487-0698-3: Nomos Verlag (Print)
ISBN 978-3-8452-4909-4: Nomos Verlag (ePDF)

Vorwort

Ob die Krise der internationalen Finanzwirtschaft, die im Sommer 2008 begann, überstanden ist oder noch andauert, ist unter Experten wie in der medialen Öffentlichkeit umstritten. Die Aktienmärkte haben sich in den letzten Jahren eindrucksvoll erholt; die europäische Staatsschuldenkrise im Schlepptau der internationalen Finanzmarktkrise scheint fürs Erste eingedämmt. Aber ob die zwischenzeitlich etablierten Instrumente ausreichen, um Nachfolgeerscheinungen jener Banken- und dieser Staatsschuldenkrise – oder andere Krisen des finanzgetriebenen Wirtschaftssystems künftig zu verhindern oder wenigstens abzufedern, weiss niemand.

In solchen unübersichtlichen Situationen, wie sie Krisen – eben vergangene, noch andauernde oder künftige – sind, ist kommunikatives Handeln, einfacher gesagt: gemeinsame Beratung, wichtig. Die im vorliegenden Band versammelten Beiträge sind Ausdruck des Versuchs solcher gemeinsamen Beratung. Deren probate Form im Wissenschaftssystem ist der interdisziplinäre Diskurs.

Der diskursive Anlass, auf den die Arbeiten zurückgehen, ist die Abschlusstagung der dritten Staffel des Forschungskollegs des interuniversitären Zentrums für Religion, Wirtschaft und Politik / Collegium.Helveticum-Basel. Sie fand in Basel Anfang November 2011 – also auf oder kurz nach dem Höhepunkt jener Finanzmarktkrise – statt. Die überwiegend in den Monaten danach für den Druck überarbeiteten Beiträge sind davon geprägt. Dass die Verfasserinnen und Verfasser sie auch nach drei Jahren, welche der Veröffentlichungsprozess aus verschiedenen Gründen leider in Anspruch genommen hat, kaum zu verändern brauchten, könnte dafür sprechen, dass sie – zumindest aus der Sicht ihrer Autorinnen und Autoren – kein allzu kurzfristiges Verfallsdatum haben.

Die Probleme, die seit 2008 manifest wurden, beschäftigen uns weiter und werden uns noch lange beschäftigen. Das gilt auch und insbesondere für Fragen, die auf die tiefer liegenden kollektiv-mentalen bzw. kulturellen Strukturen und Gründe jener Wirtschaftskrisen gerichtet sind. Dazu zählt auch die Frage nach dem Verhältnis von Religion und moderner Wirtschaft. Die Leitbegriffe Risiko, Vertrauen und Schuld versuchen diese Verhältnisbestimmung zu organisieren; ihre Bedeutung reicht aber auch darüber hinaus.

Der vorliegende Band, der wie gesagt, in seinem Ursprung ein Tagungsband ist, ergänzt den ersten Band, der die grösseren, während der zweijährigen gemeinsamen Forschungsperiode entstandenen Arbeiten der fünf Fellows des

Kollegs enthält.[1] Da jeder der Fellows einen weiteren Wissenschaftler seiner Wahl zur Abschlusskonferenz einladen konnte, ist das Bild, das dieser
zweite Band bietet, noch einmal vielgestaltiger und aspektreicher als das des
ersten. Auf diese Weise hoffen wir nun, eine im ersten Band stärker in die
Tiefe gehende, im zweiten eine noch stärker disziplinär und perspektivisch
ausdifferenzierte Sicht der genannten Krisen, ihrer Gründe und Hintergründe,
insbesondere mit Blick auf darin involvierte religiöse Dimensionen und Aspekten vorlegen zu können.

Der Abschlusskonferenz war eine für solche wissenschaftlichen Insiderdiskurse relativ ungewöhnlich intensive mediale Aufmerksamkeit zuteil geworden.[2] Diese würden sich die Herausgeber natürlich auch für diesen Band
erhoffen.

Wir haben vielfältig zu danken: zuerst den Fellows des Kollegs, Prof. Birger P. Priddat, Prof. Jochen Hörisch, Dr. Christoph Weber-Berg, Prof. Paul
H. Dembinski und Prof. Marc Chesney für ihre Mitwirkung an der Planung
jener Abschlusskonferenz und gegebenenfalls für ihre neuerlichen eigenen
Beiträge. Ausserdem danken wir den auf ihre Empfehlung eingeladenen Wissenschaftlerinnen und Wissenschaftler für ihre – teilweise weite Anreisen nicht
scheuende – Teilnahme an der Basler Konferenz sowie für die Erstellung und
Überlassung ihrer ausgearbeiteten Vorträge.

Zu danken ist ferner wiederum Prof. Daria Pezzoli-Olgiati, der Direktorin
des ZRWP und Prof. Gerd Folkers, dem Direktor des Collegium Helveticum,
für vielfältige Unterstützung und Begleitung, wie auch dem letzteren für massgebliche finanzielle Förderung der Konferenz.

Den Herausgebern der Reihe Religion – Wirtschaft – Politik danken wir
für die Aufnahme des Bandes. Grosser Dank gilt ferner wiederum den beiden Verlagen Pano/Zürich und Nomos/Baden-Baden, insbesondere Frau
Beate Bernstein vom Nomosverlag, für die erneut konstruktive verlegerische
Betreuung – und nicht zuletzt für ihre Geduld.

Die redaktionellen Arbeiten an den Beiträgen des Bandes wurden in vorbildlicher Weise von einem Team von studentischen Hilfsassistierenden erledigt; wir danken diesbezüglich Felix Hediger, Paul Schalck sowie Giulia Vitelli.

---

1   Vgl. Peter Seele, Georg Pfleiderer (Hg.), Kapitalismus – eine Religion in der Krise I. Grundprobleme von Risiko, Vertrauen, Schuld (Religion – Wirtschaft – Politik, hrsg. v. Georg
    Pfleiderer u. a., Band 8, Zürich / Baden-Baden 2013).
2   Vgl. inbesondere: Grau, Alexander, Kapitalismus als Glaube. Hypotheken: Eine Tagung
    zur Religion der Ökonomie, in: FAZ, 9.11.2011; Wenzel, Uwe Justus, Selber Schuld, in: NZZ,
    8.11.2011.

Finanziell ermöglicht wird das ZRWP und in dessen Rahmen das Forschungskolleg seit 2008 dankenswerter Weise durch die Förderung der Schweizerischen Universitätskonferenz im Rahmen des Programms «Innovations- und Kooperationsprojekte» (2008–2011 bzw. 2012 und erneut 2013–2016). Ausserdem danken wir der Universität Basel und ihrer Theologischen Fakultät für finanzielle und infrastrukturelle Unterstützung. Der Freiwilligen Akademischen Gesellschaft (FAG) Basel danken wir für einen grosszügigen pauschalen Beitrag an die Druckkosten der sechs Bände der ersten drei Staffeln des Forschungskollegs, die mit diesem – lange erwarteten Band – nun einen ersten Abschluss erreichen. Weitere Bände aus den Aktivitäten der 2013 gestarteten vierten und einer in Planung befindlichen fünften Staffel werden zu gegebener Zeit hoffentlich folgen.

Basel und Lugano im August 2014

Georg Pfleiderer
Peter Seele
Harald Matern

Inhaltsverzeichnis

Georg Pfleiderer, Peter Seele, Harald Matern

Kapitalismus – eine Religion in der Krise. Einleitendes zu Aspekten von «Risiko», «Vertrauen» und «Schuld»

1.   Kapitalistische Wirtschaft und Religion

Aus einer weit verbreiteten zeitgenössisch modernen Wahrnehmungsperspektive dürfte kaum eine gesellschaftliche Teilsphäre weiter von der der Religion entfernt sein als die der geldgetriebenen, kapitalistischen Wirtschaft. Anders als etwa zur Politik (Macht, Souveränität!), zur Kunst (das Erhabene!), zu Familie (Vertrautheit/Intimität) oder zu den Medien (Charisma) scheint es zu der auf effizienzorientierte Gütererzeugung ausgerichteten modernen kapitalistischen Wirtschaft auf den ersten Blick kaum Verbindungen, geschweige denn Überschneidungen zu geben. Die kalte, anonyme Rationalität der Wirtschaft, nämlich des Geldes, steht der «warmen» Irrationalität religiöser Bindungsverhältnisse, wie sie zumindest für viele moderne Religionsformen typisch sind («lieber Gott»), scheinbar diametral gegenüber.

Doch bei näherem Hinsehen gibt es valable Anzeichen, dass dieser Schein trügt. Ein Bündel solcher Hinweise steckt in den Kernbegriffen der klassischen neuzeitlichen ökonomischen Semantik. «Kredit» z. B. kommt von «Credo»: Auf beiden Feldern spielt offenbar Glauben, nämlich Glaubwürdigkeit und Vertrauen, eine wichtige Rolle. Vertrauen ist wichtig, wo Schulden gemacht werden. Für die moderne Marktwirtschaft ist Verschuldung aber essentiell: ohne Schulden (in der Regel) keine Investitionen. Ohne Investitionen keine Werte, keine Mehr-Werte. Mehrwerterzeugung ist schöpferisch. Auch die Semantik des Schöpfens ist sowohl in der Religion wie auch in der Wirtschaft präsent; nicht umsonst spricht man von Wert-Schöpfung; aber auch zwischen «Erlös» und «Erlösung» sind die Beziehungen unverkennbar. Investitionen in Wertschöpfungen setzen Vertrauen auf Zukunft hin voraus; denn sie sind risikobehaftet. Investitionen können scheitern, Schulden können offen bleiben. Aus Schulden kann Schuld werden.[1]

---

1   Wir nehmen hier bewusst einleitende Überlegungen des ersten Bandes dieses Doppelwerks auf, um den Zusammenhang bzw. die gemeinsame Ausgangsbasis deutlich zu machen.

In die Prozesslogik kommunikativer, weil notorisch arbeitsteiliger und Kapital teilender moderner ökonomischer Warenerzeugung scheinen mithin zumindest Erinnerungen an Beziehungsformen eingelagert, die wenigstens in früheren Zeiten religiös subkodiert waren. Aber die Beziehungen zwischen moderner Wirtschaft und Religion könnten sogar noch enger und ursprünglicher sein. Sie könnten im Kern damit zu tun haben, dass das Geld als die eigentliche Substanz moderner kapitalistischer Marktwirtschaft selbst ein «God-term» (Jochen Hörisch) ist. Schon Georg Simmel hat die Eigenlogik des Geldes mit der auf Nikolaus von Kues zurückgehenden Bestimmung Gottes als der *coincidentia oppositorum*, des Zusammenfalls der Gegensätze, in Verbindung gebracht.[2] Geld hat (grundsätzlich) – wie Gott – keine Materialität; d. h. alle Materialität, die es annimmt, ist symbolischer Natur; es kann (grundsätzlich) für alles stehen; es ist (grundsätzlich) unendlich – wie Gott. Banknoten erinnern oft an solche Zusammenhänge; die Dollarnote etwa ist voller Verweise auf religiöse Bezüge.[3] Auch in der Geschichte des Geldes spielt Religion eine wichtige Rolle. Die Tempel waren die ersten Banken, das erste Geld war vermutlich Tempelgeld. Das hängt damit zusammen, dass in archaischen oder antiken Kulturen die Tempel grosse Sammel- und Umschlagplätze von Gütern waren. Opfergaben mussten gegen Geld bzw. speicher- oder konsumierbare Gaben (Versorgung der Priester) getauscht werden. Opfer basieren selber auf Tausch. Tier- oder Sachopfer sind Stellvertreter für die opfernden Menschen selbst. Das Heilige ist ein Tauschort, auch und gerade in religiöser Perspektive. Im Christentum gilt dies sogar pointiert: Im Kolosserbrief heisst es «Er [sc. Christus] hat den Schuldschein, der gegen uns sprach, durchgestrichen und seine Forderungen, die uns anklagten, aufgehoben. Er hat ihn dadurch getilgt, dass er ihn an das Kreuz geheftet hat.» (Kol. 2,14). Personale Schuld kann vom Priester konvertiert werden in Sachleistungen. Das mittelalterliche Bussinstitut mit seinen Poenitentialien (Bussbüchern) ist das vielleicht elaborierteste Beispiel. Das bekannteste Beispiel religiöser Ökonomie schliesslich ist das hoch- und spätmittelalterliche Ablasswesen, bei dem zeitliche Sündenstrafen nach dem Tod (Jahre im Fegefeuer) (nicht nur eigene, sondern auch die anderer, etwa verstorbener Verwandter) in Geldabgaben konvertiert werden konnten.

Von solchen Beispielen ausgehend könnte man auf die Idee kommen, dass diese Ökonomisierung zugleich eine Pervertierung ursprünglicher Religion ist. Gerade aus einer protestantischen Perspektive scheint das der Fall zu

---

2   Vgl. Simmel, Georg, Philosophie des Geldes, hrsg. von David P. Frisby und Klaus Christian Köhnke, Gesamtausgabe Band 6, Frankfurt am Main 1989, 305.
3   Vgl. dazu Hörisch, Jochen, Kopf oder Zahl. Die Poesie des Geldes, Frankfurt am Main 1996, 75 f.

sein. Man könnte die Reformation, insbesondere die lutherische, geradezu als den Versuch einer möglichst klaren Trennung von Religion und Ökonomie, einer Rückführung der Religion auf ihre ureigenen und darum gerade nicht ökonomischen Prinzipien verstehen. Gott schenkt seine Gnade aus freien Stücken, ohne dass er eine Vorleistung oder Gegengabe erwartet. Das ist auch grundsätzlich kein schlechter Deutungsansatz. Trotzdem wäre er sehr einseitig. Ein bekanntes Gegenbeispiel sind hochreligiöse protestantische Gruppen, die zugleich ausgesprochen wirtschaftsorientiert waren: die calvinistischen Freikirchen der Puritaner, insbesondere in den USA. Das ist bekanntlich Max Webers berühmte These von der Affinität von protestantischem Ethos (dieser Art) und kapitalistischem Geist.[4]

Max Webers Affinitätsthese von religiösem Ethos und kapitalistischem Geist bezieht sich rein auf die Seite subjektiver Motivation. Nun gibt es aber auch noch stärkere, systemische Versionen einer solchen Affinitätsthese. Der wohl klassischste Fall ist Walter Benjamins Fragment «Kapitalismus als Religion».[5] Darin wird die moderne kapitalistische Marktwirtschaft selbst und als solche als eine Form von Religion gedeutet. Die These ist eine metamorphose-theoretische Variante einer Säkularisierungstheorie. Sie verbindet sich nämlich mit der Überlegung, dass gerade das Christentum eine Art Vorstufe zum Kapitalismus als neuer – postchristlicher, postreligiöser – Universalreligion gebildet habe. Verschiedene moderne Theoretiker haben seither diese – bei Benjamin etwas änigmatischen – Gedanken weitergesponnen. Dazu zählt etwa der bereits erwähnte Literatur- und Medienwissenschaftler Jochen Hörisch. Ein zweiter ist der Soziologe Christoph Deutschmann: Auch er spricht von der religiösen Natur des Kapitalismus. Der Kapitalismus lebe von der «Verheissung des absoluten Reichtums»[6]. Es ist die Unendlichkeit des Geldes, die diese paradiesisch-eschatologische Fluchtlinie der modernen Marktwirtschaft bildet. Weitere Vertreter solcher Thesen sind etwa der evangelische Theologe Falk Wagner[7] und der katholische Theologe Thomas Ruster.[8]

---

4   Vgl. Weber, Max, Die protestantische Ethik und der «Geist» des Kapitalismus, hrsg. und
      eingeleitet von Klaus Lichtblau und Johannes Weiss, Weinheim 1993.
5   Vgl. Benjamin, Walter, Kapitalismus als Religion, in: Baecker, Dirk (Hg.), Kapitalismus als
      Religion, 2. Aufl., Berlin 2004, 15–18.
6   Vgl. Deutschmann, Christoph, Die Verheissung des absoluten Reichtums. Zur religiösen
      Natur des Kapitalismus, 2. überarb. Aufl., Frankfurt am Main 2001.
7   Wagner, Falk, Geld oder Gott? Zur Geldbestimmtheit der kulturellen und religiösen Lebens-
      welt, Stuttgart 1984.
8   Ruster, Thomas, Der verwechselbare Gott, Theologie nach der Entflechtung von Chris-
      tentum und Religion, Freiburg i. B. u. a. 2000.

Beide gehen auf auf den Spuren Benjamins, Hegels und der Frankfurter Schule von einer strukturellen Affinität von Geld und Gott bzw. eben «Geld oder Gott» aus, die zu einem «verwechselbare[n] Gott» führen könne.

Ein sehr aktuelles und aus unserer Sicht besonders gelungenes Beispiel für solche Thesen und Spurensuchen liefert jetzt der Kulturphilosoph Joseph Vogl mit seinem Essay «Das Gespenst des Kapitals»[9]. Seine These ist, dass die auf strikte Rationalität setzende moderne neo-liberale Geldökonomie mit ihren dazu gehörigen Theorien der reinen Marktrationalität die ferne Erbin theologischer Metaphysik sei. Er spricht von einer Verwandlung der Theodizee in eine Ökodizee, die sich klassisch bei Adam Smith, in Gestalt seiner berühmten Theorie der unsichtbaren Hand, vollzogen habe. Der moderne ökonomische Liberalismus sei in Wahrheit ein Naturalismus, der dem Markt vermeintliche Newtonsche Naturgesetze einschreibt, eine Kosmologie, die ihrerseits von der absoluten Rationalität der Theologie abkünftig sei. Der sich selbst richtende, rational-effiziente Markt sei ein moderner Mythos, der in den Krisen der letzten Jahre als solcher aufgedeckt worden sei. Stattdessen gehe es darum, die Fallibilität, die Endlichkeit und Fehlbarkeit des Marktes und der Marktteilnehmer zu entdecken und ihnen solchermassen jegliche theologisch-metaphysischen Herkünfte und Hintergründe auszutreiben.

Vogls kluger Essay stellt den Versuch einer kulturphilosophischen Tiefenanalyse der Mechanismen dar, die u. a. zur jüngsten Krise des internationalen Finanzmarktsystems geführt haben. Im Schatten dieser Krise sind auch die hier versammelten Beiträge entstanden. Anders als jene kleine Monographie suchen sie nicht nach einer Tiefendeutung aus einer einzigen Zentralperspektive, sondern bleiben vielstimmig, multidisziplinär und hinsichtlich ihrer Theorieansätze und -interessen durchaus widersprüchlich.

Wie die Beiträge des ersten Bandes verstehen auch die hier mitwirkenden Autorinnen und Autoren, wenn auch in unterschiedlichem Mass und unterschiedlicher Intensität, das gegenwärtige Wirtschafts- und insbesondere Finanzwirtschaftssystem als eine «Religion in der Krise». Wie dort wird auch im hier vorliegenden, an jenen ersten anschliessenden Band, versucht, solchen Beziehungen nachzugehen anhand der drei zentralen Begriffe Risiko, Vertrauen und Schuld. Einzuräumen ist, dass die hier versammelten Beiträge noch vielstimmiger sind als die des ersten Bandes. Anders als jene verdanken sie sich nicht einer zweijährigen gemeinsamen Arbeit mit zahlreichen Zusammenkünften, sondern – nur, aber immerhin – einer gemeinsamen Konferenz. Darum ist auch bereits die Bezugnahme auf jene drei Zentralbegriffe in den einzelnen Beiträgen unterschiedlich intensiv ausgeprägt.

9   Vogl, Joseph, Das Gespenst des Kapitals, Zürich 2010.

Nicht zuletzt auch aus diesen Gründen seien darum im Folgenden zunächst einige weitere Überlegungen zu jenen Zentralbegriffen beigesteuert, und zwar – um die Multidisziplinarität des Bandes auch an dieser Stelle sichtbar zu machen – zunächst in religionsökonomischer, sodann in kulturgeschichtlich-theologischer Perspektive.

2. «Risiko» – «Vertrauen» – «Schuld» – in religionsökonomischer Perspektive

Die scheinbar distinkte Grenze zwischen Wirtschaft und Religion ist bei näherer Hinsicht nicht zwangsläufig scharf gezogen: Der Ökonomie wohnt ein «Geist» mit einer «unsichtbaren Hand» inne, der sich nicht eindeutig und konsistent aus den paradigmatischen Setzungen einer vollständig rationalen Wahlhandlung, dem vollkommenen Markt und symmetrischer Information erklären liesse. Umgekehrt zeigt die wissenschaftliche Diskussion der *Economics of Religion*, dass religiöse Bedürfnisse von Individuen durchaus einer persönlichen Nutzenfunktion entsprechen können, die ökonomisch trefflich beispielsweise mit der Clubtheorie (und insbesondere der *Free-Rider*-Problematik) erklärt werden kann.

Die Begriffe «Risiko», «Vertrauen» und «Schuld» tauchen in diesem Verschränkungskontext als Schwellenbegriffe auf, die – je nach Lesart – sowohl interdisziplinär als auch monodisziplinär als Topoi von religionsbezogenen Wissenschaften und für die Wirtschaftswissenschaften aufgenommen werden können. Wir unternehmen in diesem Band den Versuch, die Verbundenheit von Religion und Wirtschaft anhand dieser programmatischen Begriffe «Risiko – Vertrauen – Schuld» mit Bezug auf die gegenwärtigen Fragestellungen und die gleichzeitige Ratlosigkeit der Geldwirtschaft und ihrer krisenhaften Zuspitzung aufzuzeigen. Um dies im Folgenden zu tun sind zwei einführende Fragen voranzustellen.

1. Gibt es ein Gemeinsames – eine gemeinsame Grundlage – für die disziplinär multikodierten Begriffe «Risiko», «Vertrauen» und «Schuld»?

2. Was bedeuten «Risiko», «Vertrauen» und «Schuld» in funktionaler Hinsicht?

Als gemeinsame Grundlage wird hier das Entscheiden in Unsicherheit verstanden werden. Diese Überzeugung widerspricht bewusst dem Paradigma des perfekten Marktes und der vollständigen Rationalität, welche axiomatisch als die Metaphysik der Ökonomie bezeichnet werden können.

Die umfassende Unsicherheit lässt sich reduzieren auf eine temporale und eine epistemische Dimension:

1. die Unvorhersehbarkeit der Zukunft und

2. die Unkenntnis sämtlicher, relevanter Informationen der Vergangenheit und der Gegenwart.

Unsicherheit bedeutet hier also Unschärfe bei gleichzeitiger Komplexität. Handeln in Unsicherheit kann insofern als *conditio humana* verstanden werden – in der Religion wie in der Ökonomie. Es gilt: Je mehr Unsicherheit, desto komplexer und damit unvorhersehbarer die Situation und ihre Folgen. Handeln in Unwissenheit erstreckt sich nicht nur auf den Bereich des prinzipiell Wissbaren, sondern auch und in erheblichem Masse auf Verborgenes.

Das Handeln in Unsicherheit findet statt in einem zeitlich und räumlich begrenzten Aktionsraum von Individuen. Funktional betrachtet führt diese Begrenzung unter den Bedingungen des Wettbewerbs zur Wahrnehmung von Knappheit von Handlungsressourcen und -möglichkeiten zur Befriedigung von Bedürfnissen oder zur Erzielung eines wie auch immer begründeten Nutzens.

Um die Unsicherheit zu verringern und damit die Komplexität zu reduzieren haben sich eine Reihe von Einrichtungen und Errungenschaften herausgebildet, die eine Entscheidungsfindung im Sinne und Lichte der ihnen innewohnenden Restriktionen erleichtern. Ein Beispiel mag dies veranschaulichen: Zur Bewegung und Fortbewegung haben sich Pfade und Wege bewährt. Sie reduzieren die Unsicherheit und Komplexität der Fortbewegung, in dem man nicht mehr über Stock und Stein, Flüsse und Berge hinweg muss. Sie erlauben eine gleichmässige und damit standardisierbare, dadurch wiederum effizientere Art der Fortbewegung. Der Preis dieser Annehmlichkeit ist jedoch die Restriktion, dass Ziele abseits des Pfades im Vergleich zu Zielen entlang des Pfades schwerer zu erreichen sind, die relativen Kosten also steigen und ökonomisch die Wahrscheinlichkeit der Häufung von Orten entlang der Wege steigt.

Auch auf den Wegen selber lässt sich durch Komplexitätsreduktion weitere Standardisierung und damit Effizienzsteigerung erzielen. So lässt sich beispielsweise das Rechts- – oder je nach Kulturkreis – Linksfahrgebot erklären.

Komplexitätsreduktion zugunsten von effizienteren Lösungen stellt folglich eine Konstante des Fortschritts dar. Das Neue setzt sich dann durch, wenn es eine sinnvolle Alternative zum Alten darstellt. Dabei ist nicht nur der direkte Vergleich zwischen dem Neuen und dem Alten relevant, sondern auch die Überwindung der Etablierung des Alten. Dies können wir ökonomisch als Transaktionskosten oder sog. *Bridging-* oder *Setup-*Kosten bezeichnen.

Doch was, wenn der Pfad selber zur Disposition steht? Wenn Entscheidungen, die wie gesagt prinzipiell in Unsicherheit getroffen werden, der Grundlage entbehren, ihre Konsequenzen und damit gegebenenfalls auch den möglichen Verlust des Einsatzes (Opportunitätskosten) einzuschätzen, weil der Pfad entweder ins Verborgene, in das Nicht-Offenbarte oder in eine überkomplexe Struktur wie Verträge mit ungeklärter Verantwortung und Haftung führen? Dann gehen wir ins Risiko:

2.1. «Risiko»

In aller Einfachheit lässt sich Risiko als Grenze verstehen. Jenseits dieser Grenze warten Vorteil und Nachteil dessen, was durch eine Entscheidung ins Risiko gesetzt wurde. Gemeinhin gehen wir in der Ökonomie vom methodologischen Individualismus aus, weshalb die Sprache von einzelnen Individuen, ihren Entscheidungen und der daraus gezeitigten Konsequenz eines Vorteils oder Nachteils geprägt ist. Wir werden im Band sehen können, dass die Forderung des strikten Individualismus etwa bei der *too-big-to-fail-*Problematik nicht mehr vernünftig ist, da systemisches Risiko andere an möglichen Nachteilen teilhaben lässt, auch wenn diese nicht an der Entscheidung beteiligt sind oder sogar nicht einmal an den etwaigen Vorteilen dieser Entscheidungen teilhaben.

Anders als die oben beschriebene Ungewissheit, die als *conditio humana* verstanden werden kann, ist das Risiko anschaulicher, da es einer Zuschreibung bedarf und sich Verlust und Gewinn, Vorteil und Nachteil für eine ins Risiko gesetzte Entscheidung abschätzen lassen. Risiko stellt also eine einschätzbare und damit steuerbare und handhabbare Abwägung von Unsicherheiten dar. So erklärt sich auch der Begriff des Risikomanagements, sowie der zuschreibenden Bezeichnung von Personen als risikofreudig oder -aversiv.

Formal lässt sich Risiko durch die Wahrscheinlichkeitsrechnung darstellen. In der Stochastik werden – zumeist aufgrund axiomatischer Setzungen oder aufgrund von Erfahrungswerten aus der Vergangenheit – Eintrittswahrscheinlichkeiten für eine Entscheidung festgelegt und entlang von Entscheidungsbäumen oder Wiederholungen von Spielen dargestellt. Die Konkretion dieser Darstellungsvariante verheisst im wörtlichen Sinne Kalkulierbarkeit. In der Konsequenz wird Risiko durch eine stochastische Funktion ent-risikofiziert, sodass das Element der Unsicherheit zu einem einschätzbaren Opportunitätskostenkalkül destilliert und somit zu einem quantifizierbaren Ausfallrisiko mutiert wird. Gegen diesen Ausfall lässt sich zudem eine Versicherung abschliessen, so dass man um das unsichere Terrain des Risikos eine Hecke zieht und es damit im Zaum hält. Hecke heisst auf Englisch *hedge*, und einhegen *to hedge*. Mit diesen Risikoausfallversicherungen lässt sich wiederum handeln. Dabei kommt es zu der eigentümlichen Situation, dass eine Transaktion mehrfach versichert ist und mit diesen zusätzlichen Versicherungen zusätzlicher Handel getrieben wird. So als ob man ein Auto gegen das stets mögliche Unfallrisiko versichert, aber die Versicherung hunderte oder tausende Versicherungen für ein Auto ausgibt, die wiederum von Zwischenhändlern und anderen Intermediären als Spekulationsobjekt behandelt und gehandelt werden.

Nun müssen wir Risiken allerdings als mannigfaltig und interdependent verstehen, nicht also als isolierte Entitäten, die nur einzelne Individuen und ihre Transaktionen betreffen. Vielleicht verhält es sich mit dem Risiko wie mit der Biene. Es gibt einzelne Bienen, die je individuelle Entscheidungen treffen. Allerdings ist eine Biene stets teil eines Bienenstamms und alleine nicht lebensfähig. Wir können also von einem Risikostamm sprechen, einem Kollektivorganismus, wie ihn etwa auch der Beck'sche Begriff der Risikogesellschaft anspricht. Der Risikostamm nun ist als gesamthaftes Gebilde zu verstehen und Einzelrisiken sind mit anderen Einzelrisiken verwoben, weshalb eine riskante Entscheidung – sollte sie einen schlechten Ausgang nehmen – zu einer Kettenreaktion führen kann, die auf das Bild des Risikostamms übertragen einer epidemischen Infektion gleichkommt. In der Finanzkrise nennen wir dies ein systemisches Risiko, in der Physik eine Kettenreaktion und in der Aussenpolitik ein Spiel mit dem Feuer.

Risiko bezieht sich auf ein definiertes Ergebnis, eine Zielvorgabe, eine Benchmark, die zu erreichen oder zu übertreffen riskantes Verhalten erfordert. Doch was, wenn ich die involvierten Risiken einem anderen nicht mitteile und dieser ins Risiko geht, ohne zu denken, er treffe eine riskante Entscheidung? Man denke hier etwa an die vollmundigen Versprechen von Fondssparen oder manchen Lebensversicherungen trotz gegebener Möglichkeit etwa eines Totalverlusts. Wie verhält es sich mit Immobilienkrediten, die mir ein Bankberater empfiehlt, ohne etwa den progressiven Zinssatz zu erwähnen, wie es in den Verträgen der Fall war, die zu der sogenannten *Subprime*-Immobilienkrise in den USA führten? Oder mit der Aufklärung über das Risiko, dass der Kreditvertrag auf der Annahme beruht, dass der Wert der zu erwerbenden Immobilie stetig steigt? Hier berühren wir die zweite Sphäre unseres Bandes:

2.2. «Vertrauen»

Die funktional-ökonomische Beschäftigung mit Vertrauen reüssiert seit einigen Jahren mit zunehmender Tendenz. So wurde der Wirtschaftsnobelpreis 2009 neben Elinor Ostrom an Oliver Williamson vergeben, der eine institutionenökonomische Theorie des Vertrauens vorgelegt hatte. Doch dieses fruchtbare Feld der Theorie ist erst seit wenigen Jahren auch Gegenstand der Ökonomie.

Ökonomisch gesehen ist Vertrauen *riskant*, da enttäuschtes Vertrauen den Verlust der Erfüllung einer Erwartung einerseits und andererseits eine Veränderung – meist Verschlechterung – des Status gegenüber der vertrauensempfangenden Person bedeutet. Luhmann nannte dies eine «riskante Vorleistung», welche jedoch die Komplexität der Zukunft reduziert. Auf dieser Grundlage wird auch der ökonomische Nutzen von Vertrauen beschreibbar. Die Komplexitätsreduktion einer riskanten Vorleistung bei Annahme der Erfüllung auf der Grundlage einer vertrauensvollen Beziehung wirkt transaktionskostensenkend. Wen ich kenne und wem ich vertraue, dem kaufe ich eher etwas ab, ohne den – sagen wir – alten Gaul ausführlich zu überprüfen, ob er auch gute Zähne hat, keine Fehlstellung der Beine oder eine medikamentös überspielte Leistungsbeeinträchtigung. Gerade Religion kann hier eine bedeutende Rolle spielen, wie uns Jean Ensminger in ihrem Beitrag zur Konvertierung ostafrikanischer Stämme zum Islam zeigt[10], die sich entlang von Handelsrouten vollzogen hat, da der Handel unter Angehörigen der gleichen Religion einfacher im Sinne von transaktionskostengünstiger war.

Enttäuschtes Vertrauen hingegen vergrössert das Risiko, weshalb sich auch der Begriff der Sperrklinke für den Vertrauensmechanismus etabliert hat. Man kann es nur in einer Richtung langsam und Schritt für Schritt aufbauen und es wird wie von einer Sperrklinke gehalten. Aber wenn das Vertrauen enttäuscht wird, dann ist gleich das gesamte Vertrauenskapital aufgezehrt und es lässt sich nur schwer wieder herstellen.

Bisher haben wir also von Risiko und Vertrauen als Grössen gesprochen, die Aussicht und Verheissung auf etwas Positives bieten: Das Einstreichen einer Risikoprämie einerseits wie andererseits den Vorteil, eine kostenreduzierte Transaktion eingegangen zu sein, die zudem das soziale Verhältnis zu einem anderen Individuum belohnt und verstärkt. Kommen wir nun zu dem

---

10 Vgl. Ensminger, Jean, Transaction Costs and Islam: Explaining Conversion in Africa, in: Journal of Institutional and Theoretical Economics, Jg. 153, 1/1997, 4–29.

anderen Fall des Verlustes durch eine riskante Transaktion oder die Enttäuschung und transaktionskostenintensive Kompensierung einer vertrauensbasierten Transaktion. Hier stellt sich schnell die Frage der Kostenerstattung oder gar Haftung, oder in ethischer Begrifflichkeit die der Verantwortung oder in religiös-moralischer Begrifflichkeit, wie übrigens auch in juristischer, der Schuld oder Unschuld:

2.3. «Schuld»

Beginnen wir mit dem Mechanismus, der die Schuld und die damit einhergehende Verpflichtung aufheben kann: die Gnade. Diese kann allerdings nur von einem als höher wahrgenommen und akzeptierten Standpunkt aus erteilt werden. Nicht zuletzt deshalb verdanken wir die Gnadenlehre dem spätantiken Philosophen und späteren Kirchenvater Augustin, der mit Blick auf die Lehrentwicklung als eine der zentralen Figuren der christlichen Tradition verstanden werden muss.

In irdischen Kategorien ist die Frage der Gnade zwischen zwei Parteien, die beispielsweise durch eine riskante Transaktion verbunden und enttäuscht wurden nur selten ein Thema, gerade wenn sie durch ent- oder getäuschtes Vertrauen in Zwietracht geraten sind. Die (juristische) Schuldfrage muss dennoch in einem horizontalen Transaktionsraum verhandelt werden. Die Schuldfrage entscheidet über die Übernahme von Verpflichtungen, die zumeist in Geldbeträgen ausdrückbar sind – zumindest in ökonomischen Belangen. Nicht zuletzt deshalb heisst das Recht noch heute Obligationenrecht, welches regelt, wer wozu verpflichtet ist und wem welches Verschulden zukommt.

Durch die Zuschreibungsqualität haben wir es bei der Schuld folglich mit einem normativen Begriff zu tun. Denn wer schuldig ist, ist eine mitunter schwierig und häufig gar nicht zu beantwortende Frage. War Risiko noch ein ökonomisch durchaus sichtbarer und gängiger Begriff und ist Vertrauen seit einigen Jahren Gegenstand der ökonomischen Forschung geworden, so steht eine ökonomische Theorie der Schuld bisher noch aus. Allenfalls im Rechnungswesen finden wir Rückstellungen, die etwa für Prozessrisiken oder Rekursrisiken vorgesehen sind und die Kompensation einer Schuld bedeuten. Hier wird Schuld zu antizipiertem Risiko. Liegt es vielleicht daran, dass man Schuld nicht aktiv managen kann? Das umgangssprachliche «an etwas Schuld haben» (oder «sein»), das eher ein Kausalitätsmotiv denn die Schuldzuweisung durch eine anerkannte höhere Autorität wie ein Gericht darstellt, bildet dabei nicht den Angelpunkt der Diskussion. Ökonomisch betrachtet stellt (moralische) Schuld dann nur eine weitere Externalität wie Umweltverschmutzung oder soziale Stratifikation dar, welche die operativen Prozesse nur dann tangiert, wenn die Reputation und damit das Gelingen des Geschäfts gefährdet sind. Schuld scheint also etwas zu sein, das man empfängt, das man versuchen kann nicht zu empfangen oder abzuwälzen, aber Schuld scheint sich für Beteiligte nicht aktiv gestalten zu lassen. Ein Risikomanager ist ein akzeptierter Titel mit einem definierten Aufgabenfeld. Ein Schuldmanager hingegen ist schwer denkbar.

Sprechen wir von der Geldwirtschaft ist die oben aufgezeigte Affinität von Schuld und Schulden zu thematisieren. Wer Schulden hat, steht folglich bei jemandem in der Schuld. Auch hier haben wir wieder eine vertikale Stufung. Für den Gläubiger hingegen ist die Vertrauenswürdigkeit des Schuldners von geschäftsrelevanter Wichtigkeit, denn sonst ist sein Ausfallrisiko wiederum sehr hoch. Dies wiederum ist eine Frage der Ethik und der Moral der Beteiligten. Diese Überschneidung von Vertrauen und Schuld im Religiösen wie im Ökonomischen ist folglich das diffizile Thema und der Ausgangspunkt der Beiträge in diesem Band.

3.   «Risiko» – «Vertrauen» – «Schuld» in kulturgeschichtlich-theologischer Perspektive

Von den drei Begriffen Risiko, Vertrauen und Schuld resp. Schulden beschreiben vor allem die letzteren Überlappungszonen von Ökonomie und Ethik. «Vertrauen» (Glauben etc.) und «Schuld/en» markieren, genauer gesagt, das Schnittfeld von Ökonomie, Ethik und eben Religion. In ökonomischen Zusammenhängen, wie auch sonst, ist Schuld, moralische Schuld, die Folge von enttäuschtem Vertrauen. Schuld und Vertrauen beschreiben die personal-soziale Dimension ökonomischen Handelns.

Der Risikobegriff ist anderer Art. Anders als «Vertrauen» und «Schuld» beschreibt bzw. bewertet er nicht subjektive Verhaltensdispositionen von wirtschaftlichen Akteuren, sondern qualifiziert eine ökonomische Handlung als solche. Eine ökonomische Handlung, also ein Geschäft, kann mehr oder weniger riskant sein. Risiken werden eingegangen, weil und insofern ihnen in den Augen der beteiligten Akteure grössere Chancen gegenüberstehen. Die Abwägung von Risiken und Chancen gegeneinander ist ein Kalkül. Risiko ist, um die entsprechenden obigen Ausführungen etwas zu variieren, das Ausmass der befürchteten Gefahr (Nachteil, Verlust, Bedrohung) bei Ausführung einer ökonomischen Handlung x der Wahrscheinlichkeit ihres Eintretens. Umgekehrt ist eine Chance das Ausmass des erhofften Erfolgs (Vorteil, Gewinn) x der Wahrscheinlichkeit ihres Eintretens. Risiken-Chancen-Kalküle lassen sich grundsätzlich objektivieren und auch mehr oder weniger quantifizieren. Dennoch muss man dann immer noch entscheiden, ob man die betreffenden Risiken einzugehen gewillt ist. Risiken müssen subjektiv bewertet werden.[11] Nun soll zweierlei gezeigt werden:

– Die Begriffe Vertrauen und Schuld markieren die spezifische moralische Dimension der ökonomischen Beziehung. Sie hängen nämlich an ihrer spezifischen Risikostruktur.

– Die ökonomische Beziehung hat ferner auch eine religiöse Dimension. Diese hängt sowohl an ihrer inhärenten Risikostruktur, also auch an ihrer damit verbundenen moralischen Dimension. Sie hängt aber besonders an der Zeitstruktur der Handlung: Geschehene Verluste sind hinsichtlich ihrer Bedeutung für die betroffenen Individuen prinzipiell eigentlich nicht kompensierbar.

Um beides zeigen zu können, ist auf die einfache Grundstruktur einer ökonomischen Beziehung (Tauschhandel W-W) zurückzugehen. Von der Geldvermittlung (W-G-W) ist also zunächst zu abstrahieren.

## 3.1.	Risiko, Moral und Religion im einfachen Tauschhandel

Jedes ökonomische Geschäft birgt Chancen und Risiken. Zu allen Zeiten war das so. Die Chancen/Risikostruktur von Geschäften, also von Tauschhandel, hängt vor allem mit zwei Sachverhalten zusammen: erstens damit, dass der Gebrauch einer erworbenen Ware in der Regel zu einem späteren Zeitpunkt erfolgt als ihr Erwerb. Zum Zeitpunkt des Erwerbs kann der Käufer über die Gebrauchsqualität der Ware noch nicht definitiv urteilen. Diese relative Urteilsschwäche des Käufers hängt zweitens damit zusammen, dass der Verkäufer gegenüber dem Käufer in der Regel einen in der Tatsache seines bisherigen Besitzes der Ware begründeten Kenntnisvorsprung bzgl. der Ware hat. Die Kenntnis der Warengeschichte ist der Sachverhalt, der die moralischen Dispositive Vertrauen und Schuld (als dessen Gegenpart) ins Spiel bringt. In der Regel muss sich der Käufer bei jedem Geschäft bis zu einem gewissen Grad auf die Angaben des Verkäufers verlassen. Der Verkäufer ist also immer auch in einer Bürgenstellung gegenüber dem Käufer. Wird diese Bürgenstellung missbraucht, wird Vertrauen gebrochen, entsteht Schuld.

11	(Risikobereitschaft in einem bestimmten Geschäft hängt auch davon ab, welche Bedeutung dieses Geschäft für meine ökonomische Gesamtsituation hat. Der Reiche kann risikofreudiger sein als der Arme.)

Das am weitesten verbreitete Mittel zur Risikoreduktion solcher jeden ökonomischen Tauschakt grundsätzlich begleitenden Vertrauensakte ist die Wiederholung. Wer jeden Tag seine Brötchen beim selben Bäcker kauft, kann davon ausgehen, dass die, die er heute kauft, nicht sehr anders sind als diejenigen, die er gestern gegessen hat. Das ist das Kalkül auf der Aktebene. Auf der Beziehungsebene lautet es: Da der Bäcker mir morgen auch wieder Brötchen verkaufen will, wird er mich heute nicht übers Ohr hauen.

Risiken und Chancen qualifizieren mithin eine ökonomische Handlung, weil diese eine bestimmte temporale Struktur hat: Ihr Erfolg zeigt sich erst in der Zukunft, sie ist zweckhaft verfasst. Ein Geschäft hat eine antizipative oder auch *spekulative* Struktur. Da Antizipation Extrapolation von Erfahrung ist, die Erfahrungsschätze aber ungleich verteilt sind, kommt die personal-soziale Ebene ins Spiel. Der Verkäufer bürgt dem Käufer für den Erfolg seiner Kaufhandlung.

In der Logik der Bürgschaft liegt nun ferner zugleich die religiöse Dimension des sozialen Verhältnisses. Erstens steht Zukunft – objektiv – letztlich nicht zur Verfügung, auch dem erfahreneren Verkäufer nicht. («Erstens kommt es anders, und zweitens als man denkt.») Darum ist es sinnvoll, die Bürgschaft unter einen theologischen, genauer: eschatologischen Vorbehalt zu stellen: «so Gott will…» Zweitens haben Bürgschaften auch hinsichtlich ihrer subjektiven Disposition Probleme, nämlich Glaubwürdigkeitsprobleme. Es hilft, sich auf Gott oder Götter als Bürgen der Bürgschaft zu berufen. Darum sind Verträge (welche Geschäfte im Kern sind) in archaischen bzw. antiken Kulturen immer mit Anrufungen der jeweiligen Gottheiten einhergegangen (s. Jakob – Laban). Die Götter garantieren die Garantenstellung der Bürgen.

3.2.   … in der einfachen Geldwirtschaft (Sach- und Metallgeld)

Unter vorpekuniären Bedingungen des Tauschhandels sind beide Tauschpartner Käufer und Verkäufer zugleich. Dies ändert sich unter den Bedingungen der Geldwirtschaft, und damit verkomplizieren sich auch die Verhältnisse. Wird Ware nicht gegen Ware, sondern Ware gegen Geld getauscht, werden sich die Verhältnisse insofern komplizierter, als nun mit dem Geld das einzelne Geschäft Teil eines Marktes wird, nämlich einer allgemeinen Rücktauschbereitschaft von Geld in Ware. Wer Ware in Geld tauscht, verlässt sich darauf, dass er sich für das eingetauschte Geld wieder andere Waren bzw. Güter kaufen kann. Im Geld steckt also immer ein Vertrauen, ein Kreditkern.

Solange das Geld noch Metallgeld ist, also eine unmittelbare Deckung seines Wertes durch den Metallgehalt hat, steckt im Geld noch ein Güter- bzw. Warenfaktor. Dann bürgt der Käufer dem Verkäufer für die Echtheit

seines Geldes. Darum beisst der Verkäufer auf die Goldmünze. Im Metallgeld-
tausch steckt also noch ein Warentauschmoment unmittelbarer, personaler
Moralkommunikation.

Aber Geld kann man nur in den seltensten Fällen essen. Meistens nicht.
Denn Essen ist meistens verderblich, und Geld soll möglichst wenig verderblich sein. Eine wichtige Funktion von Geld ist die Wertspeicherung, also die
Aufbewahrung von Werten über die Zeit. Darin steckt das nächste Kredit-
moment des Geldes: Ich muss darauf vertrauen, dass ich mir auch morgen
noch in etwa so viel wie heute für das eingetauschte Geld kaufen kann. Galop-
pierende Inflation ist der Tod der Geldwirtschaft. Vertrauen ist wiederum
Zukunftsvertrauen, aber diesmal in anonymisierter Form. Der Käufer kann
dem Verkäufer für den zukünftigen Handelswert seines Geldes meistens nicht
bürgen.

Mit Geld wird das personale Vertrauen zu einem systemischen, kollektiven
Vertrauen bzw. zu einem Vertrauen auf die geldproduzierende Instanz, also
eine politische Macht. Diese aber kann den Wert des Geldes nur bedingt beeinflussen. Letztlich ist es immer der nächste potentielle Verkäufer als Partner
des Käufers bzw. eben das Kollektiv der Geldbenutzer, also der Markt, das
bzw. der darüber entscheidet, wieviel mit dem Geld gekauft werden kann.

Mit dieser Anonymisierung der Vertrauensstruktur steigert sich zugleich
die Komplexität der religiösen Verweisungsbeziehung der Ökonomie. Als
den einzelnen Akt übergreifende, apersonale Macht ersetzt Geld personales
Vertrauen, jedenfalls auf Seiten des Verkäufers. Die Rollen sind nun aktbezogen
klar getrennt. Der Käufer muss sich immer noch personal auf den Verkäufer
verlassen, aber der Verkäufer nur noch – apersonal – auf die Verlässlichkeit
des Geldes.

Im Geld wird das ehedem personale Vertrauen apersonal, anonym-sys-
temisch. Geld ersetzt also moralische Bürgschaft. Es macht damit, bezogen
auf den einzelnen Akt, zugleich die Meta-Bürgschaft eines Gottes obsolet.
Denn es ist ja nun das harte Geld selbst, das bürgt. Zugleich erzeugt aber
eben diese Anonymität wiederum neuen meta-personalen Bürgschaftsbedarf.
Dieser spiegelt sich in den Gottheiten, die auf antiken Münzen zu finden sind.

3.3.   ... in der «reflexiven» Geldwirtschaft (Kreditwesen)

3.3.1. Grundsätzlich

Eine nächste Komplexitätsstufe der Geldwirtschaft mit Folgen für Risiko-kalkulation und die darauf bezogene moralische und religiöse Dimension verbindet sich mit dem Kreditwesen in der Geldwirtschaft. Das Risiko des *Schuldners* steigt (gegenüber dem Akteur in der einfachen Geldwirtschaft) inso-fern, als er abschätzen muss, ob er durch seine künftigen wirtschaftlichen Aktivitäten den Kredit, gegebenenfalls zusätzlich die Zinsen, zurückzuzahlen vermag.

Durch den Kreditvertrag wird der *Kreditgeber* (Gläubiger) zum Teilhaber an den Geschäftsrisiken des Kreditnehmers (Schuldners). Die durch den Kredit finanzierte wirtschaftliche Aktivität tritt also an die Stelle der (in der einfachen Geldwirtschaft) gekauften «Ware».

Kredite machen sich die Wertspeicherfunktion des Geldes zunutze und wenden diese sozusagen «reflexiv». So entsteht Investitionskapital. Es basiert auf der spekulativen Antizipation künftigen wirtschaftlichen Erfolgs. Die tem-porale Struktur der ökonomischen Beziehung wird damit intensiviert.

An dieser Intensivierung haften wiederum die spezifischen *moralischen* und religiösen Aspekte dieser wirtschaftlichen Beziehung. Gesteigertes Vertrauen ist nötig, weil die Ware, um deren Finanzierung es geht, noch gar nicht existiert. Das Vertrauen des Gläubigers gilt somit dem Schuldner (a) als moralischer Person (die grundsätzlich ihre Versprechen zu halten bereit ist), (b) als dem Produzenten jenes zukünftigen Mehrwerts, der es diesem erlaubt, jenem seinen Kredit auch tatsächlich zurückzuzahlen.

Moralische Schuld entsteht, wenn jene moralische Haltung (a) nicht gege-ben ist, bzw. (b) nicht die nötigen Anstrengungen unternommen werden, um die Rückzahlung tatsächlich vornehmen zu können. Die *religiöse* Dimension hängt wiederum grundsätzlich an der gesteigerten Bedeutung des antizipativen bzw. spekulativen Moments der ökonomischen Handlung bzw. Beziehung.

3.3.2.   ... zinsbewehrt

Der Zins stellt grundsätzlich (a) eine Belohnung für den temporären Verzicht auf den als Kredit gegebenen Geldbetrag und (b) eine Risikoprämie dar.

Zinsen sind also die elementare Form der Risikenverbriefung. Dies funktioniert freilich – wie bei einer Versicherung – nur durch soziale Umlage bzw. Kumulation, also «systemisch», d. h. ein Kreditgeber muss mehrere Kreditnehmer haben.

In der Antike hat gerade das zinsbewehrte Kreditwesen massive ethische und theologische Kritik auf sich gezogen. Dies gilt sowohl für die klassische griechische Philosophie (vgl. Aristoteles, Chrematismuskritik), als auch etwa für die alttestamentliche Prophetie (Jesaja, Amos). Bei Aristoteles, ansatzweise auch schon bei Platon, findet sich der Topos der widernatürlichen Zeugungsfähigkeit des Zinses (*Tokos*): «Geld, das aus Geld Geld zeugt.» Bei Aristoteles ist dies darum ethisch so negativ konnotiert, weil es aus seiner Sicht im Widerspruch zur bedarfsorientierten Zirkularität des oikologischen Wirtschaftens steht. Der pejorative Unterton kommt ins Spiel, weil hier aus Geld unberechtigter Weise «Leben» gemacht werde. Das Geld habe hier gleichsam aus sich selbst heraus eine selbst-reproduktive bzw. selbst-multiplikative «Potenz», die nur lebendigen Organismen zukomme. Die Konnotierung des «Perversen» scheint auf eine mitschwingende religiöse Dimension (Sakrileg) hinzuweisen.

Interessanter Weise findet sich diese Konnotierung in der biblisch-prophetischen Kritik an der Zinswirtschaft nicht. Hier wird vorrangig rein sozial argumentiert, nämlich so, dass der Zins als Wucherzins in der Regel so bemessen sei, dass die Schuldner (meist Kleinbauern) faktisch um ihren Besitz gebracht würden (die Kreditaufnahme war meist nötig, um Missernten zu überstehen). Wirtschaftsethisch gewendet: Die Gläubiger täuschen das Vertrauen in den Schuldner (und dessen wirtschaftliche Leistungsfähigkeit) nur vor, um mittels der Ausnutzung des Rechtssystems und seiner Sanktionskraft in den Besitz der Produktionsmittel des Schuldners zu gelangen. Gott wird von den Propheten ins Spiel gebracht, nicht weil die Zinswirtschaft aufgrund ihrer inneren Potenzen «widernatürlich» und also «widergöttlich» wäre, sondern weil die Sicherungsleistungen, die das politische System zur Stabilisierung ökonomischer Beziehungen erbringt, taktisch missbraucht werden – und damit keine gesellschaftlich institutionalisierte Autorität mehr verfügbar ist, um soziale Gerechtigkeit (wieder-)herzustellen.

Das eigentliche ethische Problem der Kreditwirtschaft sind mithin Defizite im Bereich der politisch-rechtlichen Regulierung der ökonomischen Beziehungen (Kartellbildungen von Gläubigern, mangelnde Absicherung von wirtschaftlich abhängigen Akteuren etc.). Das ethische Problem liegt in den Synergieverhältnissen mit politischen Machtkonstellationen. Dies bestätigt sich auf der nächsten Stufe geldwirtschaftlicher Abstraktions- bzw. Reflexivitätsverhältnisse.

3.4. … in der mittelalterlichen und frühneuzeitlichen Geldwirtschaft (Papiergeld, beginnendes Bankenwesen)

Schon im Mittelalter beginnt mancherorts die Ersetzung von Metallgeld durch Buch- bzw. Giralgeld, nämlich in Gestalt von Depotscheinen, die von Goldschmieden oder Geldwechslern ihren Kunden ausgegeben wurden, um die teuren und gefährlichen Geld/Gold-Transporte zu vermeiden.[12] Damit steigt wiederum der moralische Vertrauensbedarf wie auch das damit verbundene moralische Schuldpotenzial. Interessanter Weise ist es nicht das damit erstmals aufgeworfene Deckungsproblem des Geldes, das die ethische und theologische Kritik herausfordert. Vielmehr wurzeln die ethischen Probleme wiederum einerseits in den tendenziellen Monopolstrukturen des beginnenden Bankenwesens (Fugger etc.), andererseits in den Synergieeffekten der neuen Geldwirtschaft mit entsprechenden sozial ungerechten Mängeln des politischen bzw. rechtlichen und dann vor allem auch des religiösen Institutionensystems

Hierin ist auch der wesentliche Grund für die kirchlichen bzw. theologischen Widerstände gegen das Zinswesen im hohen und späteren Mittelalter zu sehen. Die von Aristoteles übernommene Chrematismuskritik wird zwar des Öfteren mitgeführt, aber in ihrem eigentlichen sakrilegstheoretischen Kern wird sie theologisch nur selten ausgebaut.

Auch bei Luther, anders als Calvin bekanntlich ein entschiedener Gegner der Zinswirtschaft, sind es, wie bei den alttestamentlichen Propheten und auch oft von ihnen abgelesen, vor allem soziale bzw. machtpolitische Erwägungen, die ihn gegen die Zinswirtschaft einnehmen.

3.5. … in der kapitalistischen Geldwirtschaft der entwickelten Moderne (Börsenwesen etc.)

Die nächste hier relevante Stufe ist die Entstehung des Börsenwesens. Denn damit erreicht die Kreditwirtschaft ein neues Abstraktions- und Reflexivitätsniveau. Die in jedes Kreditgeschäft eingelagerte spekulativ-antizipative Dimension wird nun selber zum Gegenstand von Geschäften. Die Referenz von Aktienkursen ist die Erwartung des Marktkollektivs bzgl. der zukünftigen wirtschaftlichen Leistung eines Unternehmens. Sobald mit Aktien an einer Börse gehandelt wird, verschiebt sich aber diese Referenz faktisch auf die nächste Reflexivitätsstufe, nämlich zur Einschätzung der kollektiven Erwartung. Sie

---

12 Vgl. Tietmeyer, Hans, [Art.] «Geld. I Allgemein, begrifflich, geschichtlich», in RGG, 4. Aufl., 597–599, hier: 598.

wird zur «Erwartungs-Erwartung» (Vogl). Das ist der moralisch-ethisch und, wie sich zeigen wird, auch religiös-theologisch relevante Kern der Finanzwirtschaft.

Die Frage ist nämlich jetzt, welcher Art die solchermassen rezeptionsreflexiv strukturierte Funktionsrationalität der Finanzmärkte ist. Sind Finanzmärkte als ganze, also als Systeme, rational selbststabilisierend oder funktionieren sie letztlich irrational und folgen etwa kollektiven Hysterien etc.?

Die neoliberale Finanzmarkttheorie (klassisch: Milton Friedman) vertritt die erste Option. Sie basiert auf dem heuristischen Leitbild des Marktteilnehmers als *homo oeconomicus*, der rational, will heissen: interessengesteuert agiert, bestens informiert ist und dessen Aktionen durch keine zeitlichen Transaktionskosten behindert werden. Joseph Vogl zeigt schön auf, wie diese neoliberale Finanzmarktheorie eine späte Erbin der Theorie der *invisible hand* von A. Smith ist. Dieser wiederum liegt ein kosmologisch-naturalistisches Konzept ökonomischer Interaktivität zugrunde, das letztlich einen metaphysischen Kern hat (sich selbst stabilisierendes, geschlossenes Universum).

Einen Gegenentwurf dazu hat Hyman P. Minsky mit seiner Krisentheorie entwickelt. Er geht davon aus, dass die Marktverhältnisse das Produkt partiell nichtrational agierender Individuen sind. Dies führt dazu, dass Reaktionen sozialpsychologischen Gesetzen wie Herdentrieb etc. unterliegen, die zu Verstärkungseffekten in beiden Richtungen: Stabilisierung und Destabilisierung führen, und somit eben auch massive und systembedrohende Krisen auslösen können.

Die ethische Problematik des Vertrauens verschiebt sich hier definitiv ins Systemische. Zugleich zeigt sich der deutungstheoretische Kern des Vertrauens. Kein Vertrauensverhältnis, in das nicht eine bestimmte Deutung der menschlich-gesellschaftlichen Wirklichkeit im Ganzen eingelagert ist. Eben damit hat es die Theologie zu tun.

3.6.   … in der globalisierten, deregulierten Finanzwirtschaft

In der in den 1970er Jahren eingeleiteten Phase der globalisierten, deregulierten Finanzwirtschaft werden die in der klassischen Moderne entwickelten Mechanismen noch einmal radikal gesteigert und in gewisser Weise zu einer relativ reinen, nämlich die Eigenschaften des Leitmediums Geld (als Investitionsinstrument) in nahezu perfekter Weise spiegelnden Form gebracht. Entscheidend hierfür ist – neben der Deregulierung und Globalisierung – vor allem die Digitalisierung des Geldhandels. Kapital wird dadurch hochmobil in denkbar kürzester Zeit. Bedingt durch diese Medien und Entwicklungen treten die insbesondere von Joseph Vogl markant herausgearbeiteten Strukturprinzipien moderner kapitalistischer Marktwirtschaft nun in voller Deutlichkeit hervor und werden in ihren Folgeproblemen gewissermassen epidemisch. Allerdings werde durch solche Purifizierung auch deutlich, dass die eigentliche Substruktur des modernen Marktes nicht eine monotheistische, sondern in Wahrheit eine polytheistische sei:

> Haben sich moderne Vorsorgegesellschaften einmal über die Verwandlung von Gefahren in Risiken und über die Bändigung des Zufalls formiert, so ist nun das Zufällige, die Gefahr, ein ungebändigter Ereignissturm in die Mitte dieser Gesellschaften zurückgekehrt, als *tyche* oder Zufall in einer archaischen Gestalt, irregulär, gestaltlos und von Nicht-Wissen umspielt. Konkurrenzverhalten auf den Finanzmärkten, so viel wenigstens weiss man, führt eben nicht automatisch Gemeinwohl herbei. […] Unterstellt man, dass im Finanzkapital der besondere Charakter des Kapitals allgemein wird und dass es als einheitliche Macht die Lebensprozesse der Gesellschaft bestimmt, so sind mit ihm die Launen und die Gefährlichkeit alter Souveränitätsfiguren unter modernsten Bedingungen zurückgekehrt. Ungewissheit ist arkanhaft geworden und fällt Entscheidungen, die in ihrer Ungebundenheit, in ihrer Gesetzlosigkeit schicksalhaft werden. Das prägt die gegenwärtige Epoche finanzökonomischer Konvulsionen, die Lage der kapitalistischen Kosmopolis. Und das ist der opake und wilde Überraschungsraum, in den sich unsere Gesellschaften hineinfinanziert haben.[13]

Mit dieser spannenden These variiert Vogl im Grunde eine alte bekannte Deutung des finanzgetriebenen Kapitalismus, nämlich diejenige von Max Weber. «Die alten vielen Götter, entzaubert und daher in Gestalt unpersönlicher Mächte, entsteigen ihren Gräbern, streben nach Gewalt über unser Leben und beginnen untereinander wieder ihren ewigen Kampf.»[14]

Wenn diese Analysen Webers und Vogls zutreffen, dann können personale Beziehungen, aufgebaut auf Vertrauen, das Schulden – und damit Risikobereitschaft – ermöglicht, in solchen von anonymen Mächten getriebenen Räumen eigentlich nicht mehr stattfinden; sie werden atavistisch. Weder Weber noch Vogl ziehen freilich diese Konsequenz. Beide sind sie – in unterschiedlichem Mass – der Auffassung, dass eine Wiedergewinnung personaler Spielräume allenfalls auf dem Boden einer radikalen, säkularen Aufklärung möglich sein könne. Mit Vogl zu reden: «Während für die ökonomische Neuscholastik die

13 Vogl, Joseph, Das Gespenst des Kapitals, 178.
14 Max Weber, Wissenschaft als Beruf, in: ders., Ges. Aufsätze zur Wissenschaftslehre, 7. Aufl., Tübingen u. a. 1988, 605.

Allianz von Liberalismus und Kapitalismus bleiben soll, was sie war, nämlich die eigentliche «Metaphysik des Westens», geht es einer Säkularisierung ökonomischen Wissens darum, Ökonomien ohne Gott, Märkte ohne Vorsehung und Wirtschaftssysteme ohne prästabilierte Harmonien in Rechnung zu stellen.»[15] Aber ist eine Humanisierung der modernen Marktwirtschaft tatsächlich nur auf dem Boden einer «Ökonomie ohne Gott» denkbar?

Manches mag für eine solche These sprechen, aber vieles und vielleicht noch mehr spricht dagegen. Was Max Weber dereinst an protestantischen «Sekten» in den USA abgelesen hat, nämlich dass gemeinsame religiöse Überzeugungen die Basis ökonomischen Vertrauens bilden und damit – religionsökonomisch gesprochen – Transaktionskosten senken können, ist heute am Erfolg beispielsweise des *Islamic Banking* abzulesen, das von der Krise der internationalen Finanzmärkte der letzten Jahre weitgehend verschont blieb. Zwischenmenschliches Vertrauen setzt – auch dies kann man, wenn man möchte, bereits bei Weber finden – einen Glauben an die Macht und Zukunftsmächtigkeit des Prinzips Personalität voraus, der in der Tat gerade angesichts der Entwicklungen des modernen Finanzmarktsystems stark kontrafaktische Züge trägt. Seine allgemeine Evidenz jedenfalls ist dahin und wahrscheinlich unwiederbringlich verloren. Aber eine solche allgemeine Evidenz des Prinzips der Personalität und des Glaubens daran behaupten die grossen monotheistischen Religionen, insbesondere auch das Christentum, auch gerade nicht. Dass die Welt personal steuerbar und personal verlässlich ist, ist ihr empirisch nicht anzusehen; es ist eine kontrafaktische Offenbarungswahrheit. Weniger theologisch gesprochen: Glaube und Vertrauen sind zirkulär; durch Versuche rationaler Kontrolle sind sie nicht dingfest zu machen. Glaube will geglaubt, will, namentlich mit Søren Kierkegaard sowie Karl Barth, Rudolf Bultmann und Paul Tillich zu sprechen, gewagt sein. Ein risikofreies Glauben bzw. Vertrauen gibt es nicht. Nur die Exposition ins Risiko des Glaubens an Gott – und vermittels dessen – an den Menschen vermag, wie sich am Glauben an den sich dem Risiko der Todesverlassenheit aussetzenden Christus ablesen lässt, Schuld aufzulösen.

4.   Zu den Beiträgen des Bandes

Den einleitend in zwei unterschiedlichen Schritten und Perspektiven – einerseits religionsökonomisch, andererseits kulturhistorisch-theologisch – beschriebenen systematischen Zusammenhang nicht nur der Begriffe Risiko, Vertrauen

---

15 Vogl, Joseph, Das Gespenst des Kapitals, 176.

und Schuld, sondern darüber hinaus den mithilfe dieser abbildbaren Verflech-
tungs- und Verweisungszusammenhang von Wirtschaft und Religion nehmen
die in diesem Band versammelten Beiträge wiederum aus unterschiedlichen
– und durchaus kontroversen – Perspektiven in Blick. Dabei sind dennoch
grundsätzlich zwei Blickwinkel zu unterscheiden, die die Gruppierung der
Texte erleichtern.

Einerseits handelt es sich um Arbeiten, die Explizit die Krise des Finanz-
marktsystems fokussieren und aus deren jeweiliger Deutung unterschiedliche
Analysen sowie Therapievorschläge entwickeln. Darin gleichen sich die im
ersten Teil des Bandes gruppierten Texte. Andererseits beschäftigt sich ein
Teil der hier versammelten Arbeiten – grundsätzlicher und zugleich abstrakter
– mit dem wiederum unterschiedlich deut- und darstellbaren Verhältnis von
Finanzkapitalismus und Religion. Diese Texte finden sich im zweiten Teil des
Bandes versammelt.

4.1. Teil I. Zur Krise des Finanzmarktsystems. Diagnosen und Therapievorschläge

Die Bologneser Soziologin *Elena Esposito* wählt in ihrem Beitrag «Konstruktion der Zukunft und Gebrauch der Zukunft: Risiko als Gelegenheit» eine
erkenntnistheoretische und zugleich ethische Perspektive. Ausgehend von der
Beobachtung der Zirkularität und Selbstreferentialität der Finanzmärkte, die
u. a. die Entkopplung von Finanz- und Realwirtschaft zu ihren Bedingungen
hat, und die in spezifischen Widersprüchlichkeiten des Ratings exemplarisch
zur Darstellung kommt (gute Bewertung involviert nicht real gute Qualität),
fragt Esposito nach ihrer basalen realen Referenz. Zur Beantwortung zieht
sie eine klassische Theorie heran: «Was in den Märkten gehandelt wird, ist
schliesslich Zeit: ihre Verwaltung und ihre Verfügbarkeit in der Gegenwart
und vor allem in der Zukunft.» Von hier aus gelangt sie zu einer zeitbasierten
Theorie des Geldes. Nicht z. B. soziale Interaktionen oder Haltungen, sondern die Verschiebung der Befriedigung von Bedürfnissen bildet den Raum
aus, dessen Ausmasse in Geld umgerechnet werden können und der gerade
angesichts ungewisser Zukünfte an realem Wert gewinnt, insofern er erlaubt,
Entscheidungen durch das Einholen weiterer Informationen auf eine gesi-
chertere epistemische Basis zu stellen. So gesehen bedeutet der Besitz von
Geld nicht nur einen Gewinn von Gegenwart, sondern insbesondere auch
von Zukunft. Geld «ist» nach Esposito geradezu Zeit.

Diese Diagnose muss, so Esposito, umso deutlicher mit Blick auf die
Finanzmärkte gestellt werden, die direkt mit Geld handeln. Nach dieser Deutung aber nicht nur mit Geld, sondern zugleich mit Risiko als einer Form

der Zukunft. Der Handel mit Geld stellt sich so als Handel mit zukünftigen Möglichkeiten dar, wobei das Geld Handlungsspielräume repräsentiert. Auch die formalisierten Deutungsmodelle der Finanzwirtschaft erweisen sich so als Verfügungstechniken über die Zukunft, die das gehandelte Risiko in Handlungsoptionen umzumünzen erlauben. Aber nicht nur die Modelle, sondern faktisch auch das Kreditwesen ist als eine solche Technik anzusprechen. Tatsächlich stellt sich so gerade der Handel mit Risiken in seinen unterschiedlichen Komplexitätsgraden als groß angelegter Versuch dar, eine vollständig modulierte Verfügungsgewalt über mögliche Zukünfte in gegenwärtiges Handlungswissen zu transformieren.

Dadurch verändere sich allerdings auch der traditionelle Sinn von Schuld und Verantwortung. Konnte traditionell, in einer relativ gesicherten epistemischen Situation, die Verantwortung für die Folgen einer ökonomischen Entscheidung mehr oder weniger deutlich einem einzelnen Akteur zugeordnet werden, so verlagert sich die Verantwortung durch die mehrfach gesteigerte Komplexität in das Geflecht des scheinbar risikoneutralen Risikohandels selbst. Und nicht nur dies: Schuld kann sogar demjenigen zugeschrieben werden, der nichts riskiert, weil er die Dynamik des Marktes schädigt. Tatsächlich habe dies System bis zur Krise der Finanzmärkte einige Jahre lang gut funktioniert. Erst jetzt scheint die Zukunft nicht mehr konstruierbar, sondern sogar faktisch verschlossen.

Offenkundig haben, so Esposito, die Modelle des Risikomanagements mit einer zu simplen Zeit- und Zukunftsvorstellung gearbeitet, wenn sie annahmen, alle möglichen Möglichkeiten zu berücksichtigen und dabei vergaßen, dass sie ihre Prognosen auf der Grundlage von Projektionen der Gegenwart vornahmen. Ein komplexeres Bild der Zukunft, das heutige Risikogesellschaften teilten, rechne vielmehr mit dem fortwährenden Aufbau neuer Aspekte der zukünftigen Gegenwart durch aktuelle Entscheidungen. «Die einzige Zukunft, die die Modelle nicht berücksichtigen können, ist diejenige, die sich in der Tat verwirklicht: eine Zukunft, in deren Vergangenheit es die Modelle gibt, die versuchten, sie vorauszusagen.» Demgegenüber stehe gegenwärtig der Trend der Märkte, tatsächlich Überraschungen zu erwarten und damit eine gesteigerte epistemische Komplexität, die den zukunfts-konstruktiven Charakter der Modelle mit einberechnet.

So gesehen stelle sich die Finanzkrise als eine «Krise der Zukunft» dar, insofern alle erwart- und nicht erwartbaren Zukünfte bereits modellarisch eingehegt wurden und keine Handlungsspielräume mehr zur Verfügung zu stehen scheinen. Dies wiederum führe zu einem Planungs- und Kontrollverlust und lähme letztlich die Märkte. Einzunehmen und theoretisch zu beschreiben sei dagegen eine Haltung, die sich keiner Techniken der Defuturisierung bediene und dennoch handlungsfähig bleibe.

Der Zürcher Finanzwissenschaftler und Fellow des ZRWP-Forschungskollegs *Marc Chesney* weist in seinem Text auf den «Widerspruch zwischen der Logik des Finanzsektors und den Prinzipien des Liberalismus» hin. Diesen macht er in unterschiedlichen Punkten aus: etwa darin, dass die Verfolgung individueller Interessen im Finanzsektor dem Gemeinwohl schade und auch darin, dass Risiken erhöht und dem Kollektiv aufgelastet würden. Dabei bezieht Chesney seinen (durchaus ethisch zu nennenden) Liberalismusbegriff wesentlich von Ludwig von Mises und Friedrich Hayek. Nicht nur die astronomischen Einkommen von CEOs weltweit, sondern auch die Selbstreferentialität des Finanzsektors widersprächen deren gesellschaftstheoretischen Anliegen. Auch die Perpetuierung und Steigerung der Staats- wie Bankenverschuldung mit ihren z. T. katastrophalen Folgen für die Realwirtschaft seien in diesem Zusammenhang als antiliberal einzustufen.

Daher fordert Chesney eine stärkere Regulierung des Finanzsektors, die gerade gegenläufig zu den Rettungsaktionen für systemrelevante Institute erfolgen müsse: Nicht allein um jenen Folgen ausgleichend vorzubeugen, sondern auch um die Produktiv- und Innovationskraft der kapitalistischen Gesellschaften wieder in Kraft zu setzen – und damit letztlich auch das Funktionieren der demokratischen Prozesse sicherzustellen.

In sieben Hinsichten führt Chesney weiter aus, wie deutlich die Mechanismen des Finanzsektors nicht nur liberalismus- und gerechtigkeitstheoretischen Erwägungen zuwiderliefen, sondern auch konkret an den Bedürfnissen realwirtschaftlicher Unternehmen vorbeigingen. Dabei kommen die Börse, OTC-Transaktionen, Banken und Schattenbanken, Ratingagenturen, Referenzzinssätze und derivative Produkte in Blick. Die Krise der Finanzmärkte, so folgert Chesney, sei ein hausgemachtes Problem. Die Behebung seiner intrinsischen Faktoren würde den realwirtschaftlichen Märkten und dem Funktionieren demokratisch-kapitalistischer Gesellschaften insgesamt zu Gute kommen.

Die Zürcher Finanzwissenschaftlerin und Bankenexpertin *Christine Hirszowicz* plädiert in ihrem Beitrag für eine individualisierte Lösungsstrategie für die im Zusammenhang mit der Finanzkrise entstandenen Problemlagen, namentlich die Aufhebung der Entkopplung von Entscheidung und Verantwortung im Risikohandel. «Der Weg zurück in die Eigenverantwortung», den Hirszowicz vorschlägt, verläuft über die Erkenntnis, dass «der Markt» kein eigenständiges Subjekt sei, sondern interne Entscheidungen immer von einzelnen Akteuren getroffen würden. Es könne demnach nicht einfach «Marktversagen» diagnostiziert werden; die Verantwortung dürfe jedoch auch nicht externalisiert und in die institutionalisierten Regulierungsmechanismen hineinverlagert werden («Staatsversagen»). Hier gelte sogar, dass zu ausführliche Regulierungsbemühungen staatlicherseits die Eigenverantwortung der Marktteilnehmer durch die scheinbare Vermittlung von Sicherheit untergraben könne. Zunächst nimmt Hirszowicz daher die Führungskräfte der Finanzinstitute in die Pflicht, insbesondere beim Handel mit Risiken die Komplexität und schere Prognostizierbarkeit zukünftiger Entwicklungen nicht zu verdecken. Hirszowicz schlägt ein «desintegriertes Geschäftsmodell» vor, das den ersten Schritt zu einem neuen «moralischen Kompass» darstellen könnte. Dieser könne, so die Autorin, allein vor dem Hintergrund verstärkter (Persönlichkeits-)«Bildungs»-Bemühungen nicht nur, aber auch für die Führungskräfte im Finanzbereich erreicht werden. Zugleich seien aber alle Personen, die gesellschaftlich relevante Entscheidungen zu treffen oder auch nur Äußerungen zu tätigen hätten, insbesondere solche, die mit staatsleitenden Aufgaben betraut seien, aber etwa auch öffentliche Intellektuelle nach diesem Maßstab in die Pflicht zu nehmen, nicht nur selbst verantwortlich zu handeln, sondern ebenso zu eigenverantwortlichem Handeln verstärkt aufzurufen oder dieses ggfs. durch entsprechende Maßnahmen zu induzieren. Allein so könne eine verantwortungsethische «Zeitenwende» eingeläutet werden, in der an zentralen, gemeinwohlbezogenen Werten orientierte menschliche Selbststeuerung in stärkerem Maß zur Verhinderung weiterer Krisen beitragen könne.

Der Soziologe und Gründer des «Basel Institute of Commons and Economics», *Alexander Dill*, nähert sich den Krisensymptomen der Finanzmärkte in seinem Beitrag «Sozialkapital als Versöhnung von Geld und Gemeinschaft. Ergebnisse ketzerischer Grassroot-Wirtschaftswissenschaft» mit einem dekonstruktivistischen Gestus. Im Fokus steht dabei das Verhältnis von Geld und Gemeinschaft. Traditionell seien «gerechte Verteilung» («Kommunismus») oder «Vernichtung» («Crash») als Lösungsversuche der Verhältnisbestimmung diskutiert worden. Zwischen beiden Extremen bewege sich die heutige Wirtschaft mit dem Ziel, die Zwischenlösung stabil zu halten.

Einen Ausweg aus diesem «Arbeits- und Zinsgefängnis» verspricht sich Dill einerseits von einer differenzierteren Betrachtung des Geldes, wofür er vier verschiedene Typen unterscheidet. Andererseits bezieht er diese zurück auf deren realen Konterpart, als welchen er das «Sozialkapital» versteht, das sich durch «Vertrauen», eine «Geschenkkultur» und «Solidarität» auszeichne. Geld, so verdeutlicht er, ist selbst der symbolische Ausdruck einer fundamentalen sozialen Funktion. Werde es in diesem Bewusstsein genutzt (und

d. h. hier: nicht akkumuliert), so könne ohne regulative Eingriffe des Staates die Tilgung öffentlicher Schulden in Aussicht gestellt werden. Zentral für das Verständnis dieses Vorgangs sei das gemeinsame Interesse von Geldwirtschaft und Sozialkapital an der Altersvorsorge und damit real am Fortbestand der Gemeinschaft. Dabei gerieten international allerdings unterschiedliche Modelle der Altersvorsorge miteinander in Konkurrenz – und die Berechnung der Staatsschulden in Relation zum Bruttosozialprodukt entpuppe sich, wenn deren reale Korrelate in Betracht gezogen würden, als Verschleierungstaktik.

Neben der einfachen Mobilisierung von Sozialkapital sieht Dill weitere mögliche Auswege aus dem Dilemma der geldwirtschaftlich induzierten Verschuldung staatlich organisierter Gemeinschaften, etwa «echtes Sparen» oder einen «Haircut» bei Renten. Erschlossen werden könnten diese Möglichkeiten allerdings kaum durch die universitäre Forschung, sondern vor allem durch die auch von Dill praktizierte *Grassroots-Economy*, die er als «Grundlagenforschung» versteht. Ihre Arbeitsbereiche erstrecken sich auf realwirtschaftlich basierte Ratings, aber auch die Messung der zunächst so wenig ökonomisierbar scheinenden Grösse «Sozialkapital». Von hierher ergebe sich eine weitere Lösungsmöglichkeit des beschriebenen Dilemmas: die reale Schrumpfung realer Gemeinschaften.

Die Bostoner Rechtswissenschaftlerin *Tamar Frankel* ergänzt die vorliegenden Beiträge durch eine rechtstheoretische (und -praktische) Perspektive, in der sie konkret die Vereinheitlichung treuhänderischer Pflichten im Allgemeinen und Zivilrecht in den Blick nimmt. Die diesbezügliche Gesetzgebung reguliert die gesellschaftliche Operationalisierung von Vertrauensverhältnissen. Diese können formal als Beziehungen von Anvertrauenden (*entrustors*) und Treuhändern (*fiduciaries*) beschrieben werden. Der gesellschaftliche Vorteil solcher treuhänderischen Beziehungen bestehe vor allem in der Möglichkeit der funktionalen Sicherstellung eines hohen Spezialisierungsgrades. Die zentrale Schwierigkeit stelle sich in der Überprüfung und Kontrolle der Vertrauenswürdigkeit der Treuhänder. Rechtliche Regulationsmechanismen stellten eine Methode dar, hohe Verifikationskosten zu erleichtern. Allerdings forderten die entsprechenden Bestimmungen im Allgemeinen wie im Zivilrecht unterschiedliche Verifikationsformen von Vertrauenswürdigkeit ein. Eine Vereinheitlichung wäre wünschenswert, hätte aber weitreichende systemische Implikationen. Denn das Allgemeine Recht fusse auf Eigentumsrechten, während die Grundlage des Zivilrechts vertragstheoretische Voraussetzungen habe. Während vertragsrechtliche Bestimmungen vor allem personale, nicht-übertragbare Beziehungen (und damit freie Interaktionsspielräume) regelten, zielten Eigentumsrechte auf Marktmechanismen, d. h. auf hochgradig standardisierte

und per definitionem übertragbare Beziehungen. Damit sind letztlich unver-
einbare Strukturen beschrieben: Während in den USA marktwirtschaftliche
Beziehungen die Aufspaltung von Eigentumsrechten geradezu voraussetzten,
würde gerade diese in zivilrechtlich geprägten Ländern abgelehnt; dies führe
zu Widersprüchen in der rechtlichen Behandlung von Vertrauensbrüchen
oder betrügerischem Verhalten. Während zwar im Zivilrecht wie im Allgemeinen Recht treuhänderische Beziehungen vertragsrechtlich behandelt würden,
so unterschieden sich die jeweils vorausgesetzten Vertragsbegriffe erheblich.
Zudem liessen sich Staaten, deren Rechtssystem stärker zivilrechtliche geprägt
sei, von solchen unterscheiden, in deren das Allgemeine Recht eine entschei-
dende Rolle spielte. Zivilrechtliche Verträge in Deutschland basierten zentral
auf dem Konzept des «Treu und Glauben», während dies z. B. in England
gerade nicht der Fall sei. Entsprechend unterscheide sich der Grad, in dem
rechtliche Einzelbestimmungen die Qualität dieser Verträge bewerteten. Ein
weiterer Unterschied betreffe die Regulierung von Vertragserfüllungsbestim-
mungen (*specific performances*). Das US-Recht etwa setze in beiden Hinsichten
eine größere Eigenverantwortung der Vertragspartner voraus, als das deutsche.
     Nicht nur das Vertrags-, sondern auch das Eigentumsrecht unterscheide
sich in zivilrechtlich und allgemeinrechtlich geprägten Staaten:

> Civil law countries do not accept the bifurcation of property law. Hence they do
> not offer property law remedies but contract law remedies for breach of trust.
> They do not distinguish clearly between entrusted property-leading to fiduciary
> duties and remedies, and contract promises-leading to contract duties and
> remedies. But their contract remedies are not very different from the property
> remedies of the common law.

Beide Rechtssysteme seien, so Frankel, letztlich auch auf kulturelle Differenzen
zurückzuführen:

> The European civil law system applies to a relatively homogeneous and smaller
> population. America is a continent with a large population with a tremendous
> variety of cultures. In addition, as noted, Americans are far more individualistic
> and entrepreneurial.

Der Vorteil einer Vereinheitlichung beider Systeme läge, so Frankel, in einer
Welt globalisierter Märkte daher auf der Hand. In drei Punkten führt die Autorin Vorschläge aus, wie diese gestaltet werden könnte. Dabei geht sie einerseits
von der Beobachtung aus, dass ausführlichere vertragsrechtliche Bestimmungen sich in den USA mehr und mehr durchsetzen. Ein wichtiger Punkt bei
Vereinheitlichungsbestrebungen seien allerdings auch begrifflich-konzeptuelle
Annäherungen (nicht rein semantische) der unterschiedlichen Systeme. Dafür

führt sie unterschiedliche gangbare Wege an – mitsamt deren ggfs. problematischen Implikationen, denn sie setzten jeweils ein umfassendes Verständnis nicht nur der Funktionsweise, sondern auch der grundlegenden Gedanken der jeweiligen rechtlichen Bestimmungen voraus. Daher spricht sich Frankel abschließend für eine pragmatische Lösung aus, die weder auf systemischen noch auf begrifflichen Vereinheitlichungen fusst, sondern allein das Ergebnis im Blick hat. Eine Reform hätte mithin nicht auf der legislativen, sondern auf der judikativen und exekutiven Ebene anzusetzen.

4.2.   Teil II. Finanzkapitalismus und Religion. Deutungsversuche

Die im zweiten Teil gruppierten Beiträge thematisieren, anders als die vorhergehenden, nicht die konkreten Gründe und Implikationen der krisenhaften Entwicklungen der Finanzmärkte, sondern fokussieren in einer weiteren Perspektive die religiösen Implikationen des Finanzkapitalismus oder auch die Verflechtung von (Finanz-)Wirtschaft und Religion und Religion.

Einen kulturhistorisch-genetischen Deutungsvorschlag unternimmt die Berliner Kulturwissenschaftlerin *Christina von Braun*. In ihrem Beitrag widmet sie sich der Frage nach einer realen Referenz der für die Geldwirtschaft fundamentalen Voraussetzung der Deckung. Hierzu nimmt sie das Verhältnis von Geld und menschlichem Körper in den Blick. Dabei zeichnet sie zunächst drei «Ursprünge» des Geldes nach: in Realien, in der Legitimation durch säkulare «Autorisierung» sowie im Opferkult und verweist zudem auf die metaphysischen bzw. religiösen Implikationen der jeweils bestimmten Deckungsrelation. Zugleich weist sie darauf hin, dass diese symbolischen Relationen, das jeweilige «Zeichensystem», seinerseits nicht nur die Entwicklung der Schriftkultur katalysiert hätte, sondern immer auch einen Überzeugungsgehalt bzw. «Glauben» zur Voraussetzung seiner Geltung gehabt hätte. Im 20. Jh. sei gar jeglicher symbolische Gehalt der Deckungsrelation verloren gegangen und gegenwärtig sichere allein der Glaube die praktische und performative Geltung des Geldes.

Um diesen Punkt sowie die damit einhergehende häufige Verwendung theologischen Vokabulars in der Geldwirtschaft historisch weiter zu illustrieren, nimmt von Braun im nächsten Schritt den dritten genannten Ursprung des Geldes im Opferkult näher in den Blick. Dabei ist die Interpretation des Tieropfers als symbolisches Menschenopfer von fundamentaler Bedeutung – aber auch die geschlechtliche Differenz der geopferten Körper spielte eine Rolle. So entpuppt sich der antike Opferkult als symbolische Aushandlung von sexueller Herrschaft, deren Spuren bis heute in den Währungssymbolen aufgesucht werden können, wie von Braun darlegt. Die Produktivkraft des Geldes

kann damit als symbolisierte sexuelle Potenz interpretiert werden. Weiterge-
hend stellt von Braun die Frage nach dem spezifischen Zusammenhang von
christlicher Religion und Geld. Einerseits bestehe dieser darin, dass nur diese
die Aufrechterhaltung des symbolischen Beglaubigungszusammenhangs des
Geldes bis in die Gegenwart garantiert habe. Zum einen der (auch Irrationales
einschließende) Glaubensbegriff, zum anderen die christlichen Opfer- und
Inkarnationslehren hätten in ihrer kulturellen Tiefenwirkung Erhebliches dazu
beigetragen. In der Gegenwart, hätten sich allerdings ebenfalls «theologische»
Legitimationsformen des Geldes etabliert, die grundsätzlich auf der Gleichung
Deckung = Menschenleben beruhten. Dies lasse sich, so von Braun, beispielhaft an
der Bedeutung der US-Armee oder auch den Lebensversicherungs-Fonds für
die Finanzwirtschaft illustrieren. Beide Beispiele stellten die nachhaltig hohe
symbolische Kraft des (möglichen) Opfers des menschlichen Lebens in Geltung. Illustrativ könne der intrinsische Zusammenhang von Menschenleben
und Geldwirtschaft auch an den semantischen Überschneidungsbereichen von
Reproduktionstechnologien und Geldwirtschaft belegt werden. Von Braun
leistet damit keinen in erster Linie systemischen oder sozialen, aber hand-
greiflich materialen Beitrag zur Aufklärung des Verflechtungsverhältnisses
von (christlicher) Religion und moderner Finanzwirtschaft.

    Birger P. Priddat, politischer Ökonom in Witten/Herdecke und Fellow des
Forschungskollegs, fokussiert in seinem Beitrag auf die «abendländische Transformation» der Semantik von «Schuld und Schulden», ein Begriffspaar, das für
ihn die Verschränkung von christlichen Vorstellungsgehalten und ökonomischer Praxis repräsentiert. Damit werden zentrale theoretische wie praktische
Aspekte abendländischer Ökonomie als «säkularisierende» Operationalisie-
rungsversuche ursprünglich christlicher Motive ansichtig.

    Die christliche Konzeption der Schuld habe zu einem unfreien Geschichts-
verhältnis des Menschen geführt, da Handeln von vornherein in den Bestimmt-
heitszusammenhang eines perennierenden Entschuldungsstrebens gestellt sei.
Zentral davon betroffen seien die christlich-ethischen Formen sozialer Praxis,
näher die caritative Liebe. Denn das universale Entschuldungsstreben qualifiziere auch die sozialen Interaktionen als «Gaben-Ökonomie», für welche eine
triadische Struktur entscheidend sei, insofern die bilaterale Beziehung durch
einen den Verschuldungszusammenhang bestimmenden Dritten (Gott) vermittelt werde. Zwar repräsentiere sich hier eine erste Transformationsgestalt
der ursprünglich religiösen Schuldsemantik, insofern diese als Verschuldungs-
relation operationalisiert werde. Zugleich aber werde durch die Ökonomisierung dieser Praxis das caritative Handeln von Nutzenbestrebungen überformt.

Neben diese Transformation tritt eine zweite, die in der individuellen Internalisierung der beschriebenen Beziehungsstruktur besteht und typisch für protestantische Gewissensreligiosität sei. Diese bringe allerdings ein handlungspraktisches Problem mit, insofern der gabenökonomischen sozialen Praxis durch die Rückbindung an das individuelle Gewissen keine Entlastungsfunktion mehr zukommen könne. Eine Lösung hätten hier wohlfahrtsstaatliche Versicherungstheoreme geboten, die den reziproken Nutzen temporal und modal interpretiert hätten und bereits als Vorform des Risikomanagements verstanden werden könnten: Die gabenökonomische Beziehung versichert für den möglicherweise zukünftig eintretenden Fall von Bedürftigkeit, und zwar nicht nur die betroffenen Individuen, sondern alle möglichen Mitglieder der jeweiligen ökonomischen Gemeinschaft.

Neben diese primär gabenökonomischen Operationalisierungsformen tritt als Sonderfall das Kreditwesen, das ebenfalls mit einer temporalen und ursprünglich sozial elastischen Struktur arbeite und zudem einen reziproken ökonomischen Mehrwert schaffe. Diese könne sich jedoch, bei Verzinsung und Terminierung des Kredits, da nicht durch einen (institutionellen) Dritten vermittelt, als fundamentale soziale Asymmetrie gestalten, die ein ursprünglich «vertikales» religiöses Motiv (Schuld gegenüber Gott) «horizontal» (Schuldner und Gläubiger) abbilde. Im Kreditwesen bilden sich weiter in besonderem Maße auch nicht-materiale soziale Relationen (Versprechen und Vertrauen) sowie ein spezifisches Zukunftsverhältnis (Hoffnung bzw. Erwartung / Erfüllung bzw. Enttäuschung) ab. In beiden Hinsichten lassen sich demnach religiöse Rudimente erkennen.

Weiter lenkt Priddat den Blick auf die subjektivitätskonstitutive Dimension des modernen Kreditwesens: Erst die Möglichkeit endlicher Entschuldung von der nur temporär und frei eingegangenen Verschuldung (ungeachtet sozialer Asymmetrien) konstituiere ein sich frei zur Geschichte verhaltendes Handlungssubjekt. Diese Struktur wirke auch auf die Theologie zurück und zeige sich dort als Umstellung von Furcht auf Liebe. Damit aber übernehme die Ökonomie eine religioide Funktion. Zugleich würden die personalen Beziehungen durch die Institutionalisierung des Kreditwesens in Banken von möglichen Herrschaftsstrukturen entlastet, dabei aber Verantwortungszuschreibungen auf systemische Strukturen verschoben und anonymisiert. Priddat geht so weit, die Entstehung der modernen Konzeption von «Gesellschaft» auf diese Form der Ökonomie zurückzuführen.

Mit diesen Transformationsprozessen gehe die Umstellung der politischen Ökonomie von der Beschreibung von Herrschaftsstrukturen auf eine Theorie sozialer Selbstregulation einher. Gerade die letztere werde aber in den modernen Finanzmärkten aufs Spiel gesetzt, insofern diese nicht nur die wechselseitigen Verpflichtungs- und Verantwortungsstrukturen mitsamt deren institutionellen Vermittlungsgestalten, sondern zugleich deren Erhaltungsmöglichkeit über die Zeit wiederum der ökonomischen Interaktion zuführten. In der beständigen, risikohaften Perpetuierung von Schulden ist, so Priddat, eine Rückkehr des alten Schuldbegriffs in einer zur schlechten Unendlichkeit temporalisierten Form zu verzeichnen. Damit schliesst sich der Kreis der Interdependenz theologischer wie ökonomischer Deutungsmuster und die dadurch induzierte soziale Interaktion wird auf ihren religioiden Kern hin durchsichtig.

Der folgende Beitrag von *Hans Christoph Binswanger* bietet eine Variation zum Thema «Glauben und Wirtschaft». Im Rückgriff auf seinen 1998 zuerst veröffentlichten Essayband handelt der St. Galler Volkswirtschaftler über die «Glaubensgemeinschaft der Ökonomen». Dabei bezeichnet der «Glaube» hier das Vertrauen auf die Selbstregulierungskraft der Märkte in Form einer «unsichtbaren Hand». Diese auf Adam Smith zurückgehende wirkungsmächtige Konzeption biete über die systemisch-ontologische Prämisse hinaus eine ethische Entlastungsfunktion, die das Verhalten vieler Marktteilnehmer bis in die Gegenwart präge. Allerdings habe die Vorstellung der Selbstregulierungskraft des Marktes selbst ethische Implikationen wie z. B. die Umstellung von individuellen normativen Verhaltensregulierungen auf ein kollektives, positiv bewertetes und Verhaltenskalkül und damit die Transposition axiologischer Bestimmungen in die Dynamik epiphänomenaler Marktereignisse: Gerechtigkeit stelle sich bei einer liberalen Marktpolitik gleichsam von selbst ein. Binswanger stellt heraus, dass das historische Vorbild dieser Überzeugung die stoische Philosophie bilde, in der (notwendiger) Verzicht positiv gewertet werden konnte. Insofern er die Stoa als Gegenposition zum Christentum bestimmt, vertritt Binswanger zunächst eine These, die konträr zu den von den weiteren Autorinnen und Autoren des Bandes vorgebrachten zu stehen scheint. Allerdings wird dieser Gegensatz sogleich wieder aufgelöst, indem Binswanger die Fortexistenz stoischer Elemente in der christlichen Tradition und zudem in der Aufklärung betont. Dennoch sei die «Glaubensgemeinschaft der Ökonomen» als «stoisch» zu qualifizieren. Insbesondere Goethe habe aber dafür gesagt, dass in die Tradition dieser Philosophie einige sozialethische Bestimmungen hätten eingetragen werden können, so dass sich die die Smith'sche Argumentation trotz empirischer Gegenbelege habe durchsetzen können. Differenziert (und damit pragmatisch fortschreibbar) habe diese allerdings erst durch ihre Entnationalisierung und Globalisierung werden können. Gerade angesichts dieser Wirkungsgeschichte weist Binswanger auf die

Notwendigkeit hin, gemeinwohlorientierte Ressourcen wieder auf individueller Ebene fruchtbar zu machen, da offenkundig die «unsichtbare Hand» durch sehr sichtbare Kollateralerscheinungen begleitet werde, die die Ausbeutung von und Verarmung ganzer Volksgruppen beinhalteten.

Der Beitrag des Theologen und Aargauer Kirchenratspräsidenten *Christoph Weber-Berg* (ebenfalls Fellow des ZRWP-Forschungskollegs) wirft einen analytischen Blick auf den bereits mehrfach thematisierten Vertrauensbegriff selbst. Dabei rückt er im Rückgriff auf die jüdisch-christliche Tradition den «Zweifel als Konstituens von Vertrauen und Glauben» ins Zentrum. Weber-Berg geht von einer Problematisierung des auch finanzwirtschaftlich relevanten Wissensbegriffs aus. Gerade modellbasiertes «Wissen» habe sich im letzten Jahrzehnt als häufig nicht vertrauenswürdig erwiesen.

Dagegen macht der Autor den Zweifel als Grundlage von von Leichtgläubigkeit unterschiedenem «echte[m] Vertrauen» stark und weist ebenfalls auf die konstitutive Bedeutung des Risikos hin, das die Vertrauensbeziehung allererst als reziprok qualifiziere. In komplexeren und zudem als wertfrei angesehenen Interaktionssystemen könnten solche grundlegenden personalen Beziehungen allerdings gerade nicht entstehen bzw. effektiv werden, da weder Institutionen noch die Referenzsysteme der Deckung des Geldwerts sich als verlässlich erwiesen hätten. Gerade diese Situation rufe fast notwendig zum Zweifel auf:

> Zweifel an den Heilsversprechungen eines sich von materiellen Bindungen, personalen Beziehungen, sozialen Institutionen, sowie von seinen eigentlichen Zwecken tendenziell entfremdenden Finanzsystems, das ungedeckte Schecks ausstellt auf die Zukunft, auf risikofreie Gewinne, auf Vermögen und Erlös.

Diese Überlegungen verbindet Weber-Berg mit Søren Kierkegaards Ausführungen zur «Verzweiflung», die dieser als gestörtes Selbstverhältnis interpretiere, das sich aber durchaus unter der Maske des Erfolgs verbergen könne. Gesunder Zweifel sei in der Lage auch die unter dem Schein der Sicherheit sich gebende Verzweiflung nicht nur zu entlarven, sondern ggfs. sogar zu verhindern. Zweifel wäre dann als Moment der Aufklärung in ideologieanfälligen Zusammenhängen zu verstehen. Im Rekurs auf den jüdischen Religionsphilosophen Martin Buber entwickelt Weber-Berg im nächsten Schritt ein Glaubensverständnis, das den Zweifel konstitutiv einschliesst, um dieses sodann als hilfreiches ethisches Prinzip für den Umgang mit den Finanzmärkten geltend zu machen. In der Entwicklung und Einschärfung solcher Werthaltungen bestehe durchaus bislang ungenutztes Potential von Glauben und Theologie einerseits für die gesellschaftliche Öffentlichkeit, die ein

Interesse an funktionierenden (Finanz-)märkten haben müsse, aber auch und gerade für die theoretische Näherbestimmung eines auch in der Ökonomik relevanten Begriffs.

«Das Heil und die Heilung»: Der den Band abschließende Beitrag des Mannheimer Literatur- u. Medienwissenschaftlers und Fellow des Forschungskollegs *Jochen Hörisch* setzt, in Auseinandersetzung mit dem Gleichnis vom barmherzigen Samariter aus dem Lukasevangelium, einen nochmals anderen Schwerpunkt als die voranstehenden Arbeiten.

Ausgehend von der Beobachtung, dass nicht nur die Sprache der Ökonomie mit theologischer Semantik angereichert ist, sondern auch viele Erzähltexte der Bibel wirtschaftliches Handeln mit religiösen Motiven in Verbindung bringen, wendet sich Hörisch der für ihn zentralen Frage im Rahmentext des genannten Gleichnisses zu. Hier fragt ein Schriftgelehrter Jesus: «Meister, was muss ich tun, daß ich das ewige Leben ererbe?» Die zunächst in der Tora aufgesuchte Antwort, das sog. Doppelgebot der Gottes- und Nächstenliebe, wird von Hörisch in eine liebes- und anerkennungstheoretische Auseinandersetzung mit der nachfolgenden Geschichte vom barmherzigen Samariter überführt. Denn die folgende Frage des Schriftgelehrten, «Wer ist mein Nächster?» sei offenkundig nicht kategorial zu beantworten, sondern bedürfe des Narrativs.

Es falle allerdings nicht allein auf, dass die das Gebot der Nächstenliebe begleitende Forderung der Gottesliebe im Gleichnis ausgeblendet werde und dieses «von sakralen auf profane bzw. von theologischen auf ökonomische Themen und Problemstellungen», d. h., von «Heil» auf «Heilung» umschalte und damit auf eine Konzeption ökonomisch-praktischer Liebe ziele. Vielmehr sei der Kern des Gleichnisses in der Illustration des Begriffs des «Nächsten» auszumachen. Dieser stelle sich keinesfalls als anzuerkennender «Anderer», sondern vielmehr als dem jeweiligen Fragenden grundlegend identisch und mit diesem verbunden dar. Die tätige Liebe zu diesem Nächsten habe zudem eine gleichsam finanzökonomische Dimension, insofern sie als Investition in die Zukunft des anderen verstanden werden könne – und damit zugleich als Parabel auf das im Kreditwesen notwendige Vorschussvertrauen.

Hörisch macht in diesem Text drei «Widerhaken» für die Lesenden aus: Der erste sei konfessioneller Natur und betreffe die Frage, ob zur Erlangung des Heils Eigenleistungen notwendig seien. Der zweite bestehe in der starken Betonung der profanen gegenüber der sakralen Dimension des Heils (eben der Heilung). Der dritte bestehe in der hier propagierten Nächsten- (und nicht: Fernsten-)Liebe. Zusammengenommen ergebe sich damit ein Bild des Christentums, das dessen innere Affinität zur Ökonomie sehr viel stärker zur Geltung bringe, als dies dessen Anhängern üblicherweise deutlich sei. Hieraus lasse sich durchaus eine theologisch-affirmative Haltung zu Geld und Kreditwesen ableiten, da diese nicht nur Knappheit zu bewältigen helfen könnten, sondern, so Hörischs Schlussfolgerung, auch dazu geeignet seien, tätige Nähe zwischen ursprünglich Fremden zu vermitteln.

I. Zur Krise des Finanzmarktsystems.
   Diagnosen und Therapievorschläge

Elena Esposito

Konstruktion der Zukunft und Gebrauch der Zukunft: Risiko als Gelegenheit

1.   Zirkularität der Finanzmärkte

Ein paar Jahre nach Ausbruch der Finanzkrise müssen wir zugeben, dass ihre theoretischen Auswirkungen bescheiden geblieben sind: Trotz der Dringlichkeit und der Sorge, und trotz eines immer weiter verbreiteten moralischen Alarms, verfährt man dennoch weiterhin nach demselben Muster und arbeitet mit denselben Kategorien, wie bisher. Die Stimmung hat sich sicher verändert: Die «irrationale Euphorie» (1996 von Alan Greenspan angekündigt) ist durch eine wachsende Ungeduld gegenüber den Marktmechanismen ersetzt worden, oder gar durch ein Misstrauen gegenüber ihren Voraussetzungen. Der eklatanteste und am heftigsten verworfene Aspekt sind natürlich die Boni der Bankmanager – und ihre Verhaltensweisen, die als zynisch interpretiert werden. Sie ziehen den weitverbreiteten, wenn auch generischen Vorwurf der Gier auf sich (oder der übermässigen Gier – wobei es nicht klar ist, wo das Übermass anfängt und ob das Problem in der Suche nach Gewinn oder in ihrer Übertreibung liegt).

Im Hintergrund steht jedoch ein tieferer und in gewisser Hinsicht beunruhigenderer Aspekt: das Bewusstsein, dass die Grundannahmen und die Richtlinien der Finanzwelt unangemessen sind und gleichzeitig noch keine zuverlässigen Alternativen zur Verfügung stehen. Trotz aller Bedenken und Debatten über die Reglementierung, und trotz der anhaltenden wirtschaftlichen Krise, haben Banken und Finanzinstitute wieder begonnen, Gewinne zu machen (die Boni sind eigentlich bloss die Folge dieser strukturellen Lage). Wie erklärt sich diese Diskrepanz? Es genügt nicht, die Entkopplung von Finanzsektor und Produktion oder von Finanz- und Realwirtschaft zu beklagen, solange wir weder in der Lage sind, zu erklären, wie sie zustande kamen, noch wovon sie abhängen – oder, radikaler, wie sie funktionieren.

Zweifellos hat das Bewusstsein für die reflexiven und pro-zyklischen Aspekte des wirtschaftlichen Verhaltens und der Reglementierung selbst zugenommen, bis zu der verbreiteten Paradoxie, dass die Massnahmen häufig Wirkungen haben, die den Absichten entgegengesetzt sind. Man beginnt zu

verstehen, dass das Finanzwesen im Guten und im Bösen extrem selbstre-
ferenziell ist und man diese Eigenschaft berücksichtigen muss. Das ist zwar
seit langem bekannt. Jetzt scheint es aber immer schwieriger, diese Fragen
auf bestimmte Bereiche zu beschränken und zu hoffen, sie unter Kontrolle
zu halten: Jede Operation und jede Massnahme wird nicht nur beobachtet
sondern, sogar antizipiert. Das ist ein Teil des dringenden Problems mit dem
Ratingverfahren: nicht nur der Umstand, dass die «Richter» selbst im beur-
teilten Objekt involviert sind, sondern auch der, dass die Unternehmer (oder
sogar die Staaten) sich eher am *rating* als an der realen Welt orientieren. Eine
gute Bewertung ist immer seltener ein Indiz für gute Qualität. Die Zirkularität
gehört zu den *rating*-Mechanismen selbst, welche den (nunmehr unumgäng-
lichen) Bezug auf die Welt durch den Bezug auf die Beobachtung der Welt
ersetzen, und dann nicht in der Lage sind, die Auswirkungen zu kontrollieren.
Letztlich verstärken die Ratingverfahren genau die Effekte, zu deren Kontrolle
sie beitragen sollten.

Dasselbe Problem betrifft unter der sehr allgemeinen Bezeichnung des
moral hazard die staatliche Finanzpolitik, die beobachtet, antizipiert und neutralisiert wird. Es hilft wenig, es zu wissen: Man denke nur an die Dilemmata
der heftig umstrittenen Basel-III-Vereinbarung, die darauf zielt, die Eigenka-
pitalanforderungen der Banken zu stärken. Die erklärte und unumstrittene
Absicht ist, das Risiko zu verringern, indem die Quote des «zuverlässigen»
Kapitals erhöht wird. Das Paradox ist, dass bei Verringerung des Risikos im
Banking die Vergütung des Kapitals nachlässt und es für die Banken immer
schwieriger wird, Geld auf dem Markt zu sammeln – also gerade das Kapital,
das die Banken erhöhen sollten. Jeder stabile Bezug wird in dem Augenblick
instabil, in dem man in ihn eingreift.

Zirkularitäten dieser Art finden sich in allen Bereichen der Finanztätigkeit
und verweisen auf die eigentliche Frage, auf das grosse Rätsel des modernen
Finanzsystems: Was wird tatsächlich in Finanzmärkten gekauft und verkauft,
die eine Masse von Kapital bewegen, die mehr als 20 Mal das gesamte weltweite
BIP (Bruttoinlandsprodukt) beträgt? Es ist offensichtlich, dass diese virtuelle
Finanzwelt sich nicht auf konkrete Waren und Leistungen bezieht: Selbst
wenn alle verfügbar wären, würden sie sowieso nicht ausreichen, um die atem-
beraubenden Zahlen aufzuwiegen, die auf den Märkten zirkulieren. Worum
handelt es sich aber dann? Welche Art von «Reichtum» wird im hektischen
Finanzhandel erzeugt oder auch verbrannt?

Obwohl der einfache Verweis auf die Realwirtschaft nicht ausreicht, gibt
es natürlich eine Verbindung: Der reale Reichtum nimmt je nach Art der
finanziellen Transaktionen und ihrem Ausgang zu oder ab. Beide sind aber
nicht dasselbe: Die Finanzwelt hat Auswirkungen auf die Realwirtschaft und

die Realwirtschaft bleibt eine Referenz für die Finanzwelt, aber der Link ist immer weniger direkt und fungibel und wird vermutlich durch einen weiteren Faktor bestimmt: Die Finanz beeinflusst die Wirtschaft, nicht weil sie realen Reichtum erzeugt oder vernichtet, sondern weil sie auf ein weiteres Element einwirkt, von dem dieser Reichtum (also die tatsächliche Verfügbarkeit von Waren) abhängt. Worum geht es?

2.   Kauf und Verkauf von Zukunft

Die Frage nach einem bestimmenden Faktor der Verbindung von Finanz- und Realwirtschaft ist alt, und ebenso alt ist die Antwort, die mindestens bis in Keynes' Zeiten zurückreicht. Sie zog sich dann wie ein roter Faden durch das wirtschaftliche Denken etwa der Österreichischen Schule aber auch einiger Post-Keynesianer wie Shackle. Doch spielte sie keine dominierende oder sichtbare Rolle. Hinter der Frage (und in der Antwort) verbirgt sich das Problem des Sinnes und der Funktion von Geld und seiner Verbindung mit der Rolle der Zeit für die Wirtschaft. Was in den Märkten gehandelt wird, ist letztlich Zeit: ihre Verwaltung und ihre Verfügbarkeit in der Gegenwart und vor allem in der Zukunft.

Aus dieser Perspektive ist es der Bezug auf Zeit, der die Bedeutung und das Funktionieren der Wirtschaft als Ganzes erklären kann. Geld selbst, das auf der Basis der modernen monetären Wirtschaft fusst, ist eigentlich nichts anderes als Zeit und findet darin seine Funktion (grundsätzlicher als seine Funktion als Tauschmittel, Zahlungsmittel oder Mass des Werts): Geld ist in erster Linie ein «medium of deferment and of search»[1], das erlaubt, die Befriedigung der Bedürfnisse in eine unbestimmte Zukunft zu verschieben – und das dadurch einen Ersatz für Sicherheit bietet. Vor der obskuren und unerkennbaren Zukunft der Risikogesellschaft[2] – in der niemand weiss, was man brauchen wird, wohl aber, dass man Bedürfnisse haben wird und ausgerüstet sein möchte, sie zu befriedigen – erlaubt der Besitz von Geld, Entscheidungen zu vertagen und Informationen zu sammeln, die erst im Lauf der Zeit entstehen werden. Man weiss, dass, welcher Art auch immer diese Bedürfnisse sein werden (sie müssen nicht heute vorhergesehen werden, noch muss man wissen, wann genau sie entstehen werden), sie befriedigt werden können, wenn man Geld hat. Man muss nicht heute die Bedürfnisse von morgen kennen. Das Geld steht für die Unbestimmtheit der Zukunft: Die Zukunft ist noch nicht da und man kann

---

1   Vgl. Shackle, Time, Expectations and Uncertainty, 213; Epistemic & Economics, 160.
2   Vgl. Beck, Die Risikogesellschaft; Luhmann, Soziologie des Risikos.

nicht wissen, was man benötigen wird – deshalb braucht man immer Geld und hat nie genug davon. Man benötigt immer mehr davon, weil sich dadurch mehr unbestimmte Möglichkeiten gewinnen lassen, und d. h. letztlich mehr Zukunft.

Dieser zeitliche Charakter des Geldes (Zeit ist nicht nur Geld, wie alle sagen, sondern, viel radikaler: Geld ist Zeit) hat sich auf den Finanzmärkten (die bekanntlich direkt Geld verkaufen) enorm verstärkt, vor allem seit den Siebziger Jahren mit der Auflösung des Bretton-Woods-Abkommens, der Verbreitung von Unsicherheit und der Verfügbarkeit von neuen Tools, die sie einzuschränken erlauben, wie die Modelle für Risikomanagement und vor allem die Explosion der Derivate. Die geheimnisvolle Bewegung des Finanzwesens hat explizit den Bezug auf die Welt und auf konkrete Güter aufgegeben (für Derivate werden die Güter höchstens zum «Basiswert», der alles sein kann und oft im schwindelerregenden Transaktions-Verkehr aus den Augen verloren geht), um einen autonomen Bereich von Operationen zu bilden, von denen zunächst nicht ganz klar ist, wovon sie handeln.

Ein Klärungsversuch verläuft in zwei Schritten. Zuerst zum Risiko: Wie nunmehr viele sagen[3], ist das «neue Finanzwesen» der letzten Jahrzehnte vor allem deshalb neu, weil jetzt deutlich geworden ist, dass auf den Märkten direkt Risiko verkauft und weiterverkauft wird – ein abstraktes und formalisiertes, objektiviertes und *«commodified»*[4] Risiko, das mithilfe von raffinierten Techniken wie den Modellen zur Berechnung und zum Management der Volatilität[5] gehandelt wird. Auf den Märkten wird Volatilität verkauft; Volatilität, welche die Turbulenz und Unvorhersehbarkeit der Märkte misst, steht für Risiko; auf den exoterischen Märkten der strukturierten Finanzwelt, wird, so gesehen, in der Tat Risiko verkauft.

Warum aber ist man daran interessiert? Was motiviert diese gigantische Risikozirkulation in Form von finanziellen Transaktionen? Hier kommen wir zum zweiten Schritt, der zu den Wurzeln der Wirtschaft und des Geldes zurückkommt, also zur Frage der Zeit: In der Form von Risiko kauft man eigentlich die Zukunft, oder möchte sie kaufen – eine Zukunft, die aus unbestimmten Möglichkeiten, aus offenen Gelegenheiten besteht, die noch nicht erkannt werden können. Im Verkehr von Risiken kauft und verkauft man die Verfügbarkeit

---

3   Vgl. Arnoldi, Derivatives: Virtual Values and Real Risks; LiPuma / Lee, Financial derivatives and the rise of circulation; Pryke / Allen, Monethized time-space.

4   Vgl. Bryan / Rafferty, Financial derivatives and the theory of money, 136.

5   Vor allem der ganz merkwürdigen «impliziten Volatilität», die mithilfe der Black-Scholes-Formel gemessen wird (MacKenzie, An Engine, Not a Camera, Kap. 5) – ein Verfahren, um die Unvorhersehbarkeit der Zukunft ausgehend von der (nunmehr bekannten) Unvorhersehbarkeit der Vergangenheit zu berechnen.

von offenen Möglichkeiten in einer unbekannten Zukunft – folglich die Garantie, dass man noch in der Lage sein wird, zu handeln und zu entscheiden, wenn die Zukunft zur Gegenwart wird. Die Modelle des Portfoliomanagements bieten mit ihrem Versprechen, in «risikoneutralen» Märkten zu operieren, also mit den verschiedenen Risiken und mit Riskantheit im Allgemeinen umgehen zu können, eine Garantie gegenüber Risiken – und sie tun es auf komplizierte und raffinierte Weise, weil sie nicht beanspruchen, die Zukunft zu kennen. Die Zukunft bleibt unbekannt, aber sie soll für diejenigen, die diese Modelle und ihre komplexen Formalisierungen verwenden, nicht mehr bedrohlich sein. Die Berechnung der Volatilität, die Verwendung der Hebelwirkung, von Diversifizierungen und von hochkomplizierten *hedging*-Techniken[6] tragen dazu bei, Modelle aufzubauen, die versprechen, alle möglichen künftigen Entwicklungen zu berücksichtigen – und die daher eine Garantie bieten, ohne dass man wissen müsste, welche von diesen Entwicklungen tatsächlich auftreten wird. Das Risiko bleibt natürlich trotzdem bestehen, da in der Zukunft jederzeit schädliche Ereignisse eintreten können und wir heute keine Möglichkeit haben, sie vorauszusehen. Es wird jedoch neutralisiert (nicht ausgelöscht): Für denjenigen, der Modelle verwendet, sollen die gekauften, verkauften und miteinander kombinierten Risiken nicht mehr riskant sein. Was in der Form von Volatilität verkauft wird, ist damit die Riskantheit des Risikos, d. h. die Offenheit und Verfügbarkeit der Zukunft.

3. Gegenwärtiger Gebrauch der Zukunft

Wenn diese Versprechungen zutreffen oder zumindest geglaubt werden, dann macht es Sinn, auch Techniken wie Verbriefungen zu verwenden, die im Grunde Mechanismen sind, um die Zukunft in der Gegenwart zu gebrauchen: Ein künftiger Kredit wird als gegenwärtiges Vermögen gewertet, das dann verwendet wird, um eine Zukunft mit mehr Wohlstand für alle aufzubauen – mit einer Investition, einem Unternehmen, einer jeglichen Tätigkeit, die Liquidität erfordert, um Gewinne zu erzielen (die es nicht geben könnte, wenn der künftige Kredit nicht gegenwärtig benutzt würde). Das hat man in der Wirtschaft seit jeher getan. Diesem Mechanismus liegt die Option

---

6   Zusammen mit einer Vielfalt von Techniken, die sich nicht zufällig in denselben Jahren durchgesetzt haben, wie *fair value*, *mark-to-market*, Ratingverfahren – alle Mechanismen, die sich von einer historischen Bewertung (von der Vergangenheit zur Gegenwart) zu einer perspektivischen Einschätzung (von der Zukunft zur Gegenwart) verschoben haben.

zugrunde, bestehende Unsicherheiten zu benutzen und die Zukunft als Ressource zu verwenden. Alle Formen des Kredits beruhen auf einem Kreislauf von Vorgriffen auf die Zukunft, in der Gegenwart handlungswirksam werden – man benutzt heute das morgige Geld, um den Reichtum zu produzieren, der morgen (auch) ermöglichen wird, die Schulden zurück zu entrichten. In der jüngsten Finanziarisierung des Kredits wurde aber dieser Mechanismus bis ins Extrem radikalisiert: Man beschränkt sich nicht, wie in der Vergangenheit, auf *einen* als ziemlich zuverlässig eingeschätzten künftigen Verlauf der Dinge (wofür Garantien verlangt und Informationen gesucht wurden), sondern verwendet *alle* möglichen zukünftigen Verläufe als Handlungsgrundlage, bzw. alle diejenigen, die von den Risikomanagement-Modellen berücksichtigt und mit Hilfe der finanziellen Techniken miteinander kombiniert und kompensiert werden. Es ist nicht einmal mehr nötig, allzu viele Garantien über die Solvabilität der Gläubiger abzuholen (selbst NINJA-Hypotheken – *No Job No Income No Asset* – wurden gewährt), weil man glaubt, auf jeden Fall geschützt zu sein, da die Modelle jede Möglichkeit in Betracht ziehen und fähig sind, damit umzugehen. Dann ist es tatsächlich ratsam und nicht waghalsig, alle diese künftigen Verfügbarkeiten zu verwenden in der Gegenwart, da man sich auf sie verlassen kann – wie es mit dem Verkauf und Wiederverkauf von Risiken und Risiken von Risiken im Kreislauf der Verbriefungen, ABS (*Asset Backed Securities*), CDOs (*Collateralized Debt Obligations*) und CDOs von CDOs und so weiter passiert. Dieser Logik zufolge sollte das keine Multiplikation der Risiken, sondern eine bewusste Konstruktion der Zukunft und ihrer Gelegenheiten sein. Indem die Modelle die Zukunft in der Gegenwart antizipieren, versprechen sie, die Vielfalt der ermöglichten Zukünfte zu steigern.

Eine häufig nicht bewusste Folge dieser Haltung besteht darin, dass der moralische Sinn von Schuld sich ändert. Verschuldung hatte schon immer implizit eine Schuldkomponente, auch weil sie der etablierten Idee der Vorsicht (*prudentia*) zuwiderlief. Seit Jahrhunderten dachte man, dass Vorsicht darauf beruhe, Risiken zu vermeiden; wer sich entschied, etwas zu riskieren, musste die (auch moralische) Verantwortung dafür tragen – denn er hatte sich in der Hoffnung auf einen Gewinn dazu entschieden, die relative Sicherheit zu verlassen. Wenn ein Gewinn nicht eintrat, konnte diese Person kaum auf die Solidarität der Anderen (oder sogar seiner selbst) rechnen. Er war selber schuld.

In einem vermeintlich risikoneutralen Markt ändert sich jedoch die Perspektive radikal: Wenn für einen umsichtigen Händler die Unsicherheit der Zukunft keine Bedrohung mehr darstellt und er immer auf die Füsse fallen wird, scheint es viel umsichtiger und lobenswerter, etwas zu riskieren, anstatt das erworbene Vermögen aufzubewahren. Wer nicht riskiert, erscheint sogar als kleinlich gegenüber sich selbst den Anderen, weil die Tätigkeit auf dem Markt den verfügbaren Reichtum für alle erhöht. Schuld wird dann eher demjenigen zugeschrieben, der sich nicht verschuldet, und im Gegenzug wird Vorsicht sehr riskant, weil sie bedeutet, auf künftige Gewinne zu verzichten.

Das war der Hintergrund der Euphorie der neunziger Jahre: Der von den Märkten vorausgesetzte Bezug auf die Zukunft war optimistisch und positiv, geleitet vom Vertrauen auf die Zunahme des Reichtums, das durch die neuen Fähigkeiten, Risiko zu verwalten und zu neutralisieren, geschürt wurde. Auch heute sollten wir angesichts des verbreiteten Misstrauens infolge der Krise nicht vergessen, dass jenes Modell einige Jahre lang tatsächlich funktionierte, und dadurch seine Dynamik enorm verstärkte: In der positiven Phase der Finanzgeschichte vor der Krise, als Kredit für alle zur Verfügung zu stehen schien, haben die Modelle eine Zukunft konstruiert, die kompatibel zu ihren Versprechen erschien – und der finanzielle Wohlstand wuchs für alle. Wie wir aber wissen, ist mit der Krise der Mechanismus zusammengebrochen. Die Zukunft ist verschlossen und die Generierung neuen Reichtums blockiert worden: Es scheint, dass es gerade aufgrund dessen, was wir in der Vergangenheit getan (oder nicht getan) haben keine offenen Möglichkeiten mehr gibt. Es stimmt zwar nach wie vor, dass die Modelle die Zukunft gestalten (welche es ohne sie nicht in der gleichen Weise geben könnte[7]), aber es ist nicht immer unbedingt die Zukunft, die sie vorhergesehen hatten.

4.   Gegenwärtige Zukunft und zukünftige Gegenwart

Die Schwäche (oder, wenn man, will der Fehler) liegt in der Vorstellung der Zeit und der Zukunft, die diese Modelle verwenden. Sie sind zwar rechnerisch sehr kompliziert, aber begrifflich zu einfach gestrickt, vor allem in einer komplexen und selbstreferenziellen Gesellschaft wie der heutigen und in einem nervösen und reaktiven Bereich wie dem Finanzsektor. Auch Ökonomen wissen, dass die moderne Gesellschaft sich an einer «offenen» Zukunft orientiert, d. h. einer Zukunft, die nicht vorherbestimmt oder von oben gegeben, sondern radikal unerkennbar ist, weil es sie noch nicht gibt und sie erst im Laufe der Zeit entstehen wird. Deshalb orientieren sie ihre Modelle an einer Vielzahl möglicher Zukünfte, wissend, dass niemand heute wissen kann, was morgen geschehen

---

7   Donald MacKenzie spricht in mehreren brillanten und einflussreichen Texten von «Performativität». Vgl. MacKenzie, An Engine, not a Camera; MacKenzie, Is Economics Performative?; MacKenzie, Material Markets; MacKenzie / Millo, Constructing a Market, Performing Theory. Der Begriff wurde zuerst in Callon, Introduction, vorgeschlagen.

wird. Die Zukunft ist jedoch kein Vorrat an bereits realisierten Möglichkeiten, die im Verlauf der Zeit ausgewählt werden, indem einige aktualisiert und andere ausgeschieden werden. Dies allerdings nehmen die Modelle der Risikoverwaltung implizit an, wenn sie beanspruchen, alle möglichen Optionen in Betracht zu ziehen. Selbst wenn es aber gelingen würde, alle Möglichkeiten modellarisch zu berücksichtigen, hätte man es dennoch nicht mit der Zukunft, sondern immer mit der Gegenwart und mit ihren Projektionen zu tun: Was betrachtet wird, ist nur die «gegenwärtige Zukunft»[8], d. h. das Bild einer Zukunft mitsamt ihrer möglichen Offenheit, das aus der heutigen Perspektive und aufgrund der zur Zeit verfügbaren Informationen extrapoliert wird. Theoretisch wäre es möglich, dass dieses Bild auch die Form einer Vielzahl unterschiedlicher gegenwärtiger Zukünfte annehme, die tatsächlich alle möglichen Kombinationen berücksichtigten. Dennoch wären auch hier immer nur alle gegenwärtig denkmöglichen Optionen im Blick.

Die Risikomanagement-Modelle orientieren sich an dieser Zukunft, die offen bleibt, weil sie in einer Vielzahl verfügbarer künftiger Gegenwarten artikuliert wird. Diese ist aber nicht mit der komplexen und selbstreferenziellen Zukunft gleichzusetzen, die die aktuelle Risikogesellschaft quält: eine Gesellschaft, die weiss, dass heute die Zukunft weder als Datum noch als Möglichkeit existiert, sondern dass sie erst durch die gegenwärtigen Entscheidungen und Handlungen nach und nach aufgebaut wird. Künftige Möglichkeiten hängen demnach davon ab, was wir heute mit Blick auf die Zukunft tun oder nicht tun, und die uns, auch wenn wir sie antizipieren wollen, in der Regel überraschen wird. Was künftig real sein wird, ist in der Regel keine der gegenwärtigen Zukünfte, sondern eine «zukünftige Gegenwart»[9], die sich von all jenen unterscheidet, weil sie gerade aus dem Versuch resultiert, die Zukunft vorzubereiten. Die einzige Zukunft, welche die Modelle nicht berücksichtigen können, ist diejenige, die sich tatsächlich verwirklicht: eine Zukunft, zu deren Vergangenheit die Modelle gehören, die versuchten, sie vorauszusagen. Die Modelle waren nicht falsch (und normalerweise hat man auch während der Krise keine Fehler entdeckt), aber paradoxerweise haben sie gerade deshalb nicht funktioniert, weil sie korrekt waren und ihnen entsprechend gehandelt wurde. Wir könnten sagen, dass sie korrekt alle möglichen künftigen Zeitläufe vorsahen, wie sie aufgetreten wären, wenn keine Modelle formuliert worden wären. Damit falsifizierten sie sich selbst. Die Zukunft unterscheidet sich umso mehr von der Prognose des Modells, je richtiger das Modell ist. Oder genauer gesagt: Wenn die unvorhersehbare Zukunft die Prognosen der Modelle bestätigt, ist

8   Vgl. Koselleck, Vergangene Zukunft.
9   Vgl. Luhmann, Soziologie des Risikos, 48 ff.; Esposito, Die Zukunft der Futures, 23 ff.

es nur Zufall. Es kann passieren oder nicht, aber diese Diskrepanz bildet auf jeden Fall einen Risikofaktor, den die Modelle des Risikomanagements nicht berücksichtigen können. Dann aber ist die Welt nicht mehr «risikoneutral».

5. Konstruktion der überraschenden Zukunft

Trotz aller Revisionen und Veränderungen können die Modelle diese Zirkularität nicht abbilden – deshalb bleiben die verschiedenen Korrekturen unwirksam; die Märkte operieren weiterhin wie bisher. Sie können die unvermeidliche Zirkularität der Orientierung an der Zukunft nicht bewerten. Genau sie ist es aber, die dafür verantwortlich ist, dass die Zukunft immer offen und überraschend bleibt. Diese Zirkularität ist weiter die Ursache des *«model risk»*, das durch die Verwendung der Risk-Management-Modelle[10] entsteht, sowie des viel diskutierten *«volatility skew»*, der alle Versuche quält, den Trend der Volatilität mit statistischen Instrumenten zu berechnen[11]. Anders als die Modelle annehmen, folgt der Trend der Volatilität immer häufiger einem *pattern* (eben den *skew* oder ironisch dem *«smile»*), das zeigt, dass die Märkte zu erwarten scheinen, dass unwahrscheinliche Ereignisse geschehen werden, während sie das Eintreten wahrscheinlicher Verläufe als weniger wahrscheinlich einschätzen. Die Wahrscheinlichkeit wird unwahrscheinlich und die Unwahrscheinlichkeit wahrscheinlich. Mit anderen Worten, es scheint, dass die Märkte gelernt haben, Überraschungen zu erwarten.

Wie erklärt man diese rätselhafte Entwicklung? Eine Antwort lautet, dass die Märkte beginnen, nicht mehr oder nicht nur die von den Modellen vorweggenommene Zukunft/Zukünfte zu beobachten, sondern zugleich die Vorwegnahme der Zukunft durch die Modelle selbst, d. h. die Tatsache, dass Modelle benutzt und bestimmte Dinge oder Möglichkeiten erwartet werden. Man kann sich dann direkt auf diese Tatsache anstatt auf die projizierten Zukünfte beziehen und das Unwahrscheinliche erwarten – also das, was die Modelle nicht erwarten. Diese Haltung wird von der *volatility skew* eingenommen, was dazu führt, die Modelle zu falsifizieren und die Risiken zu multiplizieren – nicht die unerwarteten Risiken (die Modelle hatten nichts übersehen), sondern radikaler die unerwartbaren Risiken. Die Märkte werden dann *«counter-performative»*[12], also performativ aber grundsätzlich nicht vorhersehbar.

---

10 Vgl. Rebonato, Managing Model Risk.
11 Vgl. MacKenzie / Millo, Constructing a Market, Performing Theory; MacKenzie, An Engine, Not a Camera, 202; Mandelbrot / Hudson, The (mis)Behavior of Markets.
12 Vgl. MacKenzie, An Engine, Not a Camera, 184 f., 259 f.; MacKenzie, Is Economics Performative?, 75 f.

Aus dieser Perspektive erscheint die Finanzkrise als eine Krise der Zukunft: Trotz sorgfältiger Planung und Kontrolle der Investitionen befinden wir uns in einer Lage, wo wir den Eindruck haben, ohne Zukunft geblieben zu sein – keine gestaltbare Zukunft mehr zur Verfügung zu haben, weil alle Möglichkeiten von den vergangenen Operationen bereits verwendet und gebunden wurden. Der Mangel an Liquidität und die Angst vor Deflation beweisen das: Sie sind Phänomene, die aus der Weigerung entstehen, die Zukunft in der Gegenwart zu gebrauchen – genau das Gegenteil dessen, was in den vorigen Jahren getan wurde. Während es früher eine übermässige Verwendung der Zukunft gab, geht man in der Krise zum entgegengesetzten Extrem über. So wird die Wirtschaft gelähmt, weil sie, wie gesehen, gerade auf der Zeit und auf dem Aufbau der Zukunft in der Gegenwart beruht.

Die Zukunft tritt dann natürlich sowieso ein, aber unkontrolliert. In einer gewissen Hinsicht kann man sagen, dass es weniger Zukunft geben wird, weil weniger Handlungs- und Entscheidungsoptionen generiert werden. Die Zukunft ergibt sich aus der Gegenwart, und das sollte berücksichtigt werden. Wenn heute nichts getan und nichts geplant wird, wird die Zukunft weniger reich an Gelegenheiten sein, und man wird vermutlich noch weniger in der Lage sein, diese zu ergreifen und zu nutzen. Das bedeutet jedoch nicht, dass die Zukunft (gemäss der klassischen Idee von Kontrolle) vorhergesehen und -bestimmt werden sollte, sondern eher (im kybernetischen Sinne), dass man fähig sein muss, zu verfolgen, wie die heutigen Entscheidungen die (unvorhersehbaren) Möglichkeiten generieren, mit denen man in der Zukunft konfrontiert wird. Die Zukunft ergibt sich unvermeidlich aus der Gegenwart – aber genau deshalb ist sie unkontrollierbar und immer überraschend. Die Krise hängt damit zusammen, dass wir nicht gelernt haben, diese Überraschungen zu erwarten und zu verwenden, um unser Verhalten zu leiten – wir haben nicht gelernt, die Produktion der Zukunft ohne den Anspruch darauf zu benutzen, ihre Möglichkeiten zu kontrollieren. Luhmann bezeichnet die verschiedenen Versuche, in der Gegenwart die Offenheit und Unkontrollierbarkeit der Zukunft zu binden[13], als «Techniken der Defuturisierung»: zuerst den üblichen Gebrauch der Statistik, dann aber auch die vielen utopischen Konstruktionen und natürlich die Moral. Was Märkte heute verlangen, ist nicht die Verwerfung der Technik[14], also den Verzicht auf den Aufbau der Zukunft (ein nutzloses Unterfangen, weil die Zukunft sowieso aus unseren Handlungen und Unterlassungen resultiert), sondern vielmehr einen Gebrauch der Technik ohne Defuturisierung, der danach strebt, die Möglichkeiten zu multiplizieren

13 Vgl. Luhmann, The Future Cannot Begin.
14 In der Form von Taleb, Fooled by Randomness.

und zu beobachten – gerade deshalb, weil er nicht beansprucht, sie zu kontrollieren. Diese Art von Haltung ist bereits auf den Märkten vorhanden[15], noch haben wir aber keine Theorie, die sie beschreibt und überzeugend interpretiert.

Literatur

Arnoldi, Jakob, Derivatives: Virtual Values and Real Risks, in: Theory, Culture & Society, Jg. 21, 6/2004, 23–42.

Beck, Ulrich, Die Risikogesellschaft: Auf dem Weg in eine andere Moderne, Frankfurt a. M., Suhrkamp, 1986.

Bryan, Dick / Rafferty, Michael, Financial derivatives and the theory of money, in: Economy and Society, Jg. 36, 1/2007, 134–158.

Callon, Michel, Introduction: The embeddedness of economic markets in economics, in: Callon, Michel (Hg.), The Laws of the Market, Oxford, Blackwell, 1998, 1–57.

Esposito, Elena, Die Fiktion der wahrscheinlichen Realität, Frankfurt a. M., Suhrkamp, 2007.

Esposito, Elena, Die Zukunft der Futures. Die Zeit des Geldes im Finanzwesen und in der Gesellschaft, Heidelberg, Auer, 2010.

Koselleck, Reinhart, Vergangene Zukunft. Zur Semantik geschichtlicher Zeiten, Frankfurt a. M., Suhrkamp, 1979.

LiPuma, Edward / Lee, Benjamin, Financial derivatives and the rise of circulation, in: Economy and Society, Jg. 34, 3/2005, 404–427.

Luhmann, Niklas, The Future Cannot Begin: Temporal Structures in Modern Society, in: Social Research, Jg. 43, 1/1976, 130–152.

Luhmann, Niklas, Soziologie des Risikos, Berlin / New York, De Gruyter, 1991.

MacKenzie, Donald, An Engine, Not a Camera. How Financial Models Shape Markets, Cambridge, MA, The MIT Press, 2006.

MacKenzie, Donald, Is Economics Performative? Option Theory and the Construction of Derivatives Markets, in: MacKenzie, Donald / Muniesa, Fabian / Siu, Lucia (Hg.), Do Economists make Markets? On the Performativity of Economics, Princeton UP, 2007, 54–86.

MacKenzie, Donald, Material Markets. How Economic Agents Are Constructed, Oxford UP, 2009.

---

15 Z. B. die Fälle beschrieben in Preda, Where do analysts come from?, oder die Praxis der «Reflexivität» in Soros, The Alchemy of Finance; siehe auch Esposito, Die Fiktion der wahrscheinlichen Realität, Kap. 13.

MacKenzie, Donald / Millo, Yuval, Constructing a Market, Performing Theory: The Historical Sociology of a Financial Derivatives Exchange, in: American Journal of Sociology, Jg. 109, 1/2003, 107–145.

Mandelbrot, Benoît / Hudson, Richard L., The (mis)Behavior of Markets. A Fractal View of Risk, Ruin, and Reward, New York, Basic Books, 2004.

Preda, Alex, Where do analysts come from? The case of financial chartism, in: Callon, Michel / Millo, Yuval / Muniesa, Fabian (Hg.), Market Devices, Oxford, Blackwell, 2007, 40–64.

Pryke, Michael / Allen, John, Monethized time-space: derivatives – money's ‹new imaginary›?, in: Economy and Society, Jg. 29, 2/2000, 264–284.

Rebonato, Riccardo, Managing Model Risk, in: Alexander, Carol (Hg.), Handbook of Risk Management, Prentice Hall, FT, 2001.

Shackle, George Lennox Sherman, Epistemic & Economics. A critique of economic doctrins, Cambridge UP, 1972.

Shackle, George Lennox Sherman, Time, Expectations and Uncertainty in Economics, edited by James Lorne Ford, Aldershot (England), Edward Elgar, 1990.

Soros, George, The Alchemy of Finance. Reading the Mind of the Market, New York, Wiley, 1987.

Taleb, Nassim Nicholas, Fooled by Randomness. The Hidden Role of Chance in the Markets and in Life, New York / London, Texere LLC, 2001.

Marc Chesney

Zum Widerspruch zwischen der Logik des Finanzsektors und den Prinzipien des Liberalismus[1]

1.   Einführung

Die aktuelle Funktionsweise der Gesellschaft hat sich vom Geist des Unternehmertums und den Prinzipien des Liberalismus immer mehr entfremdet. In der heutigen finanzdurchdrungenen Ökonomie scheint die unsichtbare Hand von Adam Smith zunehmend unwirksam, insofern bei Too-big-to-fail-Banken und Hedgefonds die Verfolgung individueller Interessen dem Gemeinwohl schadet. Die Finanzmärkte sind immer weniger in der Lage, ihre Aufgabe wahrzunehmen, die darin besteht, eine optimale Kapital- und Risikoallokation zu ermöglichen. Das Kapital wird von unproduktiven, kasinoartigen Finanzaktivitäten aufgesaugt, welche nur den involvierten Finanzmarktakteuren dienen. Eine Allokation des Kapitals in Sektoren wie zum Beispiel der Infrastruktur, der Ausbildung oder den erneuerbaren Energien wäre für die Gesellschaft sicher wesentlich sinnvoller. Risiken, wiederum, werden erhöht und dem Rest der Gesellschaft überlassen. Auch dies widerspricht einem der Grundprinzipien des Kapitalismus: Diejenigen, welche (wie Unternehmer) die Investitionsrisiken eingegangen sind, sollten diese Risiken tragen, d. h. dafür verantwortlich sein. Wir sind mit dem Paradoxon einer Gesellschaft konfrontiert, welche den Unternehmergeist und die Risikoübernahme hochhält, und die zugleich noch nie so viele finanzielle «Absicherungs»-Produkte emittiert hat! Diese Produkte werden in einem Umfang gehandelt, welcher ein Systemrisiko für die Gesellschaft generiert. Diese «pyromanische Feuerwehr»-Strategie, die von den Investmentbanken und Hedgefonds verfolgt wird, ist für die Gesellschaft gefährlich. Statt die Realökonomie und Gesellschaft zu dominieren, sollte sich die Finanzsphäre wieder ihrer ursprünglichen Aufgabe zuwenden, d. h. diesen dienen.

Die meisten Politiker und Journalisten charakterisieren unsere Gesellschaft als geprägt vom Liberalismus. Nun widerspricht die Dominanz der Finanzsphäre jedoch den Grundprinzipien des Liberalismus, die zwischen dem Ende

---

1   Dieses Kapitel basiert teilweise auf meinem Artikel «Der Liberalismus und die Logik des Finanzsektors», Neue Zürcher Zeitung, 1.7.2013, und auf dem dritten und vierten Kapitel meines Buches *Vom Großen Krieg zur permanenten Krise*, Zürich 2014.

der 1920er Jahre und dem Ende des Zweiten Weltkriegs neu aufgenommen und weiterentwickelt wurden. Federführend waren dabei Autoren wie von Mises und Hayek, die sich nach dem Krieg aktiv an der Gründung der *Mont Pelerin Society* am Genfersee beteiligten. Sie vertieften Ideen und entwickelten Strategien mit dem Ziel, die Gesellschaft im Sinne des Liberalismus zu beeinflussen.[2] An dieser Stelle lohnt es sich zu definieren, was Liberalismus ist – und was nicht. Dazu eignen sich insbesondere die oben erwähnten Autoren.

Ludwig von Mises schreibt:

> Der Liberalismus ist eine Lehre, die ganz und gar auf das Verhalten der Menschen in dieser Welt gerichtet ist. Er hat in letzter Linie nichts anderes im Auge als die Förderung der äusseren, der materiellen Wohlfahrt der Menschen.[3]

Seine Analyse geht wie folgt weiter: «Der Liberalismus hat immer das Wohl des Ganzen, nie das irgendwelcher Sondergruppen im Auge gehabt».[4] Von Mises äussert sich auch zur Verbindung zwischen Gegenwart und Zukunft: «Die antiliberale Politik ist Kapitalaufzehrungspolitik. Sie empfiehlt, die Gegenwart auf Kosten der Zukunft reichlicher zu versorgen».[5]

Entsprechend definiert von Mises den Kapitalismus:

> Eine Gesellschaft, in der die liberalen Grundsätze durchgeführt sind, pflegen wir die kapitalistische Gesellschaft zu nennen, und den Gesellschaftszustand als Kapitalismus zu bezeichnen.[6]

Schliesslich erklärt von Mises die Überlegenheit des Kapitalismus über den Sozialismus.[7] Letzterer fördere die Faulheit:

> Es sei zu befürchten, daß in der sozialistischen Gesellschaftsordnung die meisten Menschen nicht jenen Eifer in der Besorgung der ihnen übertragenen Geschäfte und Arbeiten an den Tag legen werden, den sie in der auf dem Sondereigentum an den Produktionsmitteln beruhenden Gesellschaftsordnung aufbringen.[8]

---

2   Zur Geschichte des Neo-Liberalismus siehe Stedman Jones, Masters of the Universe.
3   Von Mises, Liberalismus, 3.
4   Von Mises, Ebd., 7.
5   Von Mises, Ebd., 8.
6   Von Mises, Ebd., 9.
7   Von Mises, Ebd., 62 ff.
8   Von Mises, Ebd., 62.

Von Mises stellt diese Überlegenheit auch in den Kontext der höheren ökonomischen Effizienz des privaten Sektors gegenüber dem stark bürokratisieren öffentlichen Sektor.[9]

Bezüglich der Frage, was der Liberalismus vermeiden soll, wenden sich die erwähnten Autoren in aller Deutlichkeit gegen Staatseingriffe. Der liberale Ökonom Friedrich Hayek thematisiert in seinem Werk «Der Weg zur Knechtschaft» aus dem Jahr 1944 zahlreiche Beispiele von verfehlten Staatseingriffen. Er schreibt:

> Der Staat sollte sich auf die Setzung von Normen beschränken, die sich auf allgemeine typische Situationen beziehen und sollte den Individuen Freiheit in allem lassen, was von den räumlichen und zeitlichen Umständen abhängt, weil nur die jeweils in Frage kommenden Individuen volle Kenntnis dieser Umstände haben und ihnen ihre Akte anpassen können.[10]

Schliesslich passt es in diesem Zusammenhang, einen Vertreter des klassischen Liberalismus zu zitieren: Adam Smith. Gemäss Smith wird jeder einzelne in den meisten Fällen

> von einer unsichtbaren Hand geleitet, um einen Zweck zu fördern, der keineswegs in seiner Absicht lag [...] Indem er seine eigenen Interessen verfolgt, fördert er oft diejenigen der Gesellschaft auf wirksamere Weise, als wenn er tatsächlich beabsichtigt, sie zu fördern.[11]

In der Tat waren die modernen Zeiten, insbesondere die wahrhaftig liberale Periode zwischen dem Ende der Napoleonischen Kriege und dem Beginn des ersten Weltkrieges, Synonym für beeindruckende Fortschritte in den Bereichen Ausbildung, Gesundheit, Produktion, Konsum und individueller Freiheit.

Nachdem der Liberalismus mit Hilfe der einschlägigen Autoren definiert wurde, soll im Folgenden der Frage nachgegangen werden, ob die heutige Ökonomie dem Liberalismus und der Marktwirtschaft entspricht. Um diese Frage zu beantworten, werden die erwähnten Zitate zu den Eigenschaften des Liberalismus genauer betrachtet.

---

9 Von Mises, Ebd., 63.
10 Hayek, Der Weg zur Knechtschaft, 105.
11 Smith, Der Wohlstand der Nationen, 371.

2.   «Der Liberalismus hat immer das Wohl des Ganzen, nie das irgendwelcher Sondergruppen im Auge gehabt»

Die Einkommensunterschiede haben heute in den meisten Ländern bisher unbekannte Ausmasse angenommen. Der Fall der Vereinigten Staaten spricht für sich selbst. Im Jahr 2006 haben die zwanzig bestbezahlten *Chief Executive Officers* (CEOs) der im Aktienindex «S&P 500» geführten Unternehmen im Durchschnitt pro Kopf 36,4 Millionen Dollar erhalten! Das heisst circa tausendmal mehr als das Durchschnittseinkommen in diesem Land. Im Jahr 1970 war dieses Verhältnis nur ca. 40 zu 1. In Europa erhielten die zwanzig bestbezahlten CEOs (ohne CEOs von Investmentfonds) im Jahr 2006 im Durchschnitt 12,4 Millionen Dollar pro Kopf.

Noch höher waren die Vergütungen für Hedgefonds-CEOs in den USA: Im Jahr 2006 haben die 20 Spitzenverdiener im Durchschnitt 657 Millionen Dollar erhalten.[12] Das heisst ca. 15.000 mal mehr als das Durchschnittseinkommen und ungefähr 18 mal mehr als der Durchschnitt der zwanzig bestbezahlten CEOs der S&P-Unternehmen.

Zum Vergleich: Dieses Verhältnis von 18 entspricht in etwa dem Verhältnis zwischen dem jährlichen Salär des französischen Präsidenten und dem Mindestlohn in Frankreich (17).

Einer dieser CEOs (von Renaissance Technologies) hat im Jahr 2006 eine Summe von 1,5 Milliarden Dollar erhalten,[13] d. h. 38.000 mal mehr als das Durchschnittseinkommen in den USA und 21 mal mehr als der bestbezahlte CEO (ohne Investmentfonds). Bei letzterem handelt es sich um den CEO von Yahoo, welcher in diesem Jahr 71,1 Millionen verdient hat.[14]

John Paulson, Chef des gleichnamigen Hedgefonds, verdiente im Jahr 2007 ca. 3,7 Milliarden Dollar, ein Betrag, der ungefähr das 80.000-fache des mittleren Einkommens eines US-Amerikaners darstellt.

Gemäss dem Bloomberg Billionaires Index betrug das Vermögen der 200 reichsten Personen im Jahr 2012 2.700 Milliarden Dollar.[15] Um die Grössenordnung zu verdeutlichen: Dies entspricht in etwa dem BIP von Frankreich.

Noch problematischer werden solche astronomischen Gewinne, wenn sie einhergehen mit schweren Verlusten, welche Steuerzahler und Aktionäre in einem Insolvenzprozess hinnehmen müssen. Als Beispiel: Richard Fuld, Ex-CEO der Investmentbank Lehman Brothers, verdiente in den Jahren 2000

---

12 Shell, Cash of the titans.
13 Luban, It's (Really) Good to Be the Boss.
14 Tong, Top-paid CEOs of 2006.
15 Miller / Newcomb, The World's 200 Richest People.

bis 2007 ca. 480 Millionen Dollar, von denen ungefähr dreiviertel aus der Ausübung seiner Aktienoptionen stammten – und dies trotz einer Strategie, welche die Bank in die Insolvenz führte.

Eine ähnliche Situation ergab sich bei Bankia in Spanien: Aurelio Izquierdo, ein früherer Spitzenmanager, erhielt 2012 einen Beitrag an seine Altersvorsorge von 7,6 Millionen Euro, obwohl Bankia ca. 23 Milliarden Euro brauchte, um einen laufenden Bankrott kurzfristig zu vermeiden.

Anstatt rentable Investitionen der Realwirtschaft zu finanzieren, erhält die Finanzsphäre Milliarden von Geldzuflüssen aus der Realwirtschaft, die nicht produktiv investiert werden. Diese unproduktiven Geldflüsse widersprechen der Logik des Kapitalismus. Es ist ein Fass ohne Boden. Solange keine ernsthaften Massnahmen getroffen werden, um den Finanzsektor auf seinen Platz zu weisen (welcher darin besteht, der Realwirtschaft zu dienen), werden kurzfristig vermiedene Bankrotte zukünftigen neuen Bankrotten vorausgehen.

Gemäss von Mises kann in einer liberalen Gesellschaft nur ein allgemeiner Produktivitätsanstieg bei der Arbeit zu höheren Löhnen in einem Sektor führen. Für den Finanzsektor wäre es jedoch geradezu zynisch zu argumentieren, dass die Explosion bei den Spitzengehältern seit den 1990er Jahren durch irgendeinen Zuwachs bei der Produktivität gerechtfertigt werden kann!

Was die Ärmsten dieser Welt betrifft, sind die entsprechenden Zahlen leider auch sehr beeindruckend. Ein Viertel der Menschen in Entwicklungsländern lebte im Jahr 2005 in extremer Armut, d. h. mit weniger als 1,25 Dollar pro Tag.[16] Und ca. 40 % der Weltbevölkerung hatten weniger als 2 Dollar pro Tag zur Verfügung.[17] Gemäss der Ernährungs- und Landwirtschaftsorganisation der UNO (FAO) leiden gegenwärtig fast 870 Millionen Menschen an chronischer Unterernährung und mehr als zweieinhalb Millionen Kinder sterben jährlich als Folge davon.[18]

Diese Situation hängt auch mit manipulierten Marktpreisen zusammen, zu denen von Mises schreibt:

> Im liberal verwalteten Staat, in dem es keine Zölle gibt, waren auch keine Kartelle, die den Preis einer Ware über den Weltmarktpreis hinauftreiben können, denkbar.[19]

---

16 Chen / Ravallion, The Developing World is Poorer than We Thought, But No Less Successful in the Fight Against Poverty.

17 United Nations Development Programme, Human Development Report 2005.

18 Food and Agriculture Organization, The State of Food Insecurity in the World 2012.

19 Von Mises, Liberalismus, 10.

In der Landwirtschaft zwingt die industrielle Welt den Rest der Welt durch Subventionen einen Weltmarktpreis zu akzeptieren, der tiefer ist, als er sein sollte. Dies zerstört die Landwirtschaft der dritten Welt und erklärt teilweise, warum so viele Menschen in Afrika mit weniger als 1,25 Dollar pro Tag unter miserablen Bedingungen ums Überleben kämpfen müssen.

Wir stellen einen massiven Transfer von den tiefen und mittleren zu den sehr hohen Einkommen fest, d. h. einen massiven Transfer von der Realwirtschaft zur Finanzsphäre. Das Wohl des Ganzen wird vernachlässigt zugunsten der Interessen einer Sondergruppe: der Finanz-Aristokratie.

3. «Die antiliberale Politik ist Kapitalaufzehrungspolitik. Sie empfiehlt, die Gegenwart auf Kosten der Zukunft reichlicher zu versorgen»

In diesem Kontext sei die Verschuldung betrachtet, da sie die Verbindung zwischen Gegenwart und Zukunft darstellt.

In den USA beträgt die Verschuldung im Jahr 2012 insgesamt 53,1 Billionen Dollar, was etwa 340 % des BIPs entspricht. Davon entfallen 12,9 Billionen auf die Haushalte, 12,1 Billionen auf Unternehmen, 14,3 Billionen auf den Staat und 13,8 Billionen auf den Finanzsektor.[20]

Vergleichbare oder noch schlimmere Daten sind für andere Industrieländer erhältlich.

Was die Banken betrifft: Too-big-to-fail-Banken sind auch hoch verschuldet. Ihr *leverage* ist in gewissen Fällen höher als 20 zu eins.

In der heutigen finanzdurchdrungenen Ökonomie ist die Verschuldung zu einem wesentlichen Faktor für das Wirtschaftswachstum geworden, auch wenn sich dieses Wachstum als ausgesprochen fragil erweist. Zu Beginn des 21. Jahrhunderts war das Wirtschaftswachstum in Ländern wie den USA und Grossbritannien stark durch die Verschuldung getrieben. So ist die Gesamtverschuldung (d. h. Schulden von Haushalten, Unternehmen, Staat und Finanzsektor) in diesen Ländern zwischen 2001 und 2005 jährlich um etwa 6,5 % (US) bzw. 8,3 % (GB) gestiegen, während das BIP im Durchschnitt um 2,4 %

---

20 Board of Governors of the Federal Reserve System, Flow of Funds Accounts of the United States.

bzw. 3,0 % gewachsen ist. Deutlich kleiner war das BIP-Wachstum in Ländern wie Deutschland und Frankreich (0,6 % bzw. 1,6 %), in denen die Gesamtverschuldung weniger stark gestiegen ist (2,3 % bzw. 5,1 %).[21]

Der Ökonom Raghuram Rajan argumentiert, dass die Politik in den USA eine erleichterte Kreditvergabe gefördert hat, um damit die Folgen von zunehmenden Einkommensungleichheiten abzufedern.[22] Dank Krediten konnten sich weite Kreise trotz stagnierender Löhne Eigenheime leisten. Er schreibt:

> Die Vorteile – ein wachsender Konsum und die Entstehung neuer Arbeitsplätze – waren unmittelbar spürbar, während sich die Rechnung für diese Lösung auf einen unbestimmten Zeitpunkt in der Zukunft verschieben ließ.[23]

Der Ausbruch der Krise hat die Oberflächlichkeit dieses Wachstums aufgezeigt. Zudem wurden die Gefahren einer kasinoartigen Wirtschaft ersichtlich, welche sich auf kurzfristige Wetten und Schulden fokussiert statt auf langfristige Investitionen und Ersparnisse.

Die aktuelle Krise resultiert genau aus dieser Logik der kurzfristigen Wetten. Hier kann nicht von einer «schöpferischen Zerstörung» gesprochen werden. Dieser Begriff wurde von Joseph Schumpeter in «Kapitalismus, Sozialismus und Demokratie» eingeführt um den Sinn von Wirtschaftskrisen in einer liberalen Wirtschaft zu beschreiben.[24] Die gegenwärtige Krise, hingegen, behindert die Entstehung neuer wirtschaftlicher Aktivitäten oder neuer Technologien. Sie ist nicht förderlich für die Innovation. Dies daher, da Unternehmer grosse Schwierigkeiten haben, von Banken eine ausreichende Finanzierung für ihre Investitionsprojekte zu erhalten. So zeigte eine Umfrage während der Finanzkrise unter 1050 Unternehmen aus den USA, Europa und Asien, dass selbst 48 % der Unternehmen mit hoher Bonität, 53 % der profitablen Unternehmen und 55 % der Unternehmen mit guten Wachstumsprognosen «etwas» oder sogar «sehr» durch Kreditrestriktionen tangiert waren.[25] Diese Umfrage zeigt zudem, dass solche Unternehmen Ausgaben für neue Technologien wesentlich reduziert haben. Stattdessen werden in der Krise enorme Summen aufgewendet, um grosse und bürokratische Banken zu retten, die als *too big to fail* verstanden werden und die eine negative Rolle für die Wirtschaft spielen.

---

21 Die Verschuldungszahlen sind den Statistik-Internetseiten der jeweiligen Länder entnommen.
22 Rajan, Fault Lines – Verwerfungen.
23 Rajan, Fault Lines – Verwerfungen, 20.
24 Schumpeter, Kapitalismus, Sozialismus und Demokratie.
25 Campello / Graham / Harvey, The real effects of financial constraints.

Diese Eigenschaften der aktuellen Finanzkrise sowie die Verschuldungs-
niveaus von Ländern oder Banken sind nicht mit einem ausgewogenen und
nachhaltigen Verhältnis zwischen Gegenwart und Zukunft kompatibel. Die
aktuelle Politik versorgt demnach die Gegenwart auf Kosten der Zukunft.

Dieselbe Schlussfolgerung trifft auch z. B. für die Umweltfrage zu. Heute
wären eineinhalb Planeten erforderlich, um die Ressourcen bereitzustellen
und den Abfall zu absorbieren, den die Menschheit jedes Jahr verbraucht bzw.
produziert. Der ökologische Fussabdruck des weltweiten Konsums entspricht
damit ca. 1,5 Planeten. Leider haben wir nur einen zur Verfügung. Wenn wir
den ökologischen Fussabdruck der USA betrachten, kommen wir sogar auf
ca. 9,5 Planeten. Die Interessen der zukünftigen Generationen werden damit
vernachlässigt.

4.   «[In] der sozialistischen Gesellschaftsordnung [werden] die meisten Menschen nicht jenen Eifer [...] an den Tag legen [wie im Kapitalismus]»

Gemäss von Mises kann der Sozialismus demnach nicht effizient funktionieren. Individuen würden in so einem System faul werden, da ein Teil des
produzierten Reichtums allen (unabhängig vom Einsatz) zur Verfügung steht.
Die Individuen unterstützten sich insofern in ihrer Faulheit. Für die Gesellschaft insgesamt resultiere daraus ein drastischer Produktivitätseinbruch.

Diese Argumentation kann jedoch auch verwendet werden, um Ineffizien-
zen in einer finanzdurchdrungenen Ökonomie zu erklären. Führungskräfte
in Too-big-to-fail-Banken und Hedgefonds werden dazu verleitet, hohe Risiken einzugehen, da mögliche Verluste (wie bereits aufgezeigt) von anderen
getragen werden – in vorliegenden Fall durch den Rest der Gesellschaft. Dies
führte zu einer starken Zunahme der Systemrisiken sowie zur gegenwärtigen
Krise.

In seinem Kapitel zur Bürokratisierung vergleicht von Mises die Führung
eines privatwirtschaftlichen Unternehmens mit der Führung eines öffentlichen Betriebs.[26] Er möchte damit die Überlegenheit des privaten Sektors
aufzeigen und auf diese Weise letztlich die höhere ökonomische Effizienz des
Kapitalismus gegenüber dem Sozialismus darlegen. Von Mises argumentiert,
dass Führungskräfte von öffentlichen Betrieben dazu verleitet werden können, höhere Risiken einzugehen als Führungskräfte in der Privatwirtschaft,

---

26 Von Mises, Liberalismus, 85 ff.

da sie mögliche Verluste nicht tragen müssen. Daraus leitet er ab, dass man Führungskräften von öffentlichen Betrieben «nicht die freie Entscheidung über einschneidende Maßregeln überlassen» sollte.[27] Vielmehr müsse man ihre «Befugnisse irgendwie beschränken», sei es durch ein Regulierungssystem oder durch die Aufsicht eines Kontrollgremiums.[28]

Diese Art der Argumentation lässt einen heute die folgenden Schüsse ziehen. Das Herz des Finanzsystems ist wirtschaftlich ineffizient. Es gehorcht nicht mehr den grundlegenden Regeln des Liberalismus, da die für *too big to fail* gehaltenen Finanzinstitutionen Risiken eingehen, die letztlich durch den Rest der Gesellschaft getragen werden. Goldene Fallschirme und Bonuszahlungen als Entschädigung für unternehmerisches Versagen widersprechen dem Liberalismus. Dieser Sektor muss reguliert werden, d. h. seine Grösse und Komplexität sollte reduziert werden. Dies nicht nur, damit der Finanzsektor der Wirtschaft und Gesellschaft dient, sondern auch im Namen des Liberalismus, d. h. im Namen jener Prinzipien, welche selbst durch die Finanz-Aristokratie angeführt werden, um ihre zweifelhaften Praktiken zu rechtfertigen.

Bezüglich der verfehlten Staatseingriffe, die von Friedrich Hayek analysiert wurden, drängt sich eine Feststellung auf. Staatsinterventionismus ist heute am Werk, wenn auch in anderer Weise, und zwar bei der Rettung der *too big to fail*- oder *too connected to fail*-Banken. Diese Rettungen wurden mit enormen öffentlichen Beträgen finanziert. Sie erfolgten in den meisten Fällen ohne Gegenleistung. In der Tat wurden die Aktionäre von fast bankrotten Unternehmen oft geschont. Ausserdem haben die öffentlichen Rekapitalisierungen nicht immer dazu geführt, dass die Führungsequipen ausgewechselt wurde. In gewissen Fällen haben sogar abtretende Spitzenmanager üppige Entschädigungen erhalten, wie beim bereits erwähnten Aurelio Izquierdo. Prägnant ist auch das Beispiel AIG, wo der CEO nach seinem Abgang im Juni 2008 eine Million Dollar pro Monat für 9 Monate als Berater erhalten hat.

Der heutige Staatsinterventionismus hat nicht zum Ziel, die Einkommensunterschiede zu reduzieren. Vielmehr lässt er die Einkommensunterschiede anwachsen, indem er die Finanz-Aristokratie gewähren lässt beim Absaugen des öffentlichen Wohlstands.

Schliesslich scheint die unsichtbare Hand von Adam Smith zunehmend unwirksam. Das Verfolgen individueller Interessen bedeutet für Manager von Investmentbanken und Hedgefonds, dass sie toxische Finanzprodukte entwickeln. Solche Produkte bringen jedoch Systemrisiken mit sich und schaden deswegen dem Gemeinwohl.

---

27 Von Mises, Liberalismus, 90.
28 Von Mises, Liberalismus, 91.

Obwohl Smith die Idee einer «unsichtbaren Hand» vertrat, lohnt es sich zu bemerken, dass er zum Schutz der Gesellschaft ausdrücklich *gegen* die Übertragung des freien Marktwettbewerbs auf die Finanzwelt war.

Smith begründet dies mit Blick auf Banken wie folgt:

> Vorschriften mögen ohne Zweifel in gewisser Hinsicht als eine Verletzung der persönlichen Freiheit betrachtet werden, doch wenn einige wenige dieses Naturrecht so ausüben, dass sie die Sicherheit des ganzen Landes gefährden können, so schränkt jede Regierung, die liberalste wie die diktatorischste, dieses Recht gesetzlich ein. Auch die Vorschrift zum Bau einer gemeinsamen Brandmauer, um das Übergreifen von Feuer zu verhindern, verletzt die persönliche Freiheit genau auf die gleiche Art wie das hier vorgeschlagene Bankengesetz.[29]

5.   Liberalismus oder finanzdurchdrungene Ökonomie?

Wie aus dem obigen Abschnitt hervorgeht, scheint die heutige Ökonomie nicht dem Liberalismus und der Marktwirtschaft zu entsprechen. Dies bleibt nicht ohne Auswirkungen auf die Demokratie. Für Hayek war z. B. die Idee zentral, dass die Marktwirtschaft und der Liberalismus mit der modernen Demokratie in enger Verbindung stehen. Heute ist jedoch bemerkenswert, dass Regierungen unabhängig von ihrer politischen Ausrichtung, ob Konservative oder Sozialisten, immer mehr zu einer einzigen Politik konvergieren: derjenigen der Finanzmärkte…

Angela Merkel in Deutschland, François Hollande in Frankreich oder Mariano Rajoy in Spanien versuchen, bis jetzt mit bescheidenem Erfolg, die Finanzmärkte zu befriedigen. Nach jeder Wahl wechseln die Gesichter, aber die Programme bleiben in den meisten Fällen erhalten.

De Gaulle hat sich 1962 wie folgt geäussert: «Frankreichs Politik macht sich nicht auf dem Parkett der Börse.» Wir müssen heute leider feststellen, dass dieses Kapitel abgeschlossen ist, und zwar nicht nur in Frankreich, sondern weltweit.

Diese Politik der Finanzmärkte widerspricht dem Geist des Liberalismus, weil sie nicht «das Wohl des Ganzen» im Auge hat, sondern dasjenige von «Sondergruppen».[30]

29 Smith, Der Wohlstand der Nationen, 267.
30 Von Mises, Liberalismus, 7.

Sie fördert die Risikofreudigkeit dieser Sondergruppe (Management von Grossbanken, Hedgefonds), indem sie ihnen erlaubt, ihre Risiken abzuwälzen, d. h. sie zwingt den Steuerzahler, die Rentner… die Rechnung zu bezahlen. Das wesentliche Prinzip der Verantwortung des Unternehmers für seine Entscheidungen verschwindet!

Man kann auch feststellen, dass die Macht der Too-big-to-fail-Banken und Hedgefonds viel zu gross ist. Eine Studie der ETH Zürich zeigt, dass 147 Unternehmen ca. 40 % der Weltwirtschaft im Jahr 2007 kontrollierten.[31] Es lohnt sich zu bemerken, dass 49 der 50 einflussreichsten Unternehmen aus der Finanzindustrie stammen. Davon haben etwa 40 % eine implizite öffentliche Garantie, da sie *too big to fail* sind, und eine Mehrheit dieser *too big to fail*-Unternehmen haben während der Finanzkrise eine öffentliche finanzielle Unterstützung erhalten.

Viele Eigenschaften der heutigen Ökonomie widersprechen immer mehr denjenigen einer Marktwirtschaft. Im nächsten Abschnitt werden diese Eigenschaften beleuchtet.

6. Die Eigenschaften des heutigen Finanzsektors widersprechen immer mehr dem Bedarf der Unternehmen

Besonders problematisch beim heutigen Finanzsektor sind die Funktionsweise seiner Märkte (Börsen und OTC-Transaktionen), seine Akteure (Too-big-to-fail-Banken, Hedgefonds des Schattenbanken-Sektors und Rating-Agenturen), gewisse seiner Praktiken (wie die Festsetzung der Referenzzinsen) sowie die meisten seiner Finanzprodukte (wie derivative Produkte). Diese Aspekte werden unten näher betrachtet.

6.1. Börse

Die Hauptfunktion der Börse ist die optimale Allokation von Kapital und Risiko. Wie die Finanzkrise leider zeigt, wird diese Aufgabe heutzutage nicht erfüllt. Die Börse sollte die Finanzierung der Unternehmen vereinfachen. Dies ist heute jedoch immer weniger der Fall. Zum Beispiel deckten französische Unternehmen im Jahr 2011 nur 5,4 % ihres Finanzbedarfs über die Börse. Im Jahr 2001 waren es noch ca. 27 %.[32] Das ist unter anderen ein Hauptgrund der aktuellen Finanzkrise.

---

31 Vitali / Glattfelder / Battiston, The Network of Global Corporate Control.
32 *www.dealogic.com*

Die Börse erhält damit zunehmend Eigenschaften eines Kasinos. Davon zeugt die Entwicklung des sogenannten Hochfrequenzhandels, der es erlaubt, Aufträge innerhalb von Millisekunden aufzugeben... und anschliessend zu stornieren (wie dies oft geschieht). Der Anteil des Hochfrequenzhandels entspricht in Europa ca. 50 % und in den Vereinigten Staaten ca. 70 % des gesamten gehandelten Volumens an den Aktienmärkten. Die Millisekunde ist jedoch nicht die zeitliche Einheit von Investitionen in der Realwirtschaft, welche Wochen, Monate oder Jahre erfordern. Die Millisekunde ist vielmehr die zeitliche Einheit von Wetten in einer Kasino-Wirtschaft, die der Logik des Unternehmertums widerspricht.

6.2.   Zur Natur der OTC-Transaktionen

Ein grosser Teil der Finanztransaktionen findet *over the counter* (OTC) statt, d. h. ausserhalb von Börsen. Im Sinne der Marktwirtschaft handelt es sich dabei nicht wirklich um Markttransaktionen. Es sind vielmehr Verträge zwischen zwei Finanzakteuren, die sehr intransparent sind.

Die unsichtbare Hand von Adam Smith verlangt zwingend Märkte, um operativ zu sein. Sie verlangt Märkte, auf denen sich Angebot und Nachfrage treffen, um Preise und Handelsvolumina transparent zu erzeugen. Das ist nicht der Fall bei OTC-Transaktionen, die es aufgrund ihrer Undurchsichtigkeit nicht ermöglichen, ein aggregiertes Angebot und eine aggregierte Nachfrage zu bilden.

Im Fall von derivativen Produkten, die meistens OTC gehandelt werden, gibt es ein grundlegenderes Problem. Ihre Preise resultieren hauptsächlich aus technischen Formeln und nur teilweise aus Angebot und Nachfrage.

Des Weiteren wird mit unregulierten OTC-Transaktionen auf derivativen Produkten das Risiko immer unbekannt und diffus sein, was für die Realwirtschaft und die Gesellschaft gefährlicher ist. Leider ist wahrscheinlich die Entwicklung von OTC-Transaktionen mit der Verbreitung des Hochfrequenzhandels in Verbindung zu bringen. Die Geschwindigkeit der Transaktionen schadet den kleinen Finanzakteuren, die keinen Zugang zu entsprechend entwickelter Infrastruktur haben – und deshalb auf OTC-Märkte ausweichen.

Im Fall von Währungen sind die Transaktionen OTC. Auf dem Währungsmarkt (auch «forex» genannt) handeln Finanzinstitutionen Währungen, entweder für eine sofortige Lieferung (Spot-Vertrag) oder für eine zukünftige Lieferung (Forward-Vertrag). Der Währungsmarkt ist der grösste Finanzmarkt der Welt mit einem täglichen Handelsvolumen von ca. 5.000 Milliarden Dollar. Das heisst, ca. 6 Handelstage im Währungsmarkt sind genug, um das globale

Handelsvolumen aller Güter und Dienstleistungen zu ermöglichen. Was passiert jedes Jahr an den 359 verbleibenden Tagen? Dann wird offensichtlich die Entwicklung der Kasinoökonomie gefördert. Die inhärente riesige Spekulation schadet der Effizienz und Transparenz des Währungsmarkts, die für die Import- und Export-Geschäfte der Unternehmer essenziell ist.

6.3. Der Bankensektor

Der Bankensektor scheint immer weniger in der Lage, seine Funktion als Motor der Realwirtschaft wahrzunehmen. In Deutschland und Frankreich verwenden Finanzinstitutionen nur noch einen kleinen Teil ihrer Bilanzsumme für Kredite an Nicht-Finanzunternehmen und Haushalte: ca. 28 % bzw. 22 % (18 % bzw. 12 % für Unternehmen und jeweils 10 % für Haushalte). In England ist der Anteil mit 20 % noch kleiner (5 % für Unternehmen und 15 % für Haushalte).[33]

Der Bankensektor ist von *too big to fail*-Institutionen dominiert. Ihre Bilanzsumme beträgt in gewissen Ländern über 100 % des BIPs des Landes, in dem sie ihren Sitz haben, was unverhältnismässig scheint. Zum Beispiel lag die Bilanzsumme der UBS im Jahr 2011 bei 223 % des Schweizer BIPs, während die Credit Suisse und HSBC auf 165 % bzw. 106 % kamen. Zudem betrug die Bilanzsumme aller britischen und französischen Banken 380 % bzw. 298 % des jeweiligen BIPs.

Ausserdem widerspricht die Idee, dass eine Bank aufgrund ihrer Grösse und Dichte ihres Netzwerkes vom Steuerzahler vor einem allfälligen Konkurs geschützt werden sollte, der Logik des Liberalismus. Gemäss dieser Logik sollte eine solche Bank eigentlich nicht existieren.

Zudem entfremden sich ihre Praktiken zunehmend vom Unternehmergeist. Grossbanken handeln riesige Beträge von finanziellen Absicherungsprodukten, die Systemrisiken erzeugen. Es handelt sich um eine «pyromanische Feuerwehr»-Strategie.

Ihre CEOs zeigen eine starke persönliche Risikoaversion (goldene Fallschirme) und eine starke Risikofreude zulasten der Gesellschaft, was eines gewissen Zynismus nicht entbehrt. Im November 2009 meinte Lloyd Craig Blankfein, CEO von Goldman Sachs, in einem Interview: «Ich vollbringe Gottes Werk.»

---

33 Liikanen u. a., High-level Expert Group on reforming the structure of the EU banking sector.

6.4. Der Schattenbanken-Sektor

Dieser undurchsichtige und nicht-regulierte Sektor macht gemäss dem *Financial Stability Board* ca. 25 bis 30 % des gesamten Finanzsystems aus.[34] Die Grösse dieses Sektors hat sich innerhalb von zehn Jahre mehr als verdoppelt, von 26.000 Milliarden Dollar Kreditvolumen im Jahr 2002 auf 67.000 Milliarden Dollar im Jahr 2011. Diese Dynamik schadet den Bedürfnissen der Unternehmen, welche ein einfaches und transparentes Finanzsystem benötigen.

6.5. Rating-Agenturen

In einer Marktwirtschaft mit effizienten und transparenten Finanzmärkten hätten diese Agenturen nur eine beschränkte Rolle, da der Preis von Wertpapieren wie z. B. Obligationen bereits alle relevanten Informationen reflektieren würde. Die blosse Existenz solcher Agenturen sowie die Rolle, die ihnen eingeräumt wird, zeugt von der heutigen Dysfunktionalität der Marktwirtschaft.

Ausserdem liegt der Besitz der Rating-Agenturen in den Händen der grossen Banken (sowie von Investmentfonds) und ebendiese Banken sind auch die besten Kunden der Rating-Agenturen.[35] Dies schafft starke Interessenskonflikte, welche sich nicht mit effizient funktionierenden Finanzmärkten und den Prinzipien einer liberalen Gesellschaft vereinbaren lassen.

6.6. Die Festsetzung von Referenzzinsen wie LIBOR und ihre inhärenten Manipulationen

Am Ende des letzten Jahrzehnts war der LIBOR (*London Interbank Offered Rate*) der Referenzpunkt für Finanzverträge in der Höhe von ca. 350.000 Milliarden Dollar.[36] Das heisst: er ist wesentlich für den Betrieb des internationalen Finanzsektors. In einer Marktökonomie sollte sich seine Festsetzung aus einem Marktmechanismus ergeben. Das ist nicht der Fall.

Die Verwendung eines Zinssatzes, der am Markt gebildet wird, könnte eventuell vorkommende Manipulationsprobleme stark begrenzen mit der logischen Folge, dass im Falle eines ausgetrockneten Marktes kein Referenzzinssatz definiert würde.

---

34 Financial Stability Board, Shadow Banking.
35 Rügemer, Rating-Agenturen.
36 Enrich, Banking Industry Squirms Over European Rate Probe.

Anstatt auf Markttransaktionen wurde auf Meinungen gesetzt.[37] Für zehn unterschiedliche Währungen und 15 Laufzeiten geben ausgewählte Banken (sie sind z. B. 18 für den Dollar-LIBOR) täglich um 11 Uhr Londoner Zeit an, zu welchen Zinssätzen sie von anderen Banken Kredit erhalten könnten. Der LIBOR resultiert aus dem Mittelwert dieser Eingaben, wobei die höchsten und tiefsten Eingaben nicht berücksichtigt werden.

Im Jahr 2007, als es den Finanzinstituten auf Grund des ausgetrockneten Interbankenmarktes nicht mehr möglich war, sich gegenseitig Geld auszuleihen, wurde der LIBOR umso mehr auf der Basis von Vermutungen, Meinungen und möglichen Manipulationen gebildet.

Die Manipulationen lassen sich auf zwei Arten erklären. Zum einen sollten niedrige Eingaben dazu dienen, eine bessere Bonität zu signalisieren. Zum anderen versuchten Derivate-Händler durch die Manipulation des LIBORs Gewinne zu optimieren. So enthalten z. B. Zinsderivate Zahlungsbedingungen, die oft an den LIBOR gebunden sind.

Aus dem Bericht der britischen *Financial Services Authority* geht für den Fall Barclays hervor, dass die Bank zwischen 2005 und 2009 mindestens 257 mal versucht hat, den Dollar-LIBOR, Yen-LIBOR und Euribor zu manipulieren.[38]

Bei der UBS wurden zwischen 2005 und 2010 mehr als 1.000 solche Manipulationsversuche unternommen mit mehr als 30 verschiedenen Personen aus verschiedenen Bereichen und Ländern. Berichten zufolge war sogar die Führungsebene involviert, die diese Geschäfte auch noch förderte.[39]

Die Bank bezahlte externen Börsenmaklern 15.000 Pfund im Quartal, damit sie der UBS halfen, die LIBOR-Eingaben mit anderen Banken zu koordinieren. Eine LIBOR-Manipulation verlangt eine gewisse Kooperation zwischen den beteiligten Banken. Wie schon erwähnt resultiert der LIBOR aus einem Mittelwert ohne Berücksichtigung der höchsten und tiefsten Eingaben. Eine einzelne Bank, die den LIBOR manipulieren möchte, wäre dazu nicht in der Lage. Ihre Eingabe würde nicht berücksichtigt werden.

2012 stand mehr als ein Dutzend Banken unter Manipulationsverdacht. Es lohnt sich nochmals darauf hinzuweisen, dass in die Festlegung des LIBORs 18 Banken involviert sind. Das heisst, ein grosser Teil der beteiligten Banken steht unter Verdacht.

Die UBS musste den amerikanischen, britischen und schweizerischen Regulatoren eine Busse von rund 1,4 Milliarden Dollar zu bezahlen, dreimal so viel wie die britische Bank Barclays. Diese Busse ist allerdings nicht die einzige

37 Hosp, Vom Referenzzinssatz zum Skandalwert.
38 Hosp, Vom Referenzzinssatz zum Skandalwert.
39 Schöchli, Hohe Hürden für Strafbehörden im LIBOR Fall.

Rechnung zu Lasten der UBS im LIBOR-Skandal. Gemäss der NZZ am Sonntag
hat die Bank bereits rund 100 Millionen Franken für die interne Untersuchung
und die Überprüfung von Millionen von Daten ausgegeben.[40] Es mussten
unter anderem 410 Rechtsanwälte eingesetzt werden, um diese Arbeiten zu
erledigen.

Das heisst, unser heutiger Bankensektor wird immer korrupter, ineffizienter
und bürokratischer. Dass dies der Bankensektor einer liberalen Ökonomie
sein könnte, ist schwer vorstellbar.

6.7. Derivative Produkte

Der Unternehmer trägt die Risiken, die er auf sich nimmt. Er ist dafür verantwortlich und wird gegebenenfalls dafür belohnt. Er kann sich auch gegen
gewisse Finanzrisiken absichern. Die wichtigste Funktion von derivativen
Produkten sollte die Absicherung sein. Der gesamte Nominalwert der derivativen Produkte entspricht ca. dem Zehnfachen des Weltbruttoinlandproduktes.
Diese riesige Grösse kann in der folgenden Weise erklärt werden: In den meisten Fällen sind scheinbare Absicherungsprodukte in Wahrheit Wetten, z. B.
Wetten mit sogenannten *Credit Default Swaps* auf den Bankrott eines Unternehmens oder eines Landes. Diese Wetten erzeugen Systemrisiken, die einen
Grund sind für weitere Emissionen von strukturierten Produkten. Es ist eine
gefährliche Dynamik auf Kosten der Realwirtschaft und der Gesellschaft.

7. Schlussfolgerung

Im Zentrum der liberalen Argumentation steht der Markt, der durch den Preis-
bildungs-Mechanismus die Wirtschaft effizient organisieren soll. Nun aber ist
dieser Mechanismus auf den Finanzmärkten, die zum Nervensystem der Wirtschaft geworden sind, defekt. Im Kontext der heutigen Kasino-Wirtschaft,
in der mächtige Akteure die Preise beeinflussen und manipulieren können
sowie regelmässig in Betrugsversuche involviert sind, scheint es kaum möglich, dass Marktpreise wirklich den fundamentalen Wert von Vermögenswerten
repräsentieren.

In den 1930er Jahren befürchteten Ludwig von Mises und Friedrich Hayek,
dass der Liberalismus entweder durch den Faschismus oder den Stalinismus
eine definitive Niederlage erleiden würde. Das war glücklicherweise nicht der
Fall.

---

40 Bräuer, UBS.

Diese Niederlage ist ein internes und kein externes Phänomen und hat mit der Finanzdurchdringung der Ökonomie begonnen. Die Investmentbanken und Hedgefonds sind die Speerspitze dieser Umwandlung, die als Niederlage des Liberalismus bezeichnet werden muss.

Literatur

Bräuer, Sebastian, UBS: Libor-Absprachen werden zum Milliardengrab, in: NZZ am Sonntag, 16.12.2012, 27.

Board of Governors of the Federal Reserve System, Flow of Funds Accounts of the United States, *www.federalreserve.gov/releases/z1/Current/z1.pdf*.

Campello, Murillo / Graham, John R. / Harvey, Campbell R., The real effects of financial constraints: Evidence from a financial crisis, in: Journal of Financial Economics, Jg. 97, 3/2010, 470–487.

Chen, Shaohua / Ravallion, Martin, The Developing World is Poorer than We Thought, But No Less Successful in the Fight Against Poverty, in: The Quarterly Journal of Economics, Jg. 125, 4/2010, 1577–1625.

Chesney, Marc, Vom Grossem Krieg zur permanenten Krise, Zürich, Versus Verlag, 2014.

Enrich, David, Banking Industry Squirms Over European Rate Probe, in: The Wall Street Journal, 11.12.2012, 14.

Financial Stability Board, Shadow Banking. Strengthening Oversight and Regulation, Basel, 2011.

Food and Agriculture Organization, The State of Food Insecurity in the World 2012, *www.fao.org/docrep/016/i3027e/i3027e.pdf*.

Hayek, Friedrich A., Der Weg zur Knechtschaft, München, Olzog, 2009.

Hosp, Gerald, Vom Referenzzinssatz zum Skandalwert, in: Neue Zürcher Zeitung, 20.12.2012, 27.

Johnson, Simon / Kwak, James, 13 Bankers. The Wall Street takeover and the next financial meltdown, New York, Pantheon books, 2010.

Liikanen, Erkki u. a., High-level Expert Group on reforming the structure of the EU banking sector, Brüssel, 2012.

Luban, Daniel, It's (Really) Good to Be the Boss, in: Inter Press Service News Agency, 29.8.2007, *www.ipsnews.net/2007/08/economy-us-it39s-really-good-to-be-the-boss*.

Miller, Matthew G. / Newcomb, Peter, The World's 200 Richest People, in: Bloomberg, 8.11.2012, *www.bloomberg.com/news/2012-11-01/theworld-s-200-richest-people.html*.

Rajan, Raghuram, Fault Lines – Verwerfungen. Warum sie noch immer die Weltwirtschaft bedrohen und was jetzt zu tun ist, München, FinanzBuch Verlag, 2012.

Rügemer, Werner, Rating-Agenturen: Einblicke in die Kapitalmacht der Gegenwart, Bielefeld, Transkript Verlag, 2012.

Schöchli, Hansueli, Hohe Hürden für Strafbehörden im Fall der Libor-Manipulationen der UBS, in: Neue Zürcher Zeitung, 24.01.2013, 9.

Schumpeter, Joseph, Kapitalismus, Sozialismus und Demokratie, Bern, A. Francke, 1950.

Shell, Adam, Cash of the titans: Criticism of pay for fund execs grows, in: USA Today, 30. August 2007, *http://usatoday30.usatoday.com/money/companies/management/2007-08-29-private-equity-pay_N.htm*.

Sinn, Hans-Werner, Kasino-Kapitalismus, Berlin, Ullstein, 2010.

Smith, Adam, Der Wohlstand der Nationen, München, DTV, 1983.

Stedman Jones, Daniel, Masters of the Universe. Hayek, Friedman, and the Birth of Neoliberal Politics, Princeton UP, 2012.

Tong, Vinnee, Top-paid CEOs of 2006: Where are they now?, in: USA Today, 15.06.2008, *http://usatoday30.usatoday.com/money/economy/2008-06-152347857187_x.htm*.

United Nations Development Programme, Human Development Report 1999, *http://hdr.undp.org/en/media/HDR_1999_EN.pdf*.

United Nations Development Programme, Human Development Report 2005, *http://hdr.undp.org/en/media/HDR05_complete.pdf*.

Vitali, Stefania / Glattfelder, James / Battiston, Steffano, The Network of Global Corporate Control, in: PLoS ONE, Jg. 6, 10/2011.

Von Mises, Ludwig, Liberalismus, Jena, Verlag Gustav Fischer, 1927.

Christine Hirszowicz

Der Weg zurück in die Eigenverantwortung

1. «Die Ursachen der Finanzkrise sind erkannt, aber nicht beseitigt!»

Dies ist ein Zitat aus dem Treffen der Nobelpreisträger in St. Gallen Ende August 2011.

Als Hauptursachen erwähnen zahlreiche Autoren einerseits Marktversagen, andererseits Staatsversagen.[1] Da sowohl im Markt als auch in staatlichen Institutionen immer Menschen entscheiden, muss man unweigerlich auf menschliches Versagen schliessen. Ein wichtiger Grund für solches Versagen wird in der Trennung von Entscheidung und Verantwortung gesehen.[2] Das gilt nicht nur für die Bank- und Finanzindustrie, sondern ist in sehr vielen Berufsgruppen, auch in Politik, Kultur sowie im Privatleben zu beobachten. Diese Tatsachen führen zum Verlust des moralischen Kompass. Dazu werde ich einige Beispiele anführen. Marktteilnehmer reagieren auf Anreize, die einerseits durch den Markt angeboten, andererseits durch die Regulierung auferlegt werden. Es stellt sich die Frage, wie ein Gleichgewicht wieder hergestellt werden kann zwischen der Reaktion auf Anreize und der auf einem moralischen Kompass ruhenden Selbststeuerung. Die Zeitenwende bringt uns schliesslich zur Ethik.

2. Marktversagen / Menschliches Versagen

Die Marktwirtschaft funktioniert, wenn der Grundsatz von *Treu und Glauben* respektiert wird, d. h. der Vertragspartner täuscht den andern nicht und geht davon aus, dass er nicht getäuscht wird. Es herrscht Vertrauen unter den Marktpartnern. Das Prinzip der Marktwirtschaft beruht darauf, dass Investoren potenzielle Gewinne erzielen können, wenn sie das entsprechende Risiko eingehen. Dieser Grundsatz ist in der Finanzkrise schwer verletzt worden. Bankers und Brokers haben sich des Risikos entledigt, indem sie hochriskante

---

1 Vgl. Bodmer, Frank/Borner, Silvio, Crash, Zürich / Chur, Rüegger Verlag, 2010, und Sinn, Hans-Werner, Kasino-Kapitalismus, Berlin, Ullstein, 2010.
2 Vgl. Reichmuth, Karl, Weg aus der Krise, Zürich, NZZ Verlag, 2008.

Kredite vergaben, verbrieften und weiter verkauften, ohne selbst ein Risiko zu übernehmen, hingegen aber wohl Gebühren und Kommissionen einzunehmen. Sie haben damit den Grundsatz von Treu und Glauben verletzt, weil sie wussten, dass ein Risiko, und zwar ein nicht mehr eruierbares Risiko vorhanden war, das sie aber nicht selbst tragen wollten. Die krassesten Beispiele aus USA sind folgende:

–   Keine Prüfung von Kreditfähigkeit und Kreditwürdigkeit bei den vergebenen Hypothekarkrediten (Subprime-Kredite), weder durch die Banken noch durch die Broker. Durch aussergewöhnliche finanzielle Anreize wurden die potenziellen Kreditnehmer ermuntert, sich übermässig zu verschulden, nur um grössere Marktanteile zu gewinnen.

–   Nach der Verbriefung solcher Kredite wurden sie aus der Bilanz ausgegliedert, um kein EK zu binden, und an *Special Investment Vehicles* (SIVs) verkauft, die diese noch weiter strukturierten, sodass das Risiko überhaupt nicht mehr kalkulierbar war. Auch für die SIVs ergab dies kein unmittelbares Problem, da sie kein Risiko selbst übernahmen, nur die Erträge kassierten und die Titel weiter verkauften.

–   Das Versicherungsinstrument *Credit Default Swap* (CDS) gegen den Zahlungsausfall des Emittenten einer Obligation wurde durch dessen multiple Verwendung durch Spekulanten, die keine Titel des Emittenten hielten, missbraucht. Die CDS wurden zu einer Versicherung gegen die Insolvenz des Emittenten. Investoren, die überhaupt keine Titel der betreffenden Unternehmung besassen, kauften CDS. Sie zahlten wohl eine Prämie, erwarteten dafür aber den Betrag der Versicherung. Daraus ergab sich eine Wette auf den Untergang der angezielten Unternehmung, anstatt der Absicherung des Kreditrisikos eines ausgegebenen Titels der Unternehmung.

–   Durch die hohe Verzinsung der strukturierten Produkte ergab sich der Anreiz für die Investoren. Die Globalisierung des Finanzgeschäfts begünstigte solche Investitionen weltweit.

Man kann wohl sagen, der Markt habe versagt. Aber es sind immer Menschen, die gehandelt haben. Und deshalb müssen wir von menschlichem Versagen sprechen. So wurde durch Menschen das Prinzip des Kapitalismus verraten und dies hat zum totalen Vertrauensverlust der Marktteilnehmer geführt. Marc Chesney schreibt in seinen Studien von Verrat der Finanzmärkte am Kapitalismus.[3]

---

3   Vgl. Chesney, La finance trahit-elle le capitalisme?, in: Finance & Bien commun, 2-3/2008.

3. Staatsversagen / Menschliches Versagen

Eine weitere, wichtige Ursache der Finanzkrise ist das Versagen der Finanzmarktregulierung. Falsch konzipierte Anreizstrukturen der Regulierungsbehörden in den USA, aber auch bei uns, sind dafür verantwortlich:

– Ein bedeutsames Element des Regulierungsversagens liegt in den Eigenkapitalvorschriften des Basler Ausschusses der BIZ. Die unter Basel II bekannten Vorschriften basierten auf der sog. Risikogewichtung der Aktiven der Bankbilanz. Je nach Einschätzung des Risikos wurde entsprechendes Eigenkapital zugeordnet. Neben den Regulatoren waren im Basler Ausschuss die Banken vertreten. Die Bankenlobby hat die sehr günstigen Gewichtungen beeinflusst! Weitere negative Faktoren waren, dass Staatsanleihen unter den Aktiven der Banken mit der geringsten Risikogewichtung bedacht wurden und die Tatsache, dass Banken ihre internen Risikoberechnungen oder alternativ die Ratings von Agenturen verwenden durften. Dass diese kläglich versagt haben, bestätigt inzwischen ein Untersuchungsbericht der SEC[4]. Staatsversagen? – Menschliches Versagen.

– Als Folge der Finanzkrise wurden die Vorschriften angepasst und heute gelten die sog. Basel-III-Vorschriften.[5] Doch diese basieren nach wie vor auf der Risikogewichtung der Aktiven, auch wenn sie strenger geworden sind. Das geforderte Eigenkapital ist erhöht und für die TBTF-Banken strenger ausgestaltet worden. Hinzu kommt der sog. Leverage, das ist zusätzliches Eigenkapital, das nicht auf der Risikogewichtung basiert, sondern auf dem Verhältnis Eigenkapital zur Bilanzsumme. Einbezogen in die Bilanzsumme werden zu diesem Zweck auch Ausserbilanzgeschäfte. Letztere hatten vor allem die amerikanischen Banken mittels Ausgliederung ihrer risikoreichen verbrieften Immobilienkredite aus der Bankbilanz in sog. SIVs in massiver Weise produziert. Sie waren eine der Hauptursachen der Finanzkrise.

Für die Schweiz gilt ein etwas strengerer Ansatz. Meines Erachtens sind auch diese neuen Anforderungen immer noch viel zu gering. Banken sollten nicht 5 % ungewichtetes Eigenkapital halten müssen, sondern mindestens 20 % oder sogar 30 % der Bilanzsumme und der Ausserbilanzpositionen.

---

4 Vgl. NZZ, 3.10.11.
5 Vgl. *www.bis.org: International Regulatory Framework for Banks* (Basel III), 1.6.2011, sowie Lanz, Martin, Höhere Eigenmittel stärken die Eigenverantwortung, in: NZZ, 2.7.2011.

– Wenn staatliche Garantien wie das *Too Big To Fail* weder preisgerecht noch
  gut konzipiert sind, wächst die Tendenz der Marktteilnehmer, sich in einen
  solchen Schutz zu begeben und das Risiko zu vernachlässigen. Der Ver-
  schuldungsgrad nimmt stark zu, d. h. die Versuchung, mit viel Fremdkapital
  und wenig Eigenkapital sehr ertragreiche aber risikoreiche Geschäfte zu
  tätigen.

– Ein positives Wort in diesem Zusammenhang ist hier zur TBTF-Lösung
  für die Schweiz anzufügen[6]. Ende September 2011 hat das Parlament die
  Vorschläge des Bundesrates mehrheitlich gutgeheissen. Das zu revidie-
  rende Bankengesetz sieht vor, dass systemrelevante Grossbanken (UBS und
  CS) 19 % der risikogewichteten Aktiven in Eigenkapital halten müssen,
  wovon 10 % in hartem Eigenkapital (Aktienkapital und Reserven), und
  9 % in Wandelkapital (*Coco – Contingent Convertible – Bonds*). Basel III sieht
  im Gegensatz dazu 10,5 % und 7 % vor. Neben den höheren Eigenmitteln müssen unsere Grossbanken organisatorische Vorkehrungen treffen,
  um systemrelevante Funktionen im Insolvenzfall weiterführen zu können.
  Sollte eine Bank im Notfall trotzdem vom Bund unterstützt werden müssen, darf der Bundesrat in die Lohnpolitik der Bank eingreifen und Boni
  kürzen oder verbieten. Die Verordnung zum Bankengesetz muss noch
  vom Parlament in der Frühjahrssession 2012 sanktioniert werden.

– Es wird erwartet, dass die G-20 Länder die vom *Financial Stability Board*
  beschlossenen Zuschläge für Eigenkapital der 28 grössten Banken mit
  globaler systemischer Bedeutung (SIFIs) auch durchsetzen. Diese Zuschläge
  betragen zwischen 1 und 2,5 % der risikogewichteten Aktiven gemäss Basel
  III, also immer noch weniger als dies für Schweizer Grossbanken gelten
  wird.

4.   Trennung von Entscheidung und Verantwortung

Hochspezialisierte Händler entwickelten komplexe strukturierte Produkte mit
grossem Ertragspotenzial und warfen sie auf den Markt: sie entschieden, aber
die Verantwortung für diese mit hohen Risiken behafteten Produkte trugen
nicht sie, sondern ihre Vorgesetzten: Diese hingegen verstanden die komplexen

---

6   Vgl. NZZ, 29.9.2011.

Konstrukte nicht und wagten nicht nachzufragen. Eine gefährliche Trennung von Entscheidung und Verantwortung. Dies zeigt Karl Reichmuth in seinem Buch «Weg aus der Krise».[7]

Die Finanzinstitute haben sich aus dem Risiko herausgestohlen. Wer trägt dafür die Verantwortung?

Es sind zuallererst die *Führungskräfte* der Finanzinstitute, die die Verantwortung tragen, und an erster Stelle geht es um ihre Verwaltungsräte. Sie tragen die oberste Verantwortung für das Risiko-Management, für die Auswahl ihrer Konzernchefs, für die Ausgestaltung der Entschädigungssysteme, für das Controlling, für das Interne Inspektorat und für die langfristigen Ziele der Bank, also für das strategische Management. *Auch angesichts sehr verlockender Anreize haben sie Risiko und Ertrag abzuwägen und so die Verantwortung für die Corporate Governance wahrzunehmen.*

Das Thema der Entschädigungssysteme mit den exorbitanten Boni ist ein weiteres Beispiel der fehlenden Verantwortung. Verantwortung nämlich gegenüber den Eigentümern der Bank, den Aktionären. Es ist eine faktische Entmachtung der Aktionäre. Ist das Verantwortung?

Die in den *Codes of Conduct* so schön formulierten Grundsätze wurden durch diejenigen verraten, die sie aufgestellt hatten. Da *Menschen* versagt haben, hat der *Markt* versagt. *Es stellt sich die Frage, ob die heutigen Verwaltungsräte von Finanz-Grosskonzernen überhaupt in der Lage sind, die Verantwortung für die Führung solch grosser und komplexer Unternehmungen zu tragen.*

Der jüngste Betrugsfall im Investmentbanking der UBS in London lässt vermuten, dass die schiere Grösse und damit einhergehende Komplexität der Bank ihre Führung scheitern lässt. Prof. Beat Bernet von der Universität St. Gallen zeigt in einem Artikel der NZZ vom 7. Okt. 2011 deutlich auf[8], dass die Grösse einer Bank mit hoher Komplexität in der Führung verbunden ist. Er schlägt nicht eine Zwangsaufspaltung der Grossbanken vor, sondern eine Zueignung der beratenden Funktion des Investmentbanking an die Vermögensverwaltung sowie an das Kommerzgeschäft. Dies bedeutet, dass der Eigenhandel nicht mehr die bisherige Bedeutung haben darf, sondern nur im Dienste der Kunden stehen sollte. Damit wird das Risiko des Eigenhandels stark zurückgestuft und das für diesen Bereich notwendige EK reduziert. Damit einhergehend sind natürlich Gewinn- und Verlustmöglichkeiten stark reduziert. Bernet diskutiert auch die originelle Variante, die Investment-Abteilungen mehrerer Grossbanken in eine eigene Bank zu vereinen und deren Dienste den Grossbanken zur Verfügung zu stellen.

---

7 Reichmuth, Karl, Weg aus der Krise, Zürich, NZZ Verlag, 2008.
8 Bernet, Beat, Nicht mehr führbare Grossbanken, in: NZZ, 7.10.2011, 29.

Nicht das bisher viel gepriesene «integrierte Geschäftsmodell», sondern ein «desintegriertes Geschäftsmodell» ist die eigentliche Lösung. Auf diesem Wege könnten unsere Grossbanken eine Vorreiterrolle übernehmen und ihre Verwaltungsräte wieder ihrer Eigenverantwortung gerecht werden.

5.   Der verlorene moralische Kompass

Ein moralischer Kompass ist ein Wertmassstab für unser Denken, Handeln und Verhalten. Er kann als Wegbegleiter eines jeden Menschen verstanden werden. Er enthält die geistigen Werte, die in unserer Gesellschaft als Wohlverhalten gelten. Sucht man nach dem moralischen Kompass einer Unternehmung in der Markwirtschaft, so stösst man unweigerlich auf die Begriffe von *Corporate Governance, Business Ethics, Code of Conduct* und Leitbild. Es geht dabei um Richtlinien, die sich die Führungskräfte selbst geben, nach denen sich das Handeln und Verhalten ihrer Unternehmung im Markt und in der Gesellschaft ausrichten soll. Das kann man auch Unternehmensethik nennen.

Vor dem Hintergrund der auslösenden Faktoren der Finanzkrise drängt sich die Frage auf, wie ein solcher moralischer Kompass aussehen soll, welches denn die Erwartungen an die Adresse künftiger Führungskräfte von Banken sein sollten. Sind z. B. in der Aus- und Weiterbildung von Führungskräften allein das Vermitteln von Wissen und das Aneignen von Fertigkeiten als Ziele anzustreben, oder soll auch etwas von der Dimension «Bildung» vermittelt werden? Sehr oft werden Ausbildung und Bildung fälschlicherweise gleichgesetzt. Der Unterschied tritt gleich hervor, wenn man sich vergegenwärtigt, dass im Französischen für Ausbildung der Begriff «formation» verwendet wird, während für Bildung der Ausdruck «culture» steht. Bildung wäre hier zu verstehen als das ethische Denken, Handeln und Verhalten bei Entscheidungen, die langfristige Auswirkungen haben und die nicht allein für die Bank selbst relevant sind, sondern darüber hinaus auch die übrigen Marktteilnehmer, die Volkswirtschaft und den sozialen Zusammenhalt tangieren. Man kann das auch *Leadership* nennen. Das impliziert eine Vorbildfunktion. Mit anderen Worten geht es um *Verantwortung beim Handeln und Verhalten in der Wirtschaft* als ganzes.

Die auslösenden Faktoren der Finanzkrise haben gezeigt, wie das Auseinanderreissen von Entscheidung und Verantwortung zum Verlust dieses moralischen Kompass geführt haben. Auch in anderen Tätigkeitsbereichen des Menschen geht der moralische Kompass oft verlustig. Einige Beispiele mögen das illustrieren:

5.1. Schuldenkrise in Europa

Wir hätten keine Staatsschuldenkrise in den EU-Ländern, wenn die Staatschefs ihre Verantwortung wahrgenommen hätten, nämlich die strikte Durchsetzung des Stabilitätspakts, genannt Maastrichter Vertrag (maximales jährliches Budgetdefizit 3 %, maximale Gesamtverschuldung 60 % des BSP). Heute werden Griechenland, Portugal, Spanien an den Pranger gestellt. Doch eine besondere Verantwortung tragen Deutschland und Frankreich. Sie waren die Ersten, die bereits 2003 den Stabilitätspakt nicht eingehalten hatten. Nicht von ungefähr bemühen sich diese zwei Euro-Länder mit höchster Priorität, eine Lösung zur Rettung des Euro zu finden. Es geht um die Rettung ihrer eigenen Banken.

5.2. Verantwortung eines Staatsmannes

Dass Berlusconi sich 2011 noch Ministerpräsident nennen durfte, war eine Schande für die italienische Republik. Die italienische Staatsanwaltschaft hat ihn kürzlich offiziell der Anstiftung zur Falschaussage verdächtigt. Dies dürfte wohl noch die geringste seiner möglichen Sünden sein. Von moralischem Kompass kann keine Rede sein! Das italienische Volk schämt sich, tut aber zu wenig dagegen.

5.3. Verantwortung eines Intellektuellen und Politikers

Eine grobe Missachtung der Eigenverantwortung ist der Plagiatsfall des ehemaligen deutschen Verteidigungsministers Zu Guttenberg. Bei seiner Doktorarbeit hat er sich fremdes Wissen angeeignet, ohne die Autorenschaft zu zitieren. Die Kommission der Universität Bayreuth hat im August 2011 festgestellt, dass der Autor bewusst getäuscht hat![9]

5.4. Positive Beispiele

– Ein positives Beispiel der *Eigenverantwortung* liefert die berühmte Geigerin Anne-Sophie Mutter. Zum Thema Verantwortung des Künstlers stellt sie sich selbst die Frage: «Bin ich ein nützliches Mitglied der Gesellschaft?»[10]

---

9   Vgl. NZZ, 16.8.2011.
10 Interview im SF vom 17.7.2011, Standpunkte.

– Es gibt auch positive Beispiele von *Eingriffen des Staates als Korrekturmass-nahme*: Gemäss dem «Dodd Frank Act» werden die US-Behörden dafür sorgen, dass Verwaltungsräte und Managers von systemrelevanten Banken, die vom Konkurs bedroht sind und deshalb von der FDIC übernommen werden müssen, wie folgt zur Verantwortung gezogen werden: Die FDIC wird die zwei letzten Jahresgehälter dieser Personen einziehen, wenn sie massgeblich am Niedergang der Bank beteiligt waren. Wir warten auf die Durchsetzung!

5.5. Eigenverantwortung wird trainiert durch den Besitz von Privateigentum

Eigentum (z. B. an Auto, Haus, Segelboot, Segelflugzeug) verpflichtet zu Eigenverantwortung. Einerseits ist der Eigentümer zur Beachtung gewisser Verkehrsregeln und Gesetze verpflichtet, anderseits will er sein Eigentum vor Schäden durch Drittpersonen schützen. Er haftet für den Schaden, den sein Eigentum ev. Drittpersonen zufügen könnte.

5.6. Eigenverantwortung kann durch den Staat eingeschränkt werden und ein negativer Anreiz sein

Dies ist z. B. der Fall in den USA. Ein Hausbesitzer, der seine Hypothek nicht zurückzahlen oder die fälligen Zinsen nicht mehr leisten kann, haftet nur mit seinem Haus und nicht zusätzlich auch noch mit seinem Privatvermögen, wie dies in Europa der Fall ist. Der US-Bürger schickt der Bank seinen Haus-schlüssel zurück und ist damit von jeder Pflicht und Haftung entbunden. Das nennt man Regressfreiheit. Dies ist ein gefährlicher Anreiz zur Verschuldung von Privatpersonen. Keine juristische Haftung – keine Eigenverantwortung! Die regulatorischen Anreize zur starken Verschuldung im Immobilienbereich wurden in den USA verstärkt durch den «Community Re-Investment Act», ein städtisches Wiederaufbauprogramm, um die Slums in den Städten zu elimi-nieren. Dieses Gesetz wurde durch Carter 1977 eingebracht und 1995 durch Clinton verstärkt.

5.7. Ökonomische Wissenschaft

Auch die ökonomische Wissenschaft hat sich etwas zuschulden kommen las-sen und ihre Eigenverantwortung nicht wahrgenommen: Die bisher vorherr-schende Finanzmarkttheorie geht von effizienten Märkten aus, d. h. alle vor-handenen Informationen fliessen in die Beurteilung von Preisen und Renditen und führen den Markt zu effizienten Gleichgewichten. Dies wird neuerdings durch die *Behavioral Finance* in Frage gestellt. Nur ein Teil der Marktteilnehmer besitzt die relevanten Informationen und nützt sie zu seinem Vorteil aus. Diese Informationsasymmetrien führen zur Benachteiligung aller anderen Marktteilnehmer. Hinzu kommt, dass die mathematischen Modelle zur Berechnung der Risiken gefährliche Lücken enthielten: sie wurden konzipiert auf der Basis einiger weniger Zeitreihen mit tiefen Ausfallraten. Das sog. *Value at Risk* (VaR) war viel zu niedrig eingeschätzt. Das hat zu viel zu geringer Gewichtung der Risiken für die Berechnung des notwendigen Eigenkapitals der Banken geführt. Wirtschaftswissenschaftler aus verschiedenen Universitäten der Schweiz haben dieses Jahr einen *Aufruf zur Erneuerung von Forschung und Lehre* unterzeichnet, in dem sie sich engagieren, wissenschaftliche Studien zu erarbeiten im Sinne einer *Responsible Finance*. Über 400 Intellektuelle weltweit haben sich dieser Idee angeschlossen. Mehr darüber kann auf der entsprechenden Homepage eingesehen werden[11]. Inzwischen wurde am Institut für Banking und Finance der Universität Zürich ein *Center for Responsibility in Finance* gegründet, um in Lehre und Forschung in diesem Sinne zu wirken.

6. Die Zeitenwende: Eigenverantwortung

Die Prävention einer solch gewaltigen Finanzkrise wird nicht durch regulatorische Barrieren allein oder durch Verbote erreicht werden können. Mit Anreizen durch den Markt oder durch den Staat ist es bei weitem nicht getan. Neben der Funktionalität des Marktes und der Regulierung braucht es, so scheint mir, eine weitere Dimension. *Es braucht die Selbststeuerung durch den Menschen.*

Die Globalisierung der Finanzmärkte und der Wirtschaft ganz allgemein hat den Horizont des Handelns der einzelnen Menschen verändert. Die gewaltigen Wohlstandsfortschritte, die die freie Marktwirtschaft uns gebracht hat, verlangen nach einem *höheren Bewusstsein für Normen des Wohlverhaltens*: Es braucht die Selbststeuerung des Menschen und nicht das ständige Reagieren auf Anreize des Marktes oder des Staates. *Es ist die Selbststeuerung des Menschen anhand eines Massstabes, der nicht aus Zahlen besteht, sondern aus Werten.* Was in dieser schnellen und technischen Welt fehlt, ist Reflexion, also Musse, um die Fülle von Informationen sinngebend zu erfassen. Erst dann kann Eigenverantwortung wahrgenommen werden. Das scheint das Hauptproblem in den Verwaltungsräten zu sein. Dieses wird noch verschärft durch die multiple Übernahme von Verwaltungsratsmandaten.

11   *www.responsiblefinance.ch*

Die Finanzwirtschaft braucht nicht nur hervorragend ausgebildete Fachspezialisten, sie braucht dringend auch Menschen mit Leadership-Qualitäten.[12] Am 10. Oktober 2011 sprach BR Didier Burkhalter vor dem Zürcher Publikum des Schweizerischen Instituts für Auslandforschung. Anhand von Beispielen zeigte er die Schweizer Qualitäten. Hier sind zwei Zitate aus seiner beeindruckenden Rede: *«Schweizer Exzellenz bedeutet auch Verantwortung.» «Wir wollen nicht, dass der Staat alles regelt. Wir wollen Eigenverantwortung bewahren.»* Seine Rede kann auf der Webseite des Instituts für Auslandforschung nachgelesen werden[13]. Eine gekürzte Fassung wurde in der NZZ publiziert[14].

Es darf keine Freiheit ohne Verantwortung geben. Und hier sind wir wieder bei der Bildung. *Eigenverantwortung für selbst getroffene Entscheide muss wieder das Mass werden.* Diese ethische Dimension muss vermehrt gelehrt werden: sehr früh schon in den Schulen, in der Berufslehre, an den Hochschulen, in der Management Weiterbildung. Sie muss ständig und immer wieder von Neuem trainiert werden. Die Anreize einer globalisierten freien Marktwirtschaft bedingen das offenbar mehr denn je. Als Wissenschafter, Lehrkräfte, Politiker, als Führungskräfte und nicht zuletzt als verantwortliche Bürgerinnen und Bürger sind wir dies unserer Freiheit schuldig.

Dies ist eine dringende Herausforderung.

Literatur

Amstutz, Max, Macht und Ohnmacht des Aktionärs. Möglichkeiten und Grenzen der Corporate Governance bei der Wahrung der Aktionärsinteressen, Zürich, NZZ Verlag, 2007.

Bernet, Beat, Nicht mehr führbare Grossbanken. Kreative Suche nach einem neuen Geschäftsmodell tut not, in: NZZ, 7.10.11, 29.

Bodmer, Frank / Borner, Silvio, Crash. Marktversagen – Staatsversagen, Zürich / Chur, Rüegger, 2010.

Chesney, Marc, La finance trahit-elle le capitalisme?, in: Finance & Bien commun, 2-3/2008, 32–40.

Lanz, Martin, Höhere Eigenmittel stärken die Eigenverantwortung, in: NZZ, 2.7.2011.

Reichmuth, Karl, Weg aus der Finanzkrise. Entscheid und Haftung wieder zusammenführen, Zürich, NZZ Verlag, 2008.

Sinn, Hans-Werner, Kasino-Kapitalismus: Wie es zur Finanzkrise kam, und was jetzt zu tun ist, Berlin, Ullstein, 2010.

12 Vgl. Amstutz, Max, Macht und Ohnmacht des Aktionärs, Zürich, NZZ Verlag, 2007.
13 *www.siaf.ch*
14 Vgl. NZZ, 19.10.11, 22.

Alexander Dill

Sozialkapital als Versöhnung von Geld und Gemeinschaft

Seit Beginn der sogenannten «Weltfinanzkrise» ab 2007 verkörpert der Begriff «Sozialkapital» die Hoffnung auf Heilung und Versöhnung der Übertreibungen und Auswüchse der Finanzwirtschaft.

Sozialkapital gehört damit zu den Restbeständen sozialistischer und kommunistischer Utopien, die nun listig ins Gewand des Kapitals selbst schlüpfen. Der Begriff wird damit einerseits für Aktivisten sympathisch, andererseits aber auch als Trojanisches Pferd altlinker Utopien spätestens an den Toren der Ökonometrie, der *behavioural economics* und der *public choice*-Philosophien abgewiesen. Zu Unrecht, denn Sozialkapital oder «soziales Kapital» ist ein eher unscharfer Begriff, der synonym mindestens mit folgenden Begriffen gebraucht und verwendet wird:

Abb. 1: Was man gemeinhin unter Sozialkapital versteht

Durch diese Verwirrung ist eine identifizierbare Erforschung und Messung von Sozialkapital als eigenem Indikator sehr erschwert. Die jedem Laien spontan nachvollziehbare Abgrenzung von Sozialkapital zu Finanzkapital und Humankapital erweckt die Assoziation, Sozialkapital sei eine sozialere Form von Kapital oder verkörpere die soziale Bindung von Kapital. Das Soziale hat auch einen Wert – dies verkörpert die Hoffnung sozialer Aktivisten. Das *Social Capital World Forum*, an dem der Autor 2012 im schwedischen Göteborg teilnahm, blieb deshalb eine kleine Aktivistenversammlung, kein weltweiter Treffpunkt eines Forschungsgebietes.

Seit dem Aufkommen des Begriffes werden unter Sozialkapital etwa von Robert Putnam und Pierre Bourdieu überwiegend Beziehungsnetzwerke wie etwa in der Freiwilligenarbeit, Nachbarschaftshilfe und Philanthropie, aber auch kulturelle und ethnische Verbindungen von Gemeinschaften zusammengefasst.

Sozialkapital gilt damit als Ressource – ökonomischer: *asset* – der Gemeinschaft, die brachliegen oder aktiviert werden kann. Man spricht im Zusammenhang von Gemeinschaften deshalb auch von positivem und negativem, von abnehmendem und wachsendem, von *bonding* (verbindendem) und *bridging* (überbrückendem) Sozialkapital.

OECD/Robert Putnam	«Netzwerke mit geteilten Normen, Werten und Deutungen, die die Zusammenarbeit in und zwischen Gruppen erleichtern»
WHO/Weltbank	«Sozialkapital ist nicht nur die Summe der Institutionen, die eine Gesellschaft untermauern – es ist der Leim, der sie zusammenhält.»
Basel Institute of Commons and Economics	«Sozialkapital ist die Summe nicht-materieller Güter innerhalb einer Gemeinschaft»

Tab. 1: Definitionen von Sozialkapital

Die aus der Arbeit des *Basel Institute of Commons and Economics* entstandene und 2012 veröffentlichte («Gemeinsam sind wir reich», Dill 2012) Definition von Sozialkapital als Summe immaterieller Güter in einer Gemeinschaft konkurriert mit der 2001 von der OECD gegebenen und an der Arbeit von Robert Putnam angelehnten Definition:

«Netzwerke mit geteilten Normen, Werten und Deutungen die die Zusammenarbeit in und zwischen Gruppen erleichtern.» (Putnam/OECD 2001)

Vom österreichischen Sozialkapitalforscher Ernst Gehmacher stammt deshalb das sinnige Bonmot: «Auch eine Räuberbande hat Sozialkapital» (Gehmacher 2007).

Eine weitere gebräuchliche Definition der Weltbank und der WHO bezeichnet Sozialkapital als den Leim, der die Institutionen einer Gesellschaft zusammenhält (WHO 2012).

Beispiele für erfolgreich aktiviertes und positives Sozialkapital sind etwa Genossenschaften, Bürgerinitiativen und Orte mit großer Freundlichkeit, Hilfsbereitschaft und Nachbarschaftskultur.

Beispiele für negatives Sozialkapital sind Gruppen, die durch ihren Zusammenhalt die gesamte Gesellschaft schädigen, etwa, so die Verfasser der Forschungsstudie «A bit rich» der *New Economics Foundation* (2009) in Großbritannien, Steuerberater, wirtschaftliche Lobbyisten und Mafiaclans.

Die deutschsprachige Sozialkapitalforschung ist weniger bekannt und steht teilweise unter dem Einfluss der US-amerikanischen Forschung. Im deutschsprachigen Raum wird Sozialkapital u.a. von Ernst Gehmacher (Österreich), Markus Freitag (Bern) (Freitag 2007, 2014) und Alexander Dill (Basel) (Dill 2010, 2013, 2014) erforscht.

Der bekannteste Übersichtsartikel über Sozialkapital im deutschsprachigen Raum erschien 2002 in der Zeitschrift «Die Volkswirtschaft» des Schweizer Wirtschaftsministeriums (SECO, Birchmeier 2002) und stand bis 2013 auf Platz 1 bei Google. Zu diesem Zeitpunkt löste der Artikel «Was ist Sozialkapital?» (Dill 2013) ihn auf Platz 1 der Suchergebnisse beim Stichwort «Sozialkapital» ab.

Dass Sozialkapital selbst auch ökonomischen Wert schafft, wurde jüngst von dem Zürcher Risikoforscher Dirk Helbing (Helbing 2012) als Überwindung kapitalistischer Wachstumshemmnisse interpretiert: «Wenn wir lernen würden, wie man Vertrauen stabilisiert oder Vertrauen aufbaut, wäre das wirklich sehr viel Geld wert.» Dieses Zitat fiel auch Frank Schirrmacher auf, der es 2014 in seinem Buch «Ego – Das Spiel des Lebens» selbst zitierte (Schirrmacher 2014). Auch die Deutsche Bank sah 2007 ein «Wachstumspotential durch Sozialkapital» (Rollwagen 2007).

Die Quantifizierung und Bewahrung von Sozialkapital, so Helbing in «Nature» (Helbing 2014), sei ein Baustein in einem globalen Risikomanagement.

1.   Die Drohung mit Kommunismus und Crash

Das Verhältnis von Gemeinschaft und Geld war immer hochemotional besetzt. Immer wieder haben Gemeinschaften versucht, das erwirtschaftete Geld gerecht zu verteilen und dies sogar in Gestalt des Kommunismus als eschatologisches Ergebnis der kapitalistischen Wirtschaft prophezeit. Die Gegenwette war immer die des totalen Crashs, also der Vernichtung allen Geldes. Das Letztere wäre ein Potlatch. Gerechte Verteilung und Vernichtung sind die beiden Perspektiven, die Gemeinschaften bewegen, die sie diskutieren und die damit den Hintergrund sogenannter Wirtschaftspolitik bilden.

Im Gegensatz zur Religion, die ja in der Regel zumindest eine wählbare positive Perspektive aufzeigt, droht die Wirtschaft mit beiden Alternativen, das heißt, sie versucht, ihre Teilnehmer durch die gleichzeitige Drohung von Kommunismus *und* Crash bei der Stange zu halten.

Da beide Endziele von Wirtschaften gleichermaßen unattraktiv sind, dreht sich in der Wirtschaft sinnvollerweise alles um kurzfristige, hoffentlich attraktivere Nahziele. Den schnell heruntergehandelten Schnäppchenpreis, die Steuerrückerstattung für letztes Jahr, den aufregenden Gewinn beim Verkauf einer Immobilie oder Aktie.

Wir können deshalb verstehen, dass der Gelderwerb in der Regel den Mittelpunkt gemeinschaftlicher Aktivität bildet und man ihm den Großteil des wach verbrachten Zeitbudgets widmet.

2.   Vier Formen von Geld

Mit zunehmendem Wohlstand verblasst aber auch die Drohkulisse. Kommunismus und Crash erscheinen auf einmal weitaus weniger schrecklich, als es sich die Aufseher über das Arbeits- und Zinsgefängnis wünschen. Die Zinsknechte drohen auszubrechen, fordern gar frech Volksabstimmungen über die Zinshöhe.

Kapital, das ist die gute Seite daran, ist in jedem Fall ein Überschuss. In der Regel dient dieser in der Gemeinschaft nur einem Zweck: der Altersvorsorge. Vier Arten von Geld interessieren uns in diesem Zusammenhang besonders:

1. Privatvermögen = Der Gemeinschaft entzogener Überschuss (Hamsterei)
2. Finanzkapital = Bündelung und Konzentration mehrerer Privatvermögen (Hamster-AG, Hamster-Genossenschaft)
3. Steuern = An und für die Gemeinschaft abgeführter Überschuss (Geschenk/Party)
4. Staatsschulden = Entzogene Überschüsse sind höher als abgeführte Überschüsse (Klau)

Abb. 2: Geldformen und Sozialkapital

Alle hier betrachteten Geldarten sind in besonderer Form abhängig von dem, was wir hier *Sozialkapital* nennen wollen. Dieses drückt sich im Vertrauen, in der Geschenkkultur und in der Solidarität der Mitglieder der Gemeinschaft aus.

3. Vertrauen und Geschenkkultur sind die Währungen des Sozialkapitals

Die Formel für das Funktionieren der Gemeinschaft ist einfach und selbst unter Ökonomen als *Prisoners Dilemma* nicht ganz unbekannt: Je mehr die Mitglieder der Gemeinschaft einander trauen, je mehr sie teilen, desto geringer sind die Staatsschulden, weil insgesamt weniger Privatvermögen gehamstert wird.

Wie der Blick auf unseren internationalen Vergleich zeigt, ist paradoxerweise das günstigste Verhältnis von Privatvermögen und Staatsschulden zugleich auch mit den höchsten Steuern verbunden.

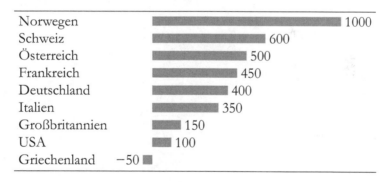

Norwegen	1000
Schweiz	600
Österreich	500
Frankreich	450
Deutschland	400
Italien	350
Großbritannien	150
USA	100
Griechenland	−50

Tab. 2: Verhältnis Privatvermögen/Staatsschulden (in Prozent der Staatsschulden; 2010)
Quelle: Basel Institute of Commons and Economics

Um ein Beispiel für angewandte Sozialkapitalforschung zu geben: Der «Sozialkapitalist» tilgt mit diesem Modell die Staatsschulden:

| Staatsschulden | 2 Billionen Euro |
| Privatvermögen | 8 Billionen Euro |

Tab. 3: Vergleich Staatsschulden/Privatvermögen, Deutschland (2010)

Die Tilgung von Staatsschulden ist in diesem Fall nicht die Frage von Wirtschaftswachstum oder Sparmaßnahmen im Haushalt, sondern ausschließlich die Frage der freiwilligen Einsicht in das Funktionieren der Gemeinschaft.

Jochen Hörisch und ich haben mit dieser Einsicht die deutsche Tilgungsinitiative *www.hurrawirtilgen.de* gegründet, die zumindest medial stark rezipiert wurde.

Vier Jahre später hat Thomas Piketty in seinem Werk «Das Kapital im 21. Jahrhundert» (Piketty 2014) den sozialkapitalistischen Gedanken einer Vermögensabgabe zur Wiederherstellung der Chancengleichheit propagiert.

4.   Die Altersvorsorge ist der Schlüssel

Nun haben wir festgestellt, dass die Überschüsse der Gemeinschaft in der Regel der Altersvorsorge bzw. dem Generationenvertrag dienen. Es haben sich aber in verschiedenen Gemeinschaften völlig unterschiedliche Formen der Altersvorsorge entwickelt, deren Komponenten auf einen Blick so aussehen:

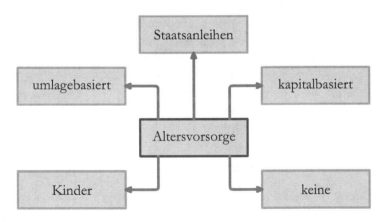

Abb. 3: Formen der Altersvorsorge

Man kann sich vorstellen, dass die Beziehungen und Wechselwirkungen unter diesen Komponenten alle Hoffnungen und Ängste in Bezug auf die eigene Altersvorsorge beinhalten.

Der Kampf auf den internationalen Finanzmärkten, dessen Resultat die Finanzkrisen sind, dreht sich in erster Linie um die Altersvorsorge, und in ihr wiederum nur um die Konkurrenz zwischen umlagefinanzierter und kapitalfinanzierter Altersversorgung.

Die Positionen sind folgende:

1) Die kapitalbasierte möchte eine risikolose, möglichst hohe Verzinsung haben. Ideale Lösung: vom EFSF garantierte Griechenanleihen mit 15 % Zins. Sie nimmt zur Not aber auch Aktien und Unternehmensanleihen, wenn die Unternehmen keine Steuern zahlen wie etwa Google und Apple, weil sie ihren Sitz in Delaware haben und deshalb die Aktien steigen.

2) Die umlagefinanzierte ist ständig auf der Suche nach neuen Beitragszahlern, optimal Gastarbeiter mit geringer Lebenserwartung. Da sie aber meist staatlich bezuschusst wird, möchte sie gerne auch Steuern einnehmen. In Deutschland gehen mit 80 Mrd. Euro gleich 25 % des Bundeshaushaltes in die gesetzliche Rentenversicherung.

Nun entsteht eine merkwürdige Win-Win-Situation: Die kapitalbasierte Altersvorsorge kauft die Staatsanleihen des Landes, das seine Altersvorsorge auf Pump finanziert. So scheint beiden am besten geholfen. Oder doch nicht?

Irgendwann ist der Zinsanteil im Staatshaushalt so hoch, dass der Staat keine Zuschüsse zur Altersversorgung, keine Bildung, keine Infrastruktur und keine Polizei mehr bezahlen kann. Daraufhin gehen die Steuereinnahmen und die Geburtenrate zurück. Die Bürger wandern aus. Die Win-Win-Situation verwandelt sich in ein gesellschaftliches und auch ein völkerrechtliches Desaster, wenn die Gläubiger im Ausland sitzen.

5.   Das Bruttosozialprodukt als rettende Lüge

Um dieses Desaster zu vermeiden, haben die Ökonomen im Auftrag der Regierungen eine besondere Berechnungsformel für Staatsschulden entwickelt, die als sogenanntes *Maastricht-Kriterium* Bekanntheit genießt. Nach dieser Formel werden die Staatsschulden nicht an den Steuereinnahmen oder den Privatvermögen gemessen, sondern an einer völlig fiktionalen Fließgröße namens Bruttosozialprodukt.

Was macht da der Sozialkapitalforscher? Er vergleicht das lange Zeit nach Auffassung von ETH Zürich, Ifo-Institut München, EZB und Nobelpreisträger Paul Krugman gültige Paradebeispiel für gutes Staatsschuldenmanagement, das Königreich Belgien, im Hinblick auf die behaupteten und tatsächlichen Schuldenreduzierungserfolge:

Wer rechnet	1993 (*1994)	2010 (*2007)	Ergebnis
EZB / ETH Zürich	134,2%*	84,0%*	−37,40%
Wirtschaftswoche/Handelsblatt	144,1%	88,1%*	−38,86%
Belgische Schuldenagentur	134,1%	96,6%	−27,96%
Basel Institute	€185,68 Mrd.	€341,16 Mrd.	+83,73%

Tab. 4: Steigen oder sinken die Schulden Belgiens? Prozentzahlen: Verschuldung in Prozent des BIP

6.   Weitere Lösungs- und Verständnisangebote

So charmant und rechnerisch möglich die freiwillige Tilgung der Staatsschulden mittels mobilisiertem Sozialkapital möglich ist, es steht dem Sozialkapitalforscher an, auch für weniger belast- und motivierbare Gemeinschaften mit geringerem Sozialkapital Lösungen vorzuschlagen.

Dabei spielen die Bemessungsgrundlagen eine tragende Rolle, denn wie lässt sich Sozialkapital quantifizieren?

An vier Beispielen soll ein Sozialkapital-Controlling aufgezeigt werden:

Im Blick auf den Staatshaushalt, auf die Altersversorgung, auf das Länderrating und auf das lokale Sozialklima.

6.1.   Lösung 1: Echtes Sparen durch die Aktivierung von Sozialkapital

Soll oder haben? Ein Blick auf den Haushalt der Bundesrepublik Deutschland und seine größten Verlustposten:

Bundeshaushalt (2010)	Soll	Haben
Verteidigung	31 Mrd.	31 Mrd.
Zuschuss zur ges. Rentenversicherung	80 Mrd.	80 Mrd.
Exportsubventionen inkl. EU-Nettozahlungen	20 Mrd.	20 Mrd.
Verluste durch fehlende Steuereinnahmen	122 Mrd.	122 Mrd.
Summe	253 Mrd.	253 Mrd.
Gesamtetat Bund 2010	325 Mrd.	

Tab. 5: Haushalt der Bundesrepublik Deutschland (2010)
Anmerkung: Eine Gemeinschaft, die zu dieser Sparmaßnahme fähig ist, könnte auch freiwillig ihre Schulden tilgen.

6.2. Lösung 2: Haircut bei Renten

Es geht um Altersvorsorge. Wir haben zwei Größen:

1. $R = Realrente \rightarrow 1.000$ Euro monatlich (aus Umlagen finanzierbar)
2. $F = Fiktivrente \rightarrow 4.000$ Euro monatlich (aus Umlagen nicht mehr finanzierbar)

Die Generation unserer Eltern hat die Formel $R = F$ gelernt.
Wir werden lernen müssen: $R = F : 4$.

Der Einsatz dieser Formel, die in der Schweizer AHV bereits angewendet wird, bewirkt eine Reduzierung des Liquiditätsüberschusses und damit eine Dämpfung und Mäßigung des Renditebedarfs.

6.3. Rating in der Diskussion

Die Bewertung der Kreditwürdigkeit von Staaten orientiert sich noch immer an der Staatsverschuldung im Verhältnis zum Bruttosozialprodukt und zur Wachstumsrate desselben. Als «Maastricht-Kriterium» ist diese Bewertungsform Standard in Europa und entscheidet mithin darüber, ob Anleihen *investment grade*, also investitionswürdig sind.

Ab 2010 begann das *Basel Institute of Commons and Economics*, abweichende Bewertungen zu veröffentlichen:

Land	Rating			
	S&P's	*Dagong*	*Basel*	*Aussicht*
Belgien	AA+	A+	B	negativ
Deutschland	AAA	AA+	BBB+	stabil
Estland	AA−	A	B	negativ
Finnland	AAA	*n. v.*	A	stabil
Frankreich	AAA	AA−	BB+	stabil
Griechenland	CC	CCC	CC	stabil
Irland	BBB+	*n. v.*	A+	stabil
Italien	A	A−	BB−	negativ
Luxemburg	AAA	AAA	A	stabil
Malta	A	*n. v.*	BBB	stabil
Niederlande	AAA	AA+	BBB+	negativ
Österreich	AAA	*n. v.*	BBB	negativ
Portugal	BBB−	BBB+	B	stabil
Slowakei	A+	*n. v.*	BB+	negativ
Slowenien	AA−	*n. v.*	A+	negativ
Spanien	AA−	A	BBB	negativ
Zypern	BBB	*n. v.*	BB+	negativ
EFSF	*AAA*	*n. v.*	*BB+*	*stabil*

Tab. 6: Ratingvergleich zwischen Standard Poor's, Dagong und dem Basel Institute (2010)

Quelle: Standard Poor's; Dagong Intl. Credit Rating Company; BICE

Abb. 4: Länderrating des Basel Institute of Commons and Economics (2010) – Eurozone

Anfang 2014 veröffentlichte die Financial-Times-Publikation «The Banker» erstmals das sogenannte *Basel Criteria*, die Berechnung von Staatsschulden als Prozent der jährlichen Staatseinnahmen (Pavoni 2014).

Bisher kann sich diese Sichtweise der Berücksichtigung des Willens zum Zahlen von Steuern und Abgaben als Element des Sozialkapitals allerdings nicht durchsetzen.

Das *Basel Criteria* bleibt in der kapitalistischen Finanzwelt ein Außenseiter-Paradigma, obwohl es buchhalterisch stringent Ausgaben an Einnahmen misst.

6.4. Erste Ergebnisse der Messung von Sozialkapital

Um das Sozialkapital von Gemeinschaften zu bewerten, bieten sich Bewertungsmethoden an, die einerseits dem qualitativen Inhalt von Sozialkapital gerecht werden – etwa: Was schenken sie Menschen außerhalb ihrer Familie? –, andererseits den Zustand des Sozialkapitals als Zeitreihe darstellen können – etwa: Wie bewerten sie das Sozialklima in ihrem Ort auf einer Skala von 1 (sehr gut) bis 10 (sehr schlecht) zum Zeitpunkt X.

Beides machen die Sozialkapitalforscher. Es nennt sich Sozialklimaindex. Er wurde 2011 unter anderem in einer der reichsten Weltgegenden, nämlich in und um München erhoben. Und das kam heraus:

Bewertung	Postleitzahl	Ort
1	85609, 81241, 86860, 89233	Aschheim (M), Pasing (M), Jengen, Neu-Ulm
2	87616, 81671, 81379, 81541	Marktoberdorf, Laim (M), Obersendling, Obergiesing
3	82327, 90491, 90522, 80637, 88131, 81243, 81739, 80937, 81547, 81375, 97078, 91781	Tutzing, Nürnberg, Oberasbach, Moosach (M), Lindau, Aubing (M), Ramersdorf-Perlach, Milbertshofen (M), Obergiesing (M), Hadern (M), Würzburg, Weißenburg
4	86157, 96047, 94227, 88131, 80333, 81825	Augsburg, Bamberg, Lindberg, Lindau, Maxvorstadt (M), Trudering (M)
5	80638	Moosach (M)
6	88214, 82031, 82110, 83233	Ravensburg, Grünwald, Germering, Bernau
7	80992, 81543	Moosach (M), Au (M)
8	80804, 82024, 85757, 80335	Schwabing-West, Taufkirchen, Karlsfeld, Schwanthalerhöhe (M)
9	80639	Neuhausen-Nymphenburg
10	84152, 94104, 81373, 80807, 81669, 81925	Mengkofen, Tittling, Sendling (M), Schwabing/Freimann (M), Ramersdorf-Perlach (M), Bogenhausen (M)

Tab. 7: Sozialklimaindex ausgewählter Städte und Gemeinden in Bayern
Quelle: Basel Institute of Commons and Economics, 2012

Durch die Postleitzahl, die etwa 10.000 Einwohner umfasst, wird es möglich, auch kleinere Soziotope in ihrem Sozialklima und damit ihrem Sozialkapital zu erfassen.

Was an den Ergebnissen besonders auffällt:

1. die insgesamt überraschend niedrige Bewertung des Zustandes der Gemeinschaft in einer Gegend, die für ihr gutes Sozialklima gerühmt wird;
2. die deutlich schlechtere Bewertung von Reichtumszonen wie Bogenhausen, Nymphenburg und Grünwald.

7.   Und wo war jetzt die Versöhnung?

Mit seinen Währungen Vertrauen und Geschenkkultur ist das Sozialkapital in
der Lage, den negativen Saldo der Finanzwirtschaft in Form der Staatsschulden
auszugleichen.

Dabei werden Staatsschulden sich als anachronistische Spielart von entstehenden Opportunitätskosten in nicht-funktionierende Gemeinschaften erweisen.

Wenn nicht mehr ein fiktives Bruttosozialprodukt und dessen Wachstum
bedient werden muss, um den Saldo der Gemeinschaft im Gleichgewicht
zu halten und somit deren Existenz als eigene Einheit zu sichern, können
Gemeinschaften und ihre Wirtschaft auch einfach *schrumpfen*.

Der Ruf der Inhaber des Finanzkapitals nach höherer Verzinsung durch
steigende Risiken verhallt dann in der Wüste. Im Zweifelsfall müssen sie sich
mit der neuen Rentenformel $F = R : 4$ zufriedengeben.

Dennoch versöhnt das Sozialkapital mit dem Medium Geld, denn es ist
gelungen, beide finalen Schicksale der Finanzwirtschaft, den Kommunismus
wie den Crash, abzuwenden. Es ist sowohl das Finanzkapital, als auch das von
sich selbst als Leistungsträgern fühlenden Hamstern erwünschte Quantum an
Ungleichheit bewahrt worden.

Wenn nämlich das private Hamstern – wie bereits jetzt in Norwegen und
der Schweiz – nicht mehr automatisch zur Aufnahme von Staatsschulden führt,
dann entsteht ein ausreichendes Betätigungsfeld für Marktwirtschaft in ihrem
ursprünglichen und liberalen Wortsinne. Das Ende der Staatsverschuldung ist
damit der Beginn der Marktwirtschaft.

Hayek und Smith könnten ebenso jubeln, wie Marx und Keynes.
Amen.

Literatur und Quellen (Stand 10.2014)

Birchmeier, Urs, Das Sozialkapital – Fakten und Hypothesen, in: Die Volks-
    wirtschaft. Magazin für Wirtschaftspolitik, 8/2002, 51–56,
    http://commons.ch/wp-content/uploads/Sozialkapital_SECO_2002.pdf.
Dill, Alexander, Freiwillige als sozialer Reichtum in Basel, Basel, Präsidial-
    departement des Kantons Basel-Stadt, Kantons- und Stadtentwicklung,
    2010, *www.basel.ch/publikationen/entwicklung/goldene_stunden_2010.html.*
Dill, Alexander, Gift Economy and Trust in rural Nepal, Basel 2011, *http://com-
    mons.ch/wp-content/uploads/Gift_economy_and_trust_in_rural_Nepal.pdf.*
Dill, Alexander, Gemeinsam sind wir reich. Wie Gemeinschaften ohne Geld
    Werte schaffen, München, Oekom, 2012.

Dill, Alexander, Was ist Sozialkapital? Eine aktuelle Definition, Basel 2014, *http://commons.ch/wp-content/uploads/sozialkapital20021.pdf.*

Gehmacher, Ernst, Sozialkapital einfach erklärt. Arbeitspapier, 2007, *www.heartsopen.com/docs/Sozialkapital%20einfach%20erklaert.pdf.*

Freitag, Markus / Franzen, Axel, Sozialkapital. Grundlagen und Anwendungen, in: Kölner Zeitschrift für Soziologie und Sozialpsychologie. Sonderheft 47, 2007, *http://uni-koeln.de/kzfss/archiv06-08/ks07shab.htm.*

Freitag, Markus (Hg.), Das soziale Kapital der Schweiz, Zürich, NZZ Verlag, 2014.

Helbing, Dirk, A New Kind of Socio-Inspired Technology, in: Edge, 19.6.2012, *http://edge.org/conversation/a-new-kind-of-social-inspired-technology.*

Helbing, Dirk, Globally networked risks and how to respond, in: Nature, 5/2013, 51–59, *www.nature.com/nature/journal/v497/n7447/abs/nature12047.html.*

New Economics Foundation, A bit rich. Calculating the real value to society of different professions, London 2009, *http://commons.ch/wp-content/uploads/A_Bit_Rich.pdf.*

OECD, Vom Wohlergehen der Nationen, Die Rolle von Human- und Sozialkapital, Paris 2004, *http://commons.ch/wp-content/uploads/OECD_Vom-Wohlergehen-der-Nationen.pdf.*

Pavoni, Silvia, Revealing Europe's Risks, in: The Banker, 1/2014, 66, *http://commons.ch/english/wp-content/uploads/The_Banker_Basel_Criteria_January_2014.pdf.*

Piketty, Thomas, Das Kapital im 21. Jahrhundert, Beck, München 2014.

Putnam, Robert, Social Capital: Measurement and Consequences, OECD-Paper, 2001, *www.oecd.org/innovation/research/1825848.pdf.*

Rollwagen, Ingo, Wachstumspotential durch Sozialkapital. Deutsche Bank Research, Frankfurt 2007, *www.dbresearch.com/PROD/ DBR_INTERNET_EN-PROD/PROD0000000000219108.pdf.*

Schirrmacher, Frank, Ego – Das Spiel des Lebens, München, Blessing, 2013.

WHO Europe, Is social capital good for health? A European Perspective, Venice 2012, *http://commons.ch/wp-content/uploads/ Is-Social-Capital-good-for-your-health.pdf.*

World Bank Institute, Analyzing Social Capital in Context, A Guide to Using Qualitative Methods and Data, Washington 2006, *www.wds.worldbank.org/ external/default/WDSContentServer/WDSP/IB/2007/03/08/ 000310607_20070308104934/Rendered/PDF/ 389170Analyzin11in1Context01PUBLIC1.pdf.*

Tamar Frankel

Unifying Fiduciary Duties in the Common Law and the Civil Law Systems[1]

1. Introduction

Fiduciary law strengthens the trust of parties in certain kinds of relationships that might not exist without it. No society can survive without a measure of trust among its members. Usually, societies that rely on specialization must have a higher level of trust among their members. Its members must be more willing to rely on each other to tell the truth, keep their promises and be as proficient as they represent themselves to be.[2]

Yet trust poses risks to the trusting persons. Trusted persons might not tell the truth, might not fulfill their promises and might not perform their services as proficiently as they represented. When these risks are high, trusting persons tend to verify the truth and reliability of others. The higher the cost of verification, the more necessary trust becomes. People who offer services that involve a high degree of trust are likely to offer guarantees of their trust-worthiness, even if the guarantees are costly to them, provided, of course, that such guarantees bring higher benefits than their cost.[3]

In many cases trusting people trust and little and verify a little, in a practical mix of contradictions. Yet at some point people might refrain from trusting others and seeking the services of others. Similarly, at some point trusted persons will cease to offer their services if their cost of verifying their trust-worthiness are higher than the benefits they gain from offering their services.

Law offers a way to reduce the cost for both parties. It reduces the cost of trusting people by imposing penalties on the trusted ones. It reduces the guarantee and similar costs of trusted persons as well. It reduces if not eliminates their guarantee costs as well as competition among trusted persons for quick unfair gains (which raises their guarantee costs).

---

1   This article is based on the presentation delivered at the conference «Kapitalismus – Eine Religion in der Krise?», Basel, November 3–5, 2011. An extended version of this article was published in the Queen's Law Journal, Vol. 39, No. 2, Spring 2014, 391–440. We publish it with the auhorization of the author and the permission of the Queen's Law Journal.
2   Frankel, Trust and Honesty, ch. 4.
3   (*See generally*) Frankel, Fiduciary Law.

Both the common law and the civil law systems provide means of reducing the verification costs of trusting people and the guarantee costs of trusted people. Yet, the common law and civil law legal systems choose different rules to achieve this same goal. These differences may be the result of history, culture, and financial, commercial and political structures. The differences may also be due to the size of the countries, the magnitude and homogeneity of the population, and the extent of the mobility, information, and diversity of the countries' commercial and financial systems.

As commerce and finance become global, the importance of the laws designed to strengthen trust relationships is rising. To reduce the parties' costs and smooth their interaction there is much effort to unify legal rules, including the common law and civil law rules.[4] Unification should starts with understanding and analyzing the differences between the systems. This understanding may uncover the rules that can be accepted by the different legal regimes and those that cannot be accepted. The distinctions between fiduciary duties in the common law and in civil law systems are not trivial. To unify the rules requires changes not only of the particular rules that deal with trusting relationships. It may require changes that affect fundamental building blocks in other categories and the thought systems as a whole.

The purpose of this presentation is to highlight these differences as a first step towards a unity of rules. The Essay shows that the common law system is based on a unique species of property law while the civil law system is based on contract. It also notes that contract law in the common law countries including the United States is stricter than contract law in civil law countries, while property law in the civil law system is not amenable to the split that trust law accepts.

---

4   Pan, Harmonization of U.S.-EU Securities Regulation, 34 LAW & POL'Y INT'L BUS. 499, 536 («By no means will these barriers be easy to overcome. But the benefits of creating a single securities market are tremendously high. A well-working securities market is essential[…]») and Chantayan, An Examination of American and German Corporate Law Norms, 16 ST. JOHN'S J.L. COMM. 431, 456. («In sum, even though Germany and America took different paths in corporate governance both reached similar results. Management under both systems is charged with directing corporate affairs. As a greater amount of global mergers occur, corporate governance in Germany, the United States and other countries will develop to be more uniform. Already Germany is moving toward a more American style of corporate ownership, and management. For example, Jürgen Schrempp, the German co-chairman of Daimler-Chrysler's management board has been called a ‹maverick› because of his unique, American style approach to corporate governance, company performance and shareholder satisfaction. With each new deal small steps are taken to make cross-boarder [sic] corporate governance appear seamless. In the end there may be less distinctions then [sic] there are similarities.») (footnote omitted).

This presentation examines three questions. First, what are the benefits and problems that trusting poses for society and what is the role of the law in encouraging trusting relationships? Second, what are the differences between the common law rules and the civil law rules in reaching these goals, and why are they important? Third, what are the chances of unifying fiduciary law and how could it be achieved?

A word about naming: In this presentation trusting persons are called *entrustors* and trusted persons are called *fiduciaries*. Fiduciaries have been around for thousands of years. The Code of Hammurabi regulates them as agents. There are trustees in England in the 17th century and the *Wakf* – the trust in Muslim countries before that. All these actors can be named fiduciaries. The parties to fiduciary relationships, however, have no one name. They are beneficiaries of trust, and principals of the agents, clients of lawyers and investors or corporations. One can speculate about the reason for this discrepancy.

One reason may be that the law focuses on the duties of fiduciaries and only consequently on the rights of the entrustors. To be sure, legal protection establishes rights, but the moving emphasis of the law is the fiduciaries' duties. Another reason may be that the problem of trusting arose in different relationships as societies developing trusting posed a continuous issue. When issues of trust occurred by new fiduciaries, such as corporate directors and officers, the courts and legislators analogized these persons' duties to those of fiduciaries and adjusted their rules. Because this presentation deals with trusting and fiduciary duties generally, it names the parties to fiduciaries—*entrustors*.[5]

2.   What are the benefits and problems that trusting poses for society and what is the role of the law in encouraging trusting relationships?

Members of most advanced societies specialize. They rely on each others' expertise and seek each others' services. Reliance on other members of society is especially important in respect to fiduciary services. These services usually involve a high level of expertise, and the acquisition of this expertise requires a significant investment of time and cost. It is in the interest of society to avoid duplications of the investments in such expertise and induce entrustors to seek the experts' services.

---

5   Frankel, Trust and Honesty, ch. 6.

Fiduciary services involve two features which raise problems. One feature is the need of the service givers (the fiduciaries) to be entrusted with property or with power. Without entrustment they cannot perform their services and exercise their expertise. For example, investment management and corporate management require entrustment of investors' property to the managers. Otherwise, the managers cannot efficiently manage. Similarly, a client must provide a lawyer with a power of attorney to represent him in court without which the attorney cannot represent the client.

Further, controlling or even evaluating the fiduciaries with respect to their services and the use of entrusted assets is likely to undermine the very usefulness of fiduciary services. In the case of expert services, control is near impossible. A patient in surgery has no control over the performance of the surgeon. A client who attempts to interfere in the court cross examination by his attorney is likely to destroy his own case. An investor cannot control the money manager who is an expert. Seeking the investor's consent to any transaction prevents the client from engaging in his business and may cause clients losses in time-sensitive activities.

Entrustment and the inability to control fiduciaries pose for entrustors a risk that the fiduciaries might abuse their power, misuse their entrusted property and misinform the entrustors. To be sure, entrustors may trust their fiduciaries, but may have weak assurance of trustworthiness, especially if there is no family or long-term friendships between them.

When the cost of verifying the truth of the fiduciaries' statements and honest use of entrusted property and power, and the cost of guarantees for the fiduciaries, are too high, the parties are not likely to interact. In commerce and finance the risk of trusting may be very high, but so may be the cost of verification and reliance.

To the extent that entrustors can verify at a reasonable cost the trustworthiness of others with whom they deal, society expects them to bear the verification costs, or perform the services themselves. However, there comes a point when the risk to entrustors involves the loss of the entrusted property or abuse of entrusted power. Control of the fiduciaries might undermine the very usefulness of the arrangement. If the costs to entrustors are higher than the benefits from the relationships entrustors are not likely to engage. The cost for fiduciaries of proving trustworthiness may be higher than the benefits from the transaction to trusted persons. At this point, persons are not likely to engage.

The law is designed to bridge the gap between the parties and enable them to interact in socially beneficial transactions. When trust is crucial to society, legal systems intervene to support it. To be sure, law alone does not ensure trusting and trustworthy behavior. But law plays a role in bringing trusting and trustworthy people to interact.[6] When the pendulum swings and scandals demonstrate a high risk of trusting, rules and strict legal sanctions are assumed to assure trusting people and induce trusted persons to amend their ways.[7] Both these actors are now equal and the difference between them has been erased.

3.   What are the differences between the common law rules and the civil law rules and why are they important?

Both the common law and the civil law systems address the issues raised by fiduciary relationships and reach similar solutions. However, the two systems reach the solutions to the issues of fiduciary issues in different ways. The common law fiduciary rules are property-based. The civil law rules are contract-based. The following discussion examines the general underlying policies of property and contract laws and then demonstrates the differences between the property law and contract laws in each system.

3.1.   The policies underlying property and contract categories

Property and contract categories are fundamentally different. Contract rules govern personal relationships. With few exceptions, contract rules are based on the assumption that the relationship is non-transferable; it is personal.[8] The rules allow the parties great freedom to choose the terms of their relationships.[9] The rules protect the confidentiality of the contract terms: What the parties agreed on is no one's business except the parties'.

Property rules regulate market relationships. The rules aim at encouraging market transactions and result in three opposite features as compared to contract features. First, with few exceptions, property rights must be transferable.[10]

---

6   Id.
7   It should be noted that the law's deterrence and punishment can undermine a component of trustworthiness that is based on moral behavior and self-limitation. Law extinguishes the difference between persons who do not abuse the trust in them even if there are no police around, and those who do not abuse the trust in them because they fear of being caught and punished. See Id., ch. 6.
8   Nimmer, Breaking Barriers, 13 BERKELEY TECH. L.J. 827, 846. («Contract law relies on the premise that parties, rather than laws, create (or decline to create) a relationship. The parties do so by exercising personal choices.»).
9   Id.
10   Frankel, The Legal Infrastructure of Markets, 73 B.U. L. REV. 389, 391.

Courts are hostile to limitations on transferability and view such limitations as against public policy. Second, efficient markets require standardization. That reduces the parties' information costs and avoids confusion. Therefore, property rights fall into fairly limited and standardized categories determined by law.[11] Courts are hostile to customized property rights that the parties attempt to design.[12] Thus, parties may choose their transaction from this number of property rights. Third, many property transactions must be public, such as transactions in real estate[13] or the sales of receivables.[14] Publicity reduces the cost of information among trading parties and facilitates trading.

Thus, the parties are free to design their contract rights, but are far more limited in designing property rights. While contract rights may not be fully transferable, property rights may not be non-transferable. While contract terms are usually private affairs, property rights transactions are far more the concern of the public. Contract aims at allowing the parties the freedom to interact among themselves and property law aims at creating and maintaining efficient markets.

3.2.   The common law system addressing fiduciary issues is based on property law. Civil law rejects the common law structure

The common law regulating fiduciaries in the United States is based on the notion of entrustment of property or power. Fiduciary law tolerates a split of property rights. A trustee, for example, is the property owner towards the entire world. Towards the entrustor, however, the trustee has very limited rights to be compensated according to his agreement with the entrustor or pursuant to a statute. The «beneficial rights» belong to the entrustor. When the fiduciary is dealing in the market the rights of a buyer of entrusted assets sold in violation of the trust belong to the buyer. Based on the policy to encourage market trading, the buyer who paid for the property and did not know that the

---

11   Parisi, Entropy in Property, 50 AM. J. COMP. L. 595, 605. (property rights are usually restricted to standardized categories).

12   Merrill & Smith, Optimal Standardization in the Law of Property, 110 YALE L.J. 1, 32. (customized property rights create risk and uncertainty).

13   Larson & Belmas, Second Class for the Second Time, 58 S.C. L. REV. 935, 936. (real estate transactions require public records to verify existence, boundaries, and ownership of property).

14   U.C.C. § 9-310(a) (generally requiring filing of financing statement to perfect security interest) and § 9-109(a)(3) (generally applying Article 9 to accounts).

seller was a trustee or did not know that the seller-trustee breached his trust will trump the rights of the entrustor-beneficiary. In such a case the public interest in an effective market wins.

But if the buyer did not pay the value of the assets or knew or should have known of the trust or its breach, then the entrustor-beneficiary gains the upper hand and has the right to the property. The entrustor-beneficial owner of the trust will be bound by the transactions of his trustee, unless the buyer knew of the relationship or did not pay value for the property. Similarly, the principal in an agency relationship will be bound by the agent's dealings and agreements on the principal's behalf unless the other party to the dealings knew of the relationship and has sufficient information to suspect that the agent has exceeded his authority, or believed in the agent's authority unreasonably.

The civil law system strongly resists the split in property rights. It does not recognize the entrustor's rights to the property.[15] Once the property passes to the fiduciary, the full ownership of the property is vested in the fiduciary, and any transaction by the fiduciary is binding. The entrustor's claim is in contract on violation of the fiduciary's duty.

3.3. Civil law system resolves the issue of fiduciary relationships under contract law; contract law in the common law system differs fundamentally from that of the civil law

The civil law resorts to contract to address issues of fiduciary law. «The concept of good faith plays a major role in civilian contract law. The most remarkable example is Article 242 of the German Civil Code, which requires parties to observe Treu und Glauben – a few words that have spawned a vast outpouring of caselaw.»[16] These words – being true, reliable and believable – are a basis of trust. Thus, as Professor Farnswoth stated: «To the civilian mind, good faith is a broad reaching concept that covers far more territory than the comparable provision of Uniform Commercial Code 1-203 [now 1-304], which requires

---

15 Partsch & Houet, Country Report: Luxembourg, 18 COLUM. J. EUR. L. ONLINE 55, 55.
16 Farnsworth, A Common Lawyer's View of His Civilian Colleagues, 57 LA. L. REV. 227, 234.

good faith in the performance of contracts.»[17] «English law, at the opposite extreme from the civilians, adamantly refuses to recognize any such duty of good faith whatsoever.»[18]

In the civil law system court decisions and statutes draw on the parties' terms in writings and behavior. Then the courts determine the rules that should apply to the relationship. Courts might look to what the parties expected of each other and they also resort to public policy and the need for a system of trustworthiness. That includes deterring fiduciaries from abusing their trust, whether or not the other party expressly or by implication thought of such a rule.

In civil law countries the law's intrusion into the terms of the contract and its fairness is far greater than in the common law. The law does evaluate the contract fairness and in fact uses similar tests and directives to determine whether the contract is fair. To that extent, the common law fiduciary law and the civil law contract law use very similar tests and guidelines.

In the United States, however, when judging the validity of a contract the courts seek to enforce the intent of the parties. The courts «will not make a rule for the parties».[19] If a party was lax in drafting the contract, let it suffer the consequences.[20] This attitude comports with the American view that when the costs are reasonable, the parties should take care of themselves and not expect the law to take care of them. As to any information, the parties might either ask each other form information, or, when available, shop for the goods and services they seek. Self-help is important to Americans and is an important part of their culture.[21] Hence the fairness of the contract terms is not subject to judicial evaluation except when the terms demonstrate that at least one of

17 Id., 234–35 (citing LA. CIV. CODE ANN., art. 1759) («Good faith shall govern the conduct of the obligor and the obligee in whatever pertains to the obligation.») and U.C.C. § 1-304 («Every contract or duty within [the Uniform Commercial Code] imposes an obligation of good faith in its performance and enforcement.»).
18 Id., 235.
19 Wooburn Comment, College Athletes Should Be Entitled to Workers' Compensation for Sports-Related Injuries, 28 AKRON L. REV. 611, 631. (a valid contract requires the intent to be bound).
20 Flechtner (ed.), Transcript of a Workshop on the Sales Convention, 18 J.L. & COM. 191, 245. («in most cases the signer would suffer the consequences no matter how far the written contract may have deviated from his or her understanding going in»).
21 Friedman, Deborah L. Rhode's Access to Justice, 73 FORDHAM L. REV. 927, 929. («core ideas that derive from one aspect of American culture. That is the aspect (it is not the only one) that stresses individualism, self-help, every man for himself [...]»).

the parties did not exercise its free will. The basis of the validity of the contract is the free will of the parties not the judicial evaluation of the fairness of the deal.

A similar significant difference between the two systems applies to the remedy of specific performance. «[C]ourts in civilian legal systems routinely grant specific performance by ordering parties to perform their contracts.»[22] «But courts in common law systems, for reasons that are largely historical, regard specific performance as an ‹extraordinary› remedy, to be granted only when an award of damages would not be ‹adequate›.»[23] In the United States contract law addresses the weak parties' protection in a limited way. It protects parties under duress, mistake, and incapacity. It addresses undue influence. But its main model is parties who can and do negotiate with each other at arm's length, to reach an agreement that benefits both of them. Yet, each has interests that clearly conflict with those of the other. American courts look mainly to the parties' written agreements and actions with a view of enforcing the intent of the parties (or the parties' possible intent). Those who follow the law as an economic system argue for allowing breach of contract when it is «efficient». But even courts that do not follow this rule do not interject moral standards subject to few exceptions. By and large, the court would enforce «hard bargains».[24]

Thus the differences between the common law and civil law systems are not merely that their solutions to the problems of fiduciary relationships are embedded in different legal categories but that property law and contract law in the two systems differ. Civil law countries do not accept the bifurcation of property law. Hence they do not offer property law remedies but contract law remedies for breach of trust. They do not distinguish clearly between entrusted property—leading to fiduciary duties and remedies, and contract promises—leading to contract duties and remedies. But their contract remedies are not very different from the property remedies of the common law.

To be sure, U.S. fiduciary law and contract share similarities. These relationships must be consensual. In addition, contract rules that apply to consent would apply to most fiduciary relationships as well. Lack of capacity, fraud, and duress would invalidate fiduciary relationships just as they would contract relationships. Yet these similarities do result in contract law. For example,

---

22 Farnsworth, A Common Lawyer's View of His Civilian Colleagues, 57.
23 Id., (citing Farnsworth, On Contracts, § 12.4).
24 Kennedy, Equitable Remedies and Principled Discretion, 74 U. DET. MERCY L. REV. 609, 635. («[D]isparity or unfairness alone are not a basis for denying specific performance […]. [I]t is not wrong to enforce a hard bargain.»)

while U.S. contract law binds the parties to «dance together» because they agreed to do so, fiduciary law permits the parties to part, even in breach of their agreement. That is because trust is a fundamental and basic assumption in fiduciary relationships. If the relationship sours and trust is undermined, neither party should be forced to remain in the relationship.[25]

Another similarity between fiduciary law and contract is that most preventive rules in U.S. fiduciary law are default rules. Entrustors may consent to the fiduciaries' violations of the rules. For example, fiduciaries may not engage in conflict of interest transactions. But entrustors may agree to a particular conflict under certain conditions. They must receive from the fiduciaries sufficient information to make an independent decision to determine whether the transactions suit them. But some duties are not subject to consent – when the court decides that terms of an informed and independently-minded person could not have consented to the transaction. Therefore, abandoning the property law foundation of fiduciary law is far more than a mere change of a name. With the change in category come changes in the social stigma, legal rules, remedies, and punishment of fiduciaries. Embezzlers would become people who failed to keep their promises.

In addition, like contract parties fiduciaries must follow the directives of the entrustors: the trust provisions or the principal's directives in an agency relationship, or the articles of association and corporate law in directors' relationship with a corporation. The rule requiring that fiduciaries follow directives suggests a contract between a fiduciary and an entrustor, like a contract party bound to comply with its promises. That is even though the directives can be viewed not as contractual but as part of the terms of entrustment. In fact, absent directives an entrustment does not create a fiduciary relationship. It is not a trust. It might be deemed a gift.

However, the similarities between contract and fiduciary relationships do not extend further, because U.S. fiduciary rules are linked to entrustment. The more property and power are entrusted to fiduciaries, the less control the entrustors have over the fiduciaries, the stricter fiduciaries' duties become. These duties focus on the fiduciaries' temptation. The main duty of loyalty involves preventive rules, such as prohibitions on conflicts of interest situations. A trustee must earmark trust property to avoid the temptation of «borrowing it» and the temptation to postpone the ownership of the property until it is

---

25 To be sure, most trust beneficiaries are forced to be beneficiaries and most of the time cannot change the trustee. But trusts are the most extreme case of fiduciary relationships. Yet even in a trust situation a beneficiary can reject the bequest and avoid the relationship with the trustee.

clearer whether it is profitable or unprofitable, as well as mislead the trustee's creditors into believing that the trust property belongs to the trustee. The rules are numerous, and pose gradations, depending on the facts of each case. While the principles seem clear the rules are hard to itemize in a contract form. They are left mostly to the courts and sometimes to the legislatures on particular situations.

3.4. The different cultures

Civil and common law systems govern different cultures. The European civil law system applies to a relatively homogeneous and smaller population. America is a continent with a large population with a tremendous variety of cultures. In addition, as noted, Americans are far more individualistic and entrepreneurial. They are far less inclined to live «by the book». Americans are not very trusting of government power-holders, even as they trust their systems. Americans trust their political system more than they trust the politicians. They trust their legal system more than they trust the lawyers. They trust their financial system more than they trust the commercial and investment bankers.

Further, in the United States property and contract laws pose and expect a different level of morality. A breach of property rights, such as stealing and embezzlement, constitutes a crime.[26] How, then, can anyone steal property that the owner handed to the so-called thief voluntarily? Yet, not only are embezzlers thieves, but their taking is more morally reprehensible because the embezzlers were entrusted with the property for the benefit of the owners. In fact, embezzlement is stealing by a trusted person—a fiduciary. For this reason, today, embezzlement is covered by the crime of stealing.[27]

In addition, embezzlement is more reprehensible than stealing because it involves less risk to the embezzlers. Thieves who are not trusted persons (fiduciaries) bear the risks of gaining possession of the stolen property in

26 O'Neill, Private Vengeance and the Public Good, 12 U. PA. J. CONST. L. 659, 663. («[C]riminal acts have long been recognized as ‹wrongs› in both common law and civil law jurisdictions.») Historically, embezzlement was distinguished from stealing because the owner of the property handed it over to the embezzler, whereas the definition of stealing involves the element of taking property without the consent of the owner. Kirkwood & Lande, The Fundamental Goal of Antitrust, 84 NOTRE DAME L. REV. 191, 200. («stealing constitutes a taking of property without consent»).

27 Vaughn, The Dischargeability Debate, 10 BANK. DEV. J. 423, 429 (embezzlement is «the fraudulent appropriation of property by a person to whom such property has been entrusted») (citing Klemens v. Wallace [In re Wallace], 840 F.2d 762, 765 [10th Cir. 1988] [citing authorities]).

illegal ways. Embezzlers do not take this risk. They are handed property on a gold platter. For example, corporate insiders receive insider information in the course of their work and by virtue of their position as insiders. They can use the information to trade against investors who do not have the information and cannot acquire it by diligence and investigation. Moreover, insiders can hide their knowledge and their trades in many ways. Thieves must sell their loot in the back alleys for a fraction of the usual market price. Embezzlers can sell their loot for the full price and more. Therefore, unlike thieves, embezzlers-fiduciaries take less risk in acquiring the embezzled property, less risk at being caught, and little loss, if any, when they sell the embezzled property.

Further, some fiduciaries are entrusted with enormous amounts of property and power. Their embezzlement can undermine the country's corporate and financial system and taint the reputation of the country's system and its honest leadership. Few thieves can inflict so much harm on so many people as fiduciaries can.

It is not surprising that intrusion on property rights and contract promises expose the violators to different social stigma. As a result of the differences between property and contract rights in the United States, property and contract carry different stigma to violators. Breaches of contract promise are far less reprehensible and considered less immoral than misappropriating or injuring another person's property. This distinction is not necessarily applicable in other countries where a breach of promise may carry a similar stigma.

In the United States, the punishment and remedies for breaking a promise are not as strict as those for embezzling and violating another person's trust. A breach of contract promise is remedied mostly by damages. Rarely would a court impose specific performance and even more rarely would a court impose restitution to compensate for lost profits.[28] Breach of fiduciary duties based on property misappropriation results in damages, accounting for profits made from the misappropriation and sometimes punitive damages, derived from the similarity to tort – a civil wrong.[29]

28 Regan, Great Expectations?, 21 CARDOZO L. REV. 1, 33. (usual remedy when a breach of contract has occurred is compensation in the form of money damages).
29 Scallen, Promises Broken vs. Promises Betrayed, 1993 U. ILL. L. REV. 897, 912. (standard remedy for a breach of fiduciary duty is disgorgement of obtained profits with the possibility of punitive damages).

4.   What are the chances of unifying fiduciary law and how could it be achieved?

How should a global legal system, upholding fiduciary principles and their stricter rules, be established, yet apply it to both common law and civil law? While the common law countries and especially the United States move towards a «hands off» attitude by lawmakers, regulators, and the courts and towards market regulation to the extent that individuals can protect themselves from the abuses of others, civil law countries do not rush to change their rules and principles as much and as fast.

4.1.   The U.S. move to contract

As one jurist wrote:

> We are accustomed to think of the trust as a branch of property law [...]. This exposure of the trustee's capital informs the modern trust deal, effectively insuring the beneficiary against much potential harm and forming part of what the settlor buys when selecting a corporate fiduciary [...]. By the 1930s, when [Austin] Scott drafted the Restatement of Trusts, he was pointing to a further ground: fear that a contractarian account could undermine the integrity of the trust in the dawning procedural system that was emerging from the fusion of law and equity [...]. In the case in which the trustee transferred trust property to an outsider who did not supply value, the Chancellor would enforce the beneficiary's claim to compel the transferee to return the asset to the trust even though that transferee was not a party to the trust deal between settlor and trustee [...]. I turn from the strengths of the contractarian analysis of the trust in accounting for trust fiduciary law to the weak point of contractarian analysis: the law of trustee insolvency, which governs the rights of outsiders to the trust deal.[30]

In a recent book on conflicts of interest European scholars have followed their traditional views about conflicts. An official of the Central Bank of Switzerland has described how with care and attention the bank has maintained the trust of the financial markets while investing in other than government securities. By imposing on itself strict limitation, offering absolute transparency, avoiding clear conflicts of interest and limiting the amount of their investments the Bank has managed to achieve its goal of investing in other than government

---

30 Langbein, The Contractarian Basis of the Law of Trusts, 105 YALE L.J. 625.

securities. This attitude is very similar to the rules that govern conflicts of interest in the Untied States, except that they were self-imposed rather than law-imposed.

Substantively, the United States is not yet fully in the contract mode, although it is moving in that direction. This direction might bring it closer to civil law countries and their conceptual structure. At the same time the values that underlie the United States movement are moving away from the values of the civil law countries. Paradoxically, while the property basis of the United States fiduciary law is eroding and is moving towards a contract basis, the values of the contract in the United States are moving away from the values of civil law countries. Whether the differences are widening is hard to tell. But it is quite easy to see that the values of the two systems are moving apart.

If indeed the civil law would teach values and ethics to the common law in the United States we will have gone full circle to reverse the roles. In any event, unified rules would then be far easier to achieve. The common countries will erase the property base of their fiduciary duties—not because of the desire to unify their laws with civil law countries but because of the impact of economics on their systems. Regardless of the reasons, we can expect a quicker unification. Names may remain the same. «Conflicts of interest» would be the joint language. Contract would be the basis.

4.2.   Can we learn from the language of Esperanto?

One can learn from the attempts to create a universal or world-auxiliary language to the attempts to create uniformity in the law.[31] There are hundreds of attempted universal languages which were not successful. Esperanto is known in name but not as a living language and few enthusiasts use it. One model with which we are familiar is the imposed language which follows political power. Latin, French and English represent such universal systems, and laws usually followed them.

Another model is Yiddish, which retained the syntax of old German but embodied particular words from the language of the country in which the Jews happened to live. Thus, the hardest part of the language, the syntax remained the same for anyone who spoke it, and the particular words, which are easier to learn, were absorbed into the same language. German Yiddish and Russian Yiddish and English Yiddish are the same and different in this sense. Thus, if law were to be integrated, then similar structures should remain and the details can fit the local population and its culture and remain different. To a

31 Bodmer, The Loom of Language, ch. XII.

great extent federal systems share this trait. The higher, general principles and structures are shared by different groups or states and the details are left to the particular states to determine.

The problem in the case of fiduciary law is that the conflict or difference between the two systems is at the «syntactic» or structural level. The objectives are the same. The guiding principles are very similar. But changes in the rules would require a change in legal categories – the syntax. The parties in this case are sufficiently independent and imposition of one system on another is not an option. The question is how should the parties or judges or lawyers determine which system to apply when a document before them was written under one system but the other parties and the judges must apply the other?

4.3.   A number of proposals come to mind

Let the status quo remain in the hope that either system or a hybrid will emerge with usage and interaction. This is the case today, and it is costly. The results of any document might depend on where it is written or where it is negotiated or where it is adjudicated. Parties may be surprised at the interpretations and consequences of their agreements, or the assumptions that they have made with respect to fiduciary duties. It is unclear whether the Sarbanes-Oxley Act or other rules on which corporate governance is based in the common law are well understood in civil law countries. When fiduciary rules apply to institutions, such as corporations, rather than to particular transactions, the problems of different understandings and rules may be ongoing and affect the internal structures and duties within the organizations.

Let the parties decide. There is a large body of law that deals with transnational transactions, giving the parties the freedom to determine which laws should apply to their transaction, or, allowing them to register in particular jurisdictions, thereby choosing the legal regimes that would apply to them. However, American law has not allowed the parties to classify their relationship, especially in relation to fiduciary law.

Create unified and uniform rules applicable to fiduciary relationships. Such a body of rules will be similar to standards in the technical world or Zamenhof's world-wide language, the Esperanto. It is doubtful whether the system would be applied. It does not fit either the common law or the civil law, is probably the most alien although most logical solution. From the point of view of tradition, culture, and familiarity such a system would be the most costly and the least used. There may be arguments for creating a universal fiduciary law just for one type of fiduciaries, such as corporate management and its directors or trust law or partnership law. Such a movement would first respond to need.

If parties have solved the problem of unification, we can watch, learn and do nothing. But if the parties are seeking a better way, then perhaps one should design fiduciary law rules that would bypass the issue of legal structure by emphasizing the objectives and principles underlying the rules – which are identical to both systems – and then move to the detailed rules which both systems may already have in place. A method of highlighting what is the same in both systems and adding details but leaving the «syntax» unresolved may be the least elegant and most useful way to proceed and let the rules and uniform law then grow organically in a global economy.

Change the common law syntax of fiduciary duties from property law to contract rules but impose on violations of contract obligations the remedies of the common law—damages, accounting for profits, and sometimes punitive damages. If the civil law countries agree to a change in the remedies, there would emerge a uniform global uniform system. Unfair treatment as understood in the civil law would be accompanied by remedies of the common law. Such a new system ought to be imposed on the parties if and only if they choose to adopt it, and any court, whether in the United States or in Europe or in any country that agrees to impose this system, would follow as well as create this hybrid system and make it more robust as time goes on. Many questions will have to be worked out if such a system is to serve the parties and the organizations that adopt it. First, should there by a Uniform Code that would embody the system? If so, there are a sufficient number of organizations of lawyers from different countries that can prepare such a code. Second, would American and European courts adopt the system? That might depend on amendments of the law in each jurisdiction that would mandate the law if the parties choose it. As complex as this possibility is, it is not necessarily impossible to achieve it.

All propositions depend on an understanding not only of the structure and classification of the different legal systems but mostly on the cultural differences that have to be smoothed. For that purpose, any proposal must be accompanied by a *short* and concise history of the changed rules, the reasons for the changes and examples that involve some interpretation of the rules, similar to American Restatements of Laws or Uniform Codes.

Uniformity in the area of fiduciary law can be achieved perhaps because the category is so open-ended, and the variations among fiduciaries are so great. In addition, uniformity should be achieved because even though fiduciary relationships are so many and so varied the fundamental objectives of fiduciary laws are the same and the subjects of these duties are the same, from agents, partners and corporate management, to advisers, money managers and trustees. They appear in each jurisdiction. They raise the same problems. Apart from social and cultural pressures—they require the same treatment by law.

We can learn from the quest of uniformity in a similar area of private trusts. «[W]ills and will substitutes serve the same function-disposition of wealth at death.» It was argued that «to achieve uniformity across [these] devices, the law should treat wills and will-like revocable trusts in the same way». But the issue of the right of the settlors to shield from publicity the terms of a revocable (inter vivos) trust as opposed to the terms of a will after death were not unified. In fact, the privacy right of a revocable trust settlor was strengthened, for many good reasons. Yet this privacy right hindered the adoption of uniform state laws. In this case «a more nuanced approach is needed», and uniformity cannot be achieved unless this issue is resolved.[32]

Arguably, it takes decades to evaluate the success of a «legal transplant».

Japan's experience with the duty of loyalty shows that even a poorly motivated and ill-fitting legal transplant may become a core rule in the host country over time, as the legal infrastructure and political economy change. This occurs as legal and non-legal developments alter the mix of substitutes available and affect the motivation of the legal professionals who interpret and enforce the transplant. For other countries experimenting with the codification of the duty of loyalty as a means of improving corporate governance, this lesson could either be reassuring and discomforting. For Korea and Taiwan, which recently imported the duty of loyalty by copying Article 254-3, the Japanese experience may suggest that the duty of loyalty is poised to play a role in corporate governance [...] [because they have similar] legal and political-economy environments[.] It may take years (as it did in Japan) for other countries to adopt the duty of loyalty, and these countries may develop substitutes.[33]

---

32 Foster, Privacy and the Elusive Quest for Uniformity in the Law of Trusts, 38 ARIZ. ST. L.J. 713, 766, 767.

33 Kanda & Milhaupt, Re-examining Legal Transplants, 51 AM. J. COMP. L. 887, 900-01. («[C]ontrary to the approach of most scholars to date, it is virtually impossible to discuss the 'success' or 'failure' of wholesale transplants of entire bodies of law (such as Japan's transplantation of codes in the European civil law tradition in the late 19th century), or to extrapolate meaningfully from a single rule to the feasibility of legal transplants in general. Each legal rule or institution must be examined individually, and assessment of the overall feasibility of legal transplants as a form of legal change requires a more rigorous theoretical base than existing literature has provided. We hope this article constitutes at least a step toward the formation of such a base.»)

By no means will these barriers be easy to overcome. But the benefits of creating a single securities market are tremendously high.[34]

An inelegant but perhaps a pragmatic solution is to ignore legal classifications and principles of different systems. If the ultimate public policy of the system and the moral turpitude that the systems aim at eliminating are similar, then the uniform law should focus on the result. Misappropriation of entrusted property under the common law and breach of promise under the civil law could lead to a uniform result and condemnation by a similar remedy. The uniform rule will achieve the purpose in both systems. In fact no disagreement would attach to names. The word «fiduciary» derives from Latin. The word «entrustor» derives from English. Using both would be a suitable compromise.

Literatur

Bodmer, Frederick, The Loom of Language, New York, W. W. Norton & Company, 1985.

Chantayan, Franck, An Examination of American and German Corporate Law Norms, 2002.

Farnsworth, E. Allan, Common Lawyer's View of His Civilian Colleagues, 1996.

Farnsworth, E. Allan, Farnsworth on Contracts, 3rd ed., 2004.

Flechtner, Harry M. (ed.), Transcript of a Workshop on the Sales Convention: Leading CISG Scholars Discuss Contract Formation, Validity, Excuse for Hardship, Avoidance, Nachfrist, Contract Interpretation, Parol Evidence, Analogical Application, and Much More, 1999.

Foster, Frances H., Privacy and the Elusive Quest for Uniformity in the Law of Trusts, 2006.

Frankel, Tamar, Trust and Honesty: America's Business Culture at a Crossroad, Oxford UP, 2006.

Frankel, Tamar, Fiduciary Law, Oxford UP, 2011.

Frankel, Tamar, The Legal Infrastructure of Markets: The Role of Contract and Property Law, 1993 (property rights are transferable).

Friedman, Lawrence M., Deborah L. Rhode's Access to Justice: Access to Justice: Some Comments, 2004.

Kanda, Hideki & Milhaupt, Curtis J., Re-examining Legal Transplants: The Director's Fiduciary Duty in Japanese Corporate Law, 2003.

---

34 Pan, Harmonization of U.S.-EU Securities Regulation, 34 LAW & POL'Y INT'L BUS. 499, 536.

Kennedy, Kevin C., Equitable Remedies and Principled Discretion: The Michigan Experience, 1997.

Kirkwood, John B. & Lande, Robert H., The Fundamental Goal of Antitrust: Protecting Consumers, Not Increasing Efficiency, 2008.

Larson, Brian N. & Belmas, Genelle I., Second Class for the Second Time: How the Commercial Speech Doctrine Stigmatizes Commercial Use of Aggregated Public Records, 2007.

Langbein, John H., The Contractarian Basis of the Law of Trusts, 1995.

Louisiana Civil Code. LA, USA, 1987.

Merrill, Thomas W. & Smith, Henry E., Optimal Standardization in the Law of Property, 2000.

Nimmer, Raymond T., Breaking Barriers: The Relation Between Contract and Intellectual Property Law.

O'Neill, Michael Edmund, Private Vengeance and the Public Good, 2010.

Pan, Eric J., Harmonization of U.S.-EU Securities Regulation: The Case for a Single European Securities Regulator, 2003

Parisi, Francesco, Entropy in Property, 2002.

Partsch, Thibaut & Houet, Jérémie, Country Report: Luxembourg, *www.cjel.net/wp-content/uploads/2012/02/countryreport_luxembourg.pdf* (last visited Oct. 18, 2012).

Regan, Paul L., Great Expectations? A Contract Law Analysis for Preclusive Corporate Lock-Ups, 1999.

Scallen, Promises Broken vs. Promises Betrayed: Metaphor, Analogy, and the New Fiduciary Principle, 1999.

Uniform Commercial Code (U.C.C.), USA, 2011.

Vaughn, Constance C., The he Dischargeability Debate: Are Punitive Damages Dischargeable Under 11 U.S.C. § 523(a)(2)(A)? 1994.

Woodburn, David W., College Athletes Should Be Entitled to Workers' Compensation for Sports-Related Injuries: A Request to Broaden the Definition of Employee Under Ohio Revised Code Section 4123.01, 1995.

II. Finanzkapitalismus und Religion.
Deutungsversuche

Christina von Braun

Monetäre Inkarnationslehren.
Der menschliche Körper als Goldstandard

Geld besitzt bekanntlich generative Fähigkeiten – und dies nicht trotz, sondern wegen seiner Substanzlosigkeit. «Man macht sich im allgemeinen selten klar, mit wie unglaublich wenig Substanz das Geld seine Dienste leistet», schrieb Georg Simmel in seiner 1900 veröffentlichten Abhandlung *Philosophie des Geldes*.[1] Im Geld feiere die Fähigkeit, «das Körperhafte zum Gefäß des Geistigen zu machen», ihre höchsten Triumphe.[2] In der Tat behauptet der moderne Finanzmarkt, dass das Geld keiner Deckung bedarf. Ich halte die Behauptung, dass das Geld ohne Deckung funktionieren kann, für den wichtigsten aller «Geldschleier». Damit bezeichnet man die Tatsache, dass Geld nur so lange seine Funktionsfähigkeit bewahrt, als keiner daran zweifelt. Das *Verbot* des Zweifels konstituiert den «Geldschleier»,[3] und die Frage nach der Deckung ist eine der modernen Formen dieses Tabus. Allerdings zeigt ein Blick in die Geschichte des Geldes, dass die zeugende Kraft des Geldes immer nach einer Deckung verlangte – freilich nach einer, die nicht unbedingt mit der traditionellen Vorstellung von «Deckung» übereinstimmt. Sie erklärt sich aus ihrem Ursprung.

1.   Drei Ursprünge des Geldes

Grob gesagt, hat das Geld drei Arten der Deckung. Erstens galten als Geld sogenannte Realien wie Salz oder Getreide, die auch als Wertmaßstab oder Tauschmittel verwendet wurden. Die Realien wurden schon bald in Symbolen wie Zählsteinen festgehalten, die eine Frühform von Buchführung ermöglichten. Mit diesen Symbolen wurde auch gehandelt – wie mit Geld. Einige dieser Realien – etwa Gerste – waren vergänglich und deshalb als Deckung unzuverlässig. Andere bestanden in Grund und Boden, die als unvergänglich galten. Aber auch dies erwies sich als Täuschung. Grund und Boden lassen sich – etwa durch Bewässerung oder Entwässerung – vermehren, aber sie

---

1   Simmel, Philosophie des Geldes, 185.
2   Ebd., 99.
3   Schelkle, Motive ökonomischer Geldkritik, 12.

können auch verschwinden, wie es derzeit durch die Erderwärmung geschieht und in den Niederlanden immer wieder geschah. Oder aber sie werden durch andere menschengemachte Katastrophen unbewohnbar – so etwa in Tschernobyl und Fukushima, wo auf absehbare Zeit kein Leben stattfinden kann. Die dritte Art von Realien, Edelmetalle, sind einerseits unvergänglich, man kann sie sogar wiegen oder ihren Feingehalt prüfen. Andererseits ist ihr Wert aber fiktiv – und war es immer schon. Über Jahrhunderte wurde er nach *sakralen* Gesichtspunkten festgelegt: In Babylon galt das Gold als Symbol der Sonne, Silber als das des Mondes, Kupfer als Symbol der Venus. Von dieser symbolischen Rolle leitete sich der Wert des jeweiligen Edelmetalls auch im profanen Handel ab: Während der ganzen Antike und noch weit bis in Mittelalter und Neuzeit hinein betrug das Wechselverhältnis von Gold und Silber 1:13.

> Wir Modernen würden, um dies Verhältnis zu erklären, ohne Bedenken von Angebot und Nachfrage reden, damit aber völlig in die Irre gehen. Das Wertverhältnis stammt vielmehr [...] aus dem Verhältnis der Umlaufszeiten der betreffenden Gestirne zueinander; nur aus diesem Grunde steht Gold: Silber wie 1:13½.[4]

Der Wert von Gold und Silber wie auch ihr Verhältnis zueinander wurden also gewissermaßen vom Himmel geholt, weil die babylonischen Priester «die Funktionen des Astronomen, des Astrologen, der obersten Eichungsbehörde, des Finanzministeriums, des Banquiers, des Kaufmanns, des Notars usw. in sich vereinigten».[5] Dass auch eine weniger mythische Bewertung möglich gewesen wäre, zeigen die Währungen von China und Japan, wo das Verhältnis von Gold und Silber mit 1:10 festgelegt wurde. Das war auch willkürlich, aber pragmatischer. Interessanterweise entspricht das babylonische Rechenverhältnis ziemlich genau dem Verhältnis von Eigenkapital und Kreditvolumen, wie es 1988 beim Abkommen von Basel I bestimmt wurde. Basel II führte dann bekanntlich eine Relation von 1:40 ein – das war der Beginn der Deregulierung. Nach der Finanzkrise von 2008/2009 war wieder von 8,75 Prozent Eigenkapital die Rede, was in etwa dem Wechselverhältnis von Gold und Silber entspricht, das die babylonischen Priester vom Himmel geholt hatten. Dies ist eines von vielen Beispielen für die Langzeiterinnerung bei Fragen des Geldes wie auch für den Einfluss theologischer Denkweisen auf monetäre Bestimmungen.

4   Laum, Heiliges Geld, 128 f. Die unterschiedlichen Angaben zu den Verhältnissen (13½ bzw. 13) befinden sich im Original.
5   Paulys Realencyclopädie der classischen Altertumswissenschaft Supp. III, 592. Zitiert nach ebd., 129.

Die zweite Art der Gelddeckung besteht in der Autorisierung. Einer Münze wird das Symbol einer Stadt, eines Herrschers oder einer Gottheit aufgeprägt, die das Geld beglaubigen. Unglücklicherweise haben die Herrscher diese Macht aber dazu verwendet, um Gewinne daraus zu ziehen. Dies geschah schon in der Antike und dann immer wieder durch die gesamte Geschichte. Allein im Jahr 1303 entwertete Frankreich den Silbergehalt seiner Münzen um mehr als 50 Prozent. «Gelegentlich überstieg das Staatseinkommen Frankreichs durch Währungsmanipulationen das aller anderen Einnahmequellen.»[6] Ähnlich erging es anderen europäischen Ländern. «Unter Ökonomen war Heinrich VIII. von England für seine Beschneidung der Reichsmünzen mindestens ebenso bekannt wie für die Enthauptung seiner Königinnen.»[7] In der Zeit der Herrschaft Heinrichs VIII. und der seines Nachfolgers verlor das englische Pfund 83 Prozent seines Silbergehaltes.[8] Mit der Beglaubigung durch die «Seignoriage» ist es also nicht weit her, und mit diesem Problem setzen sich alle Geldtheorien der letzten 800 Jahre auseinander: von Nicolas von Oresme, der im 14. Jahrhundert das Geld den «Falschmünzerkönigen» entziehen wollte, bis zu Friedrich von Hayek, der 1977 in seinem Buch *Die Entnationalisierung des Geldes* für eine generelle Abschaffung nationaler Währungen plädierte:

> Wenn man die Geschichte des Geldes studiert, kann man nicht umhin, sich darüber zu wundern, dass die Menschen den Regierungen so lange Zeit eine Macht anvertraut haben, die sie über 2000 Jahre hinweg in der Regel dazu gebraucht haben, sie auszunützen und zu betrügen.[9]

Die dritte Form der Geld-Beglaubigung entstammt dem Opferdienst im Tempel. Das deutsche Wort «Gelt» heißt eigentlich Götteropfer. Die Münzen der Antike standen in Tempeln. «Die Götter waren die ersten Kapitalisten in Griechenland», schreibt Ernst Curtius, der schon 1869 zum Thema Geld und Religion vorgetragen hat, «ihre Tempel [waren] die ältesten Geldinstitute». Die Priester «nutzten die Heiligkeit der Tempelörter, um in Zeiten allgemeiner Unsicherheit wertvolle Deposita anzunehmen; sie machten Vorschüsse an Gemeinden und Private, sie beteiligten sich an gewinnbringenden Unternehmungen; von ihrer Unterstützung war die Möglichkeit überseeischer Ansiedlungen oder auch einer nachdrücklichen Kriegführung abhängig».[10] Worin

6   Reinhart / Rogoff, This Time is different, 88.
7   Ebd., 175.
8   Ebd.
9   Hayek, Entnationalisierung des Geldes, 14.
10 Curtius, Über den religiösen Charakter der griechischen Münze, 106.

bestand die Deckung des Geldes in dieser vom Tempel bestimmten Finanzwirtschaft? In einem Symbol für das Opfer. Das Wort «obolos», von dem
sich unser «Obulus» in der Kirche ableitet, heißt eigentlich Bratenspieß und
bezeichnete die Geräte, die für die Opfermahlzeiten verwendet wurden. Riten,
bei denen Tiere – vor allem Stiere – geopfert wurden. Das lateinische Wort für
Geld «pecunia» kommt von «pecus» (Vieh). Und auch unser Begriff «Kapital»
bezeichnet ursprünglich die Köpfe einer Herde, deren Junge die «Zinsen» sind.

Schon bald wurden die Spieße – oder Teile davon – zu einer Währung
eigener Art: Sie hatten keinen materiellen, nur symbolischen Wert, der von den
Priestern als vollzogene Opferhandlung beglaubigt wurde. Dieses Geld ver-
ließ den Tempel und ging in den profanen Handel ein. Allmählich wurden die
Spieße durch Münzen ersetzt, auf denen Opfertiere – Stierköpfe – oder Opfer-
werkzeuge geprägt waren. Das heißt, das Opfer wurde durch ein Zeichen für
das Opfer substituiert, und dieses Zeichen genügte zur Deckung des Geldes.
Weil die theologische Beglaubigung des Geldes die größte – weil kaum zu
hinterfragende – Überzeugungskraft besaß, sollten die Bankhäuser und Börsen Europas später ihre Architektur den Tempeln Griechenlands nachbilden.
Vor allem nach der Entstehung des Papiergeldes verlangten die Währungen
nach einer nachdrücklichen Beglaubigung. Die Bank of England war das erste
Bankhaus, das auf jede Form von Konvertibilität ihrer Noten verzichtete.
Sie kompensierte die fehlende Deckung in Gold durch eine beeindruckende
Architektur, die zum Modell moderner Geldhäuser wurde.

Die drei Deckungsarten haben zwei grundlegende Gemeinsamkeiten. Erstens spielt die Schrift eine zentrale Rolle. Schrifthistoriker wie Denise Schmandt-
Besserat führen die Entwicklung der Schrift sogar auf die Notwendigkeiten
der Buchführung zurück.[11] Die Schrift erlaubte es, an die Stelle von Waren,
Dienstleistungen, Schuld- oder Eigentumsverhältnissen Symbole zu setzen,
die alsbald auch als Geld zirkulierten. Die Nähe von Geld und Schrift erklärt,
warum sich beide Systeme parallel zueinander entwickelten – und auch heute
noch kann man erkennen, dass dort, wo die intensivste Kommunikation – etwa
über das Internet – stattfindet, auch die größten Geldmengen zirkulieren. Die
zweite Gemeinsamkeit besteht im *Glauben* ans Geld, nach dem alle drei Formen von Gelddeckung verlangen. Das zeigte sich schon an der babylonischen
Festlegung des Wechselverhältnisses von Gold und Silber, und es ist offenbar
beim Glauben, den das Geld der Staatsmacht einfordert: ein «Glaube», dem
oft mit der Androhung der Todesstrafe nachgeholfen werden musste. Die
Nicht-Akzeptanz einer Münze galt als Frevel an den Göttern oder an den

11 Schmandt-Besserat, An Ancient Token System; dies., Vom Ursprung der Schrift; dies., The
     Emergence of Recording.

Herrschern – und dieser Druck verstärkte sich noch mit dem Papiergeld. Als die Französische Revolution die Assignaten einführte, stand auf deren Verweigerung zwanzig Jahre in Ketten, später auch die Guillotine. Schon die Frage, in welchem Geld ein Geschäftspartner bezahlen wolle, konnte zur Hinrichtung führen. In England galt die Nicht-Annahme von Scheinen als Majestätsbeleidigung; und wer sich während des amerikanischen Bürgerkriegs weigerte, Papiergeld zu akzeptieren, wurde der Kollaboration mit dem Feind bezichtigt, sein Vermögen konfisziert.[12]

Kurz: Geld ist ein Zeichensystem, und dem Menschen bleibt nichts anderes übrig, als an die Schriftzeichen zu «glauben» – vergleichbar den drei «Religionen des Buches», die auf Heiligen Schriften basieren, deren Wahrheitsgehalt nicht angezweifelt werden darf. Der Glaube ans Zeichen setzt aber eine hohe Abstraktionsfähigkeit voraus – und auch hier zeigt sich eine Gemeinsamkeit von Schrift und Geld. In alphabetischen Schriftsystemen, die Phoneme in visuelle Zeichen überführen, wird dem Körper die Sprache entrissen. Walter Ong hat den großen Verlust der «primären Oralität»[13] als einen tiefen Einschnitt in den Körper beschrieben: Für Menschen, die in der Oralität verwurzelt sind, aber die Literalität anstreben, impliziert dies «ein Verhängnis. Sie wissen, daß der Schritt in die aufregende Welt der Literalität auch bedeutet, schöne und geliebte Dinge aus der frühen oralen Welt zu verlieren. Um weiterzuleben, müssen wir sterben.»[14] Ein weiterer Abstraktionsvorgang vollzieht sich im Schriftsystem selbst. Die Zeichen des Alphabets sind ursprünglich Hieroglyphen – also Piktogramme – und diese verlieren allmählich jeden Bezug zur Bildlichkeit und damit zur Materialität. Bei diesem Prozess assimilieren sie immer mehr ideelle Bedeutungen und werden dabei zu sogenannten «Ideogrammen».[15]

Einem ähnlichen Prozess der Abstraktion folgte auch das Geld, das im Verlauf seiner Geschichte immer immaterieller wurde: Nach der Münze entstanden Wechsel, Schecks, das Papiergeld und schließlich elektronische Zeichen. Heute zirkuliert es nur noch als Impuls durch bereitgestellte Netze. Im 20. Jahrhundert gab das Geld zudem auch jede *symbolische* Anbindung an materielle Werte wie den Goldstandard oder die Bindung an eine Leitwährung auf. Seitdem gibt es nur noch das «Fiat-Geld», dessen Name von «fiat» (es werde) kommt: Der Wert des Geldes wird von den Regierungen festgelegt – ähnlich

---

12 Hayek, Entnationalisierung des Geldes, 16.
13 Bei der sekundären Oralität handelt es sich um die mündliche Kommunikation von Menschen, die lesen und schreiben können, den Verlust also am eigenen Leibe schon erfahren haben.
14 Ong, Oralität und Literalität, 15.
15 Kallir, Sign and Design, 243.

wie Gott die Welt durch das Wort erschafft. Die Geldwirtschaft verwendet
gerne ein theologisches Vokabular, weil es auch beim Geld um den Glauben
geht.

2.   Das Geld aus dem Opfer

Von den drei Arten der Gelddeckung, büßten die beiden ersten, Realien und
Autorität, wie schon erwähnt, im Laufe der Geschichte immer mehr an Glaubwürdigkeit ein. Umso wichtiger wurde die dritte: die theologisch begründete
Beglaubigung aus dem Opfer, zu der ich deshalb noch einmal zurückkehre.
Wie die Gabe besteht auch das Opfer darin, «*etwas von sich selbst* als Pfand
abzutreten, etwas, was mit dem Körper oder den Gütern des Opfernden oder
der Gruppe, die die Opfergabe darbringt, assimiliert wird».[16] Wenn im Tempel
also ein Tier geopfert wurde, so stand dahinter letztlich die Vorstellung, dass
der Mensch sich selbst opfert.

> In Ägypten stellte das Siegel, mit welchem die Opfertiere bezeichnet wurden
> [d. h. zur Opferung freigegeben wurden, weil sie als rein galten], einen knienden
> Mann dar, der mit auf den Rücken gebundenen Händen an einen Pfahl befestigt
> ist, und dem das Messer an der Kehle sitzt. Darin kommt zum Ausdruck,
> daß das Vieh Stellvertreter des Menschen ist; der Siegel stellt die Verbindung
> her zwischen dem Original- und dem Ersatzopfer. Die gleiche Idee liegt den
> ältesten Münzbildern zugrunde.[17]

Erst aus dieser ursprünglichen Idee, dass das Geld nicht nur ein Substitut für
das Tieropfer, sondern das Tieropfer selbst ein symbolisches Menschenopfer ist, begreift man, warum dem reinen Zeichen bis heute so viel Glauben
geschenkt wird: Das Geld findet im Menschenleben seine Beglaubigung. Auf
dieser (unbewussten) Erinnerung basiert bis heute unser Glaube ans Geld: Die
zwei Striche, die dem Dollar ($), dem englischen Pfund (£) und neuerdings
auch dem Euro (€) gemeinsam sind, sind Relikte der Stierhörner,[18] und sie
wurden auch vom japanischen Yen (¥) und dem chinesischen Yuan (¥) übernommen, obgleich die japanische wie die chinesische Geldgeschichte auf ganz
anderen Traditionen beruhen. Das heißt, noch heute beziehen sich moderne
Geldzeichen auf die sakrale Herkunft des Geldes aus dem Opferkult.

16 Hénaff, Der Preis der Wahrheit, 266 f. (Hervorhebung im Original).
17 Laum, Heiliges Geld, 146.
18 Kallir, Sign and Design, 40.

Wie aber kann ein Zeichen auf dem Geld an das ursprünglich gemeinte Menschenopfer erinnern? Eine Antwort darauf bietet ein näherer Blick auf die allgemeine Funktion des Opfers. Genau gesehen, gibt es zwei Opferrituale zur Beglaubigung des Geldes – das eine ist männlich, das andere weiblich. Der weibliche ist älter und stammt aus den ersten Gesellschaften, die Opfer erbracht haben: Das waren die ersten Gesellschaften, die Ackerbau betrieben, Tiere züchteten und eben deshalb, anders als die Jäger und Sammler, in die Natur eingriffen. Die Jäger und Sammler erfuhren sich als Teil von Flora und Fauna; sie hatten ein Anrecht, sich ebenso von deren Fruchtbarkeit zu ernähren wie jedes Tier und jede Pflanze – auch wenn sie dafür ein anderes Lebewesen töten mussten. Erst mit den agropastoralen Gesellschaften kommt ein Opferkult auf. Denn diese «vergingen» sich an der Natur, sie machte sich der Schöpfung gegenüber schuldig – und um diese Schuld zu beheben, opferten sie den Gottheiten, die sie damit als Schöpfer der Natur anerkannten: Man brachte ihnen die erste Ernte oder das erstgeborene Lamm der Herde dar. An diesen Opferkult erinnert das frühe Spatengeld, das man in China und in anderen Gegenden fand.

Das größte Opfer, das die Gemeinschaft zu bieten hatte, war der weibliche Körper, von dessen Regenerationsfähigkeit ihr Überleben abhing. Das Opfer bestand nicht oder in den seltensten Fällen in der Tötung von Frauen; vielmehr ging es um die Domestizierung der weiblichen Sexualität, die – wie die Natur – der Herrschaft des Menschen unterworfen wurde. So entstand eine der ersten Formen von symbolischem Geld: die Kaurimuschel, die noch bis ins 20. Jahrhundert in einigen Teilen der Welt verwendet wurde. Das Muschelgeld wanderte auch in die Schriftgesellschaften hinüber. Viele ökonomische Begriffe in der chinesischen Sprache und die Schriftzeichen für Geld verweisen noch heute auf Muscheln. Warum ausgerechnet die Kaurimuschel? Weil sie den weiblichen Genitalien auffallend ähnlich sieht. Die domestizierte weibliche Sexualität diente gewissermaßen der Deckung des Geldes. Spuren dieses Zusammenhangs haben sich bis in die Jetztzeit erhalten: Drei US-Wissenschaftler haben konstatiert, dass die Gesellschaften, die heute besonders repressiv gegenüber Frauen auftreten, identisch sind mit den Kulturräumen, in denen der Pflug schon früh zum Einsatz kam. Sie führen das auf die Tatsache zurück, dass die Landwirtschaft durch den Pflug, der größere Kraft erforderte als der Spaten, zur «Männerarbeit» wurde; den Frauen sei so ein wichtiger Herrschaftsbereich entzogen worden.[19] Diese Erklärung übersieht jedoch die *symbolische* Bedeutung des Zusammenhangs von Pflug und Frauenrechten, die

19 Alesina / Nunn / Giuliano, On the Origins of Gender Roles. Siehe auch The Plough and the Now, The Economist, 21.7.2011.

sich aus der «Schuld» gegenüber der Schöpfung ableitet. Mit dem Pflug griff die Landwirtschaft tiefer in die Natur ein, als dies mit traditionellen Werkzeugen der Fall war. Deshalb musste der «Preis», den der weibliche Körper dafür zu zahlen hatte, auch höher sein: in Form einer domestizierten Weiblichkeit, die bis heute ihre Spuren hinterlassen hat.

Anders das männliche Opfer, das sich erst mit dem nominalistischen Geld und damit auch der Schrift entwickelte. Das höchste Opfertier, der Stier, stand für Männlichkeit und wurde in Ritualen Fruchtbarkeitsgöttinnen wie Artemis geopfert, in deren Tempeln sich später auch die Münzen befanden. Die ältesten bekannten Münzen Griechenlands wurden in ihrem Heiligtum von Ephesos gefunden. Man hat sich lange gefragt, was die Kugeln auf dem Brustpanzer der Artemis/Diana darstellen, hielt sie für Fruchtbarkeitssymbole: Brüste, Eier, Früchte o. Ä. Tatsächlich handelt es sich um Fruchtbarkeitssymbole, aber nicht um weibliche, sondern um männliche: die Hoden der Stiere, die der Göttin geopfert wurden. Diese Opferhandlung (der Mensch gibt vom Wertvollsten, was er besitzt) war zugleich Regenerationsritual. Durch den männlichen Samen sollte die jungfräulich gebärende Muttergottheit befruchtet werden. Die Gestalt dieser Gottheiten sollte später in die der christlichen Gottesmutter, die durch das Wort Gottes befruchtet wird, Eingang finden. In mittelalterlichen Darstellungen wird sie durch das Ohr befruchtet, nach der Entstehung des Buchdrucks stellen die Verkündigungsbilder Maria lesend dar. Der Zusammenhang von Geld und Heiliger Schrift offenbart sich auch am männlichen Opfer. Denn von der Geschichte des befruchtenden Männlichkeitsopfers erzählen auch die Buchstaben des Alphabets. So etwa die Entwicklung des «Alpha», der erste und wichtigste Buchstaben unseres Alphabets.

Das Wort «Alpha» leitet sich ab vom semitischen «eleph» (Stier, Ochse), und der Buchstabe «A» oder «Alpha» stand einerseits für den Stier, der männliche Fruchtbarkeit inkarniert, andererseits aber auch für das Haupt bzw. die Krone (oft dargestellt als Hörner), also für geistige Kräfte, sowie für alle Bedeutungen, die mit dem Begriff «vorwärts»- oder «aufwärts»-strebend zusammenhängen. Die Gestalt des «Alpha» durchlief viele Phasen, die von einem klar erkennbaren Stierkopf bis zu den drei uns bekannten geraden Linien führten. Die Schrägstriche liefen zunächst nach oben auseinander und stellten die Hörner des Stieres dar; rechts und links markierten zwei Punkte die Augen. Im Laufe seiner Geschichte, die sich über zweitausend Jahre hinzog, stellte sich das Zeichen quer, dabei u. a. die Bedeutung des Pfluges assimilierend, um sich schließlich ganz umzudrehen und durch einen Querstrich ergänzt zu werden. Der Querstrich verweist auf das Joch und damit auf den kastrierten Ochsen: Das heißt, die Geschichte des Buchstaben «Alpha» erzählt von einer Entwicklung, in deren Verlauf aus dem Stier als Männlichkeitssymbol der kastrierte, bezähmte Ochse wird, der mit seinem Joch zugleich eine wertvolle Unterstützung des Ackerbaus darstellt.[20] Auch hier also ein Prozess, der ähnlich wie beim weiblichen Opfer mit der entstehenden Agrargesellschaft zusammenhängt und von einem Prozess der Domestizierung der Sexualität erzählt.

Allerdings geht es nicht um Potenzverlust. Kallir macht darauf aufmerksam, dass das A-L-P-H im Buchstaben «Alpha» eine metatethische Umkehrung des P-H-A-L in «Phallus» darstellt.[21] Denn die Verlagerung vom Stier zum Ochsen begleitete eine Entwicklung, in deren Verlauf das Zeichen «A» anthropomorphe Gestalt annahm: Die beiden nach unten weisenden Striche des Buchstaben «A», die ursprünglich die Hörner des Stiers repräsentierten, markierten nun die Beine des aufrecht stehenden Menschen. Kallir:

> Erst als der Buchstabe beginnt, Mensch (bzw. Mann) zu symbolisieren, erscheint er von vorne und stehend. [...] Die Aufrichtung der semitischen Buchstaben um 90 Grad fällt zusammen mit dem Übergang von einem theriomorphischen zu einem anthropomorphischen Weltkonzept; dies scheint uns die eigentliche Erklärung für das Phänomen zu sein. Der Übergang vom aleph, dem Stier, zum alpha, Abbild des Menschenwesens, typisiert dieses Ereignis.[22]

Was sich hier also vollzieht, ist einerseits die Domestizierung des Stiers (und das heißt des männlichen Sexualtriebs), andererseits aber auch die Entstehung eines neuen Männlichkeitsbildes, das «geistige Potenz» besagt – eine Verwandlung, die noch heute in jedem Stierkampf zu beobachten ist: Die physische Potenz des Stiers wird durch die geistige Potenz des Torero besiegt.

Erst aus dieser Herleitung begreift man, warum das männliche Askese-Ideal in der Geschichte des Geldes eine derart wichtige Rolle spielt: Es bildet die Voraussetzung dafür, dass das Geld «fruchtbar» werden kann. Im Englischen war das ursprüngliche Wort für Kastration: «to geld». Es ist verwandt mit unserem Wort «Geld» ebenso wie mit der Gilde als Opfergemeinschaft. Nichts anderes besagt das Bild des Stiers an der Börse: Er muss geopfert werden, soll das Geld fruchtbar sein. Tatsächlich wird dieses Geld – das nominalistische Geld, das in Griechenland entstand – auch das erste sein, auf das es Zinsen, also «Sprösslinge» gibt. Natürlich existierten auch schon vorher Schuldverschreibungen und Kredite, auf die ein Gewinn erwartet wurde, aber dass das Geld selbst Zinsen machen kann, galt erst für dieses Geld.

---

20 Kallir, Sign and Design, 39.
21 Ebd., 50.
22 Ebd., 77.

Die Diskussion um das Zeugungsvermögen des Geldes spielte von Anfang
an eine wichtige Rolle: Aristoteles lehnte die Verzinsung von Geld ab, weil
eine ungeschlechtliche Reproduktion widernatürlich sei. Doch Euripides lässt
im *Hippolytos* seinen Titelhelden von der Sehnsucht nach einer Fortpflanzung
nach Zins-Art träumen:

> O Zeus, was brachtest du ans Sonnenlicht die Frauen, / ein heuchlerisches
> Übel für die Menschheit? Denn / gedachtest du den Stamm der Menschen
> fortzupflanzen, so brauchtest du das nicht durch Frauen zu gewähren, /
> nein, brauchten nur die Sterblichen in deinen Tempeln / für Gold, für Eisen oder
> schweres Kupfer sich / die Sprößlinge zu kaufen, jeder für den Preis, / der
> seinem Steuersatz entspricht, und könnten dann / in ihren Häusern wohnen,
> frei, der Weiber ledig![23]

Und auch die Geschichte der Danaë, die von Zeus durch einen Regen von
Goldmünzen geschwängert wird, zeigt, wie präsent diese Phantasie schon in
Griechenland war. Später sollten die Kirchenväter übrigens diesen Mythos
heranziehen, um der Befruchtung Mariae durch das Wort Gottes Plausibilität
zu verleihen. Überhaupt erwies sich die christliche Religion mit ihrer Opfer-
und Inkarnationslogik als der ideale kulturelle Nährboden für die Entwicklung
der Geldwirtschaft. Nicht durch Zufall entstand der Kapitalismus in diesem
Kulturraum.

3.   Christliche Religion und Geld

Es ist der christlichen Kultur zu verdanken, dass sich die Beglaubigungsstra-
tegie des Geldes aus dem Opfer so lange halten konnte. Ihren Lehren ermöglichen den Rückbezug zum theologischen Ursprung bis heute. Die christliche
Religion gab aus mehreren Gründen den idealen kulturellen Nährboden für
die Glaubwürdigkeit des Geldes ab. Dazu hat Jochen Hörisch schon viel
geschrieben, deshalb will ich mich hier kurz halten.[24] Vor allem zwei Faktoren
sind ausschlaggebend. Einerseits der Glaube: «Non aes sed fides» (nicht Erz,
sondern Glaube) lautet der Spruch, den der Malteserorden auf seine Münzen prägte. Aber dieser Glaube wird durch eine seltsame Paradoxie erzeugt:
Anders als die jüdische Religion oder der Islam verlangen die christlichen Lehren von ihren Gläubigen, an Begebenheiten zu glauben, die mit der rationalen,

---

23 Euripides, Hippolytos, 143 f. (Verse 616–624).
24 Hörisch, Bedeutsamkeit.

empirischen Erfahrung nicht vereinbar sind: die Menschwerdung Gottes, die unbefleckte Empfängnis, die Jungfrauengeburt. Michel de Montaigne, der sich auf Augustinus berief, schrieb:

> Wenn Christen einer unglaublichen Sache begegnen, bestärkt gerade sie ihren Glauben. Entspräche sie einem Beispiel, wäre sie nicht mehr beispiellos. Sie entspricht umso mehr der Vernunft, je mehr sie der Vernunft des Menschen widerspricht. Entspräche sie seiner Vernunft, wäre sie kein Wunder mehr.[25]

Dieses *credo quia absurdum* bildet eine wichtige christliche Glaubensstütze.

Der zweite und nicht minder wichtige Faktor, der die christliche Religion zum günstigen kulturellen Nährboden für das Geld machte, sind die christlichen Opfer- und Inkarnationslehren, die eine untrennbare Einheit bilden und im sogenannten «Kreuzesparadox» ihren Ausdruck finden: Das Kreuz repräsentiert Opfer *und* Überwindung des Todes, Hinrichtung *und* Auferstehung. Erst als das Kreuz diese doppelte Bedeutung angenommen hatte, wurde es von den Christen als Symbol ihres Glaubens akzeptiert. Etwas Ähnliches gilt für das Geld: Einerseits trägt es die Opferlogik (den Tod) in sich, andererseits kann es sich aber auch in materielle Werte verwandeln: inkarnieren. Auch historisch entwickelte sich eine enge Beziehung zwischen Geld und christlichem Glauben. Das zeigen vor allem der Reliquienhandel, der schon im Frühchristentum zu einem der wichtigsten Märkte wurde, die «Messen», die den Gottesdienst mit dem Handel verbanden, und schließlich der Ablasshandel, der zur Entstehung der Reformation beitrug, dabei aber auch den von Max Weber beschriebenen Geist des Kapitalismus aus der protestantischen Ethik hervorbrachte.

4. Die moderne theologische Beglaubigung des Geldes

Abschließend möchte ich darstellen, dass sich diese Logik des Geldes bis heute erhalten hat – auch ohne die Kirche. Ich könnte die Aktualität der Opfersymbolik am Beispiel der Millionen von Menschen festmachen, die im Verlauf der letzten Finanzkrise Arbeit und Behausung verloren haben, oder an den erhöhten Preisen für Grundnahrungsmittel, die deshalb zustande kommen, weil in Mais viermal so viel Geld angelegt wird, wie es überhaupt Mais gibt. Ich will die Deckung des Geldes durch Menschenleben aber an zwei anderen Beispielen konkretisieren.

---

25 Montaigne, Apologie für Raymond Sebond, 248.

Einer der wenigen Institutionen, die nach der Finanzkrise von 2008 *keinen* Beschäftigungsrückgang zu verzeichnen hatten, war die US-Armee. Im Oktober 2009 verkündete das Pentagon, dass es zum ersten Mal seit 35 Jahren das Rekrutierungssoll erfüllen kann, «indem sich hunderttausende von jungen Freiwilligen meldeten, obwohl es so gut wie sicher ist, dass sie in den Krieg müssen».[26] Seit der Umwandlung in eine Armee von Freiwilligen im Jahr 1976 war dies das erste Mal, dass die US-Armee einen solchen Zulauf verzeichnen konnte. «Die Rezession war eine Kraft», sagte Bill Carr, der stellvertretende Staatssekretär des Pentagon für Personalwirtschaft; «dank der Arbeitslosigkeit, die wir nicht vorausgesehen hatten, befinden wir uns für den Großteil des Jahres in einer komfortablen Situation».[27] Nicht nur die Armee, auch das Geld versetzt die Arbeitslosigkeit in eine «komfortable Situation»: Es findet in dem Schicksal dieser Menschen – ihrem symbolischen oder sozialen Tod – seine Beglaubigung wieder.

Ein anderes Beispiel sind Fonds, die Wall Street 2009 – ein Jahr nach der Lehman-Pleite – entwickelt hat. Sie basieren auf Lebensversicherungen, die wie die Immobilienfonds, die 2008 zum Crash führten, in «Paketen» zusammengefasst sind. Diese Fonds enthalten die Lebensversicherungen von älteren Menschen und Kranken mit geringer Lebenserwartung. Solche Versicherungspakete sollen «securitized» werden, indem sie zu Hunderttausenden gebündelt und als Fondsanteile an Investoren verkauft werden. Beim Tod der Versicherten kommt es zur Auszahlung. «Je früher der Versicherungsnehmer stirbt, desto höher der Ertrag – wenn jedoch Menschen länger als erwartet leben, könnten die Investoren auch geringe Erträge einfahren oder gar Geld verlieren», schreibt die New York Times, die über diese neuen «Derivate» auf der ersten Seite berichtete.[28] In jedem Fall werde Wall Street gewinnen, weil durch die Einrichtung der Fonds und die Vermittlung der Anteile Gebühren anfallen. «Wir erwarten eine Stampede, sobald wir dieses Produkt anbieten», verkündete ein Investmentbanker.[29] Normalerweise erhalten Verkäufer von Lebensversicherungen nur eine geringe Auszahlung; die neuen Fonds bieten ihnen 20 bis 30 Prozent mehr. Der Markt für Lebensversicherungen umfasst allein in den USA $ 26 Billionen. Wenn nur ein Bruchteil dieser Policen verkauft

---

26 Scott Tyson, A Historic Success in Military Recruiting, Washington Post, 14.10.2009 (Übers. Ch. v. B.).
27 Ebd.
28 Anderson, New Exotic Investments Emerging on Wall Street, New York Times, 6.9.2009 (Übers. Ch. v. B.).
29 Ebd.

wird, «könnte dies Wall Street dazu verhelfen, die Verluste für den Zusammenbruch des Hypothekenmarktes auszugleichen», schreibt die New York Times.[30]

Einen Markt für den Weiterverkauf von Lebensversicherungen gab es schon vorher. Goldman Sachs hat einen handelbaren Index geschaffen, der es «Investoren ermöglicht, darauf zu setzen, ob Menschen länger als erwartet leben oder früher als geplant sterben».[31] Die Diversifikation innerhalb des Fonds soll den Investor vor der Gefahr schützen, die beim Kauf einzelner Lebensversicherungen entsteht.

> Das ist kein hypothetisches Risiko. Genau das passierte in den 1980ern, als neue Behandlungen plötzlich das Leben von HIV-Patienten verlängerten. Investoren, die ihre Policen in der Erwartung gekauft hatten, dass die meisten Opfer innerhalb von zwei Jahren sterben würden, verloren am Ende Geld.[32]

(Paradoxerweise konnten manche der Patienten die Medikamente bezahlen, weil sie ihre Police verkauft hatten.) Wall Street will mit den neuen Fonds das Modell der «subprime mortgage securities» wiederholen. Es beruht auf dem Gedanken, dass der Immobilienmarkt nur in einem Gebiet, nie aber landesweit zusammenbrechen könne.

> [Dementsprechend besteht] der ideale ‹bond› (oder Fonds) aus Lebensversicherungen mit einem breiten Spektrum von Krankheiten – Leukämie, Lungenkrebs, Brustkrebs, Diabetes, Alzheimer. Denn wenn zu viele Menschen mit Leukämie im Portfolio sind und eine Kur gefunden wird, würde der Bond abstürzen.[33]

Je geringer die Lebenschancen, desto höher die Gewinnchancen. Das entspricht der Logik des Finanzkapitalismus: Damit die einen ans Geld glauben, müssen andere dran glauben. Im Industriekapitalismus – das hat Marx gezeigt – trug die *Arbeitskraft* von Menschen zur Akkumulation des Kapitals bei. Im Finanzkapitalismus, wo es vornehmlich um die *Beglaubigung* des Geldes geht, werden Menschen *ausgesondert*, damit sie durch ihren sozialen Tod das Geld beglaubigen. Das ist eine ganz andere Funktionalisierung von Armut.

Auch die Inkarnationslogik des Geldes findet im menschlichen Körper ihren Ausdruck. Ab dem späten 19. Jahrhundert, als sich die Industrieländer allmählich vom Goldstandard zu lösen begannen, wuchs der Zusammenhang

30 Ebd.
31 Ebd.
32 Ebd.
33 Ebd.

von Geld, Reproduktion und Sex: vor allem mit der Eugenik, aus der sich Genwissenschaften und Reproduktionsmedizin entwickelten. Heute wird die Fortpflanzung zunehmend ins Labor verlagert, wo sie wissenschaftlicher Berechenbarkeit und ökonomischen Verbesserungstechniken unterworfen wird. Das Vokabular von Biologie und Geldwirtschaft begann sich anzunähern, wie Bettina Bock von Wülfingen gezeigt hat: Begriffe wie «Anlagen», «Erbe» oder «Depot» und «Banken» nahmen eine sowohl biologische als auch ökonomische Bedeutung an.[34]

Eine Leihmutter kostet heute in den USA ca. $ 20.000. In Indien ist es billiger. Frauen mit genetisch «geeigneten Anlagen» erhalten für ihre Eizellenspenden zwischen $ 2.500 und $ 20.000. Die Eignung der Anlagen wird zumeist nach äußerlichen Merkmalen bestimmt: Haut- und Augenfarbe, Größe, Absenz von Erbkrankheiten usw. Allerdings spielt auch der Intelligenzfaktor eine Rolle. Für das Ei einer «Ivy League»-Absolventin werden schon mal $ 50.000 geboten. Der männliche Samen ist günstiger zu haben und kann auch besser gelagert werden – mit dem Erfolg, dass es inzwischen Samenspender gibt, die über ihre verstreuten Kinder Excel-Tabellen führen. Die New York Times berichtete kürzlich von einem Vater, aus dessen in einer Samenbank gelagertem Samen 150 Sprösslinge hervorgegangen sind. Alles zusammengenommen – die Kosten für Samenspende, Eispende, Leihmutterschaft, medizinische Leistungen, Maklergebühren, Verträge und juristische Beratung – müssen Eltern für solche «Hightech-Kinder» mit Auslagen von mindestens $ 120.000 rechnen. Bei der oft notwendigen Wiederholung der Prozedur kann es noch erheblich teurer werden. Laut der Wirtschaftswissenschaftlerin Debora Spar von der Harvard Business School belief sich die Reproduktionsmedizin schon im Jahr 2000 auf einen «Industriesektor von $ 3 Milliarden».[35]

Ei- und Samenspende, Surrogatmutterschaft, Embryoadoption – all diese Techniken werfen die Frage nach dem «Eigentum» an den Kindern auf. Schon 1990 war ein Gericht bei einem Streit zwischen den intentionalen Eltern und einer Leihmutter, die das Kind nicht hergeben wollte (es war auch genetisch ihr Kind), zum Urteil gekommen, dass die Frau, «die beabsichtigt hatte, das Kind zu zeugen», als «die natürliche Mutter» zu gelten habe. Ähnlich entschied auch der Oberste Gerichtshof von Kalifornien: Die Frau, «die die Zeugung des Kindes arrangiert hat», sei die wahre Mutter.[36] Das bedeutet im Fall der Reproduktionsmedizin, dass die Frau, die gezahlt hat, auch als Mutter zu gelten hat. Konsequent zu Ende gedacht, impliziert dies, dass das Geld

34 Bock von Wülfingen, Economies and the Cell.
35 Spar, The Baby Business, 3 (Übers. Ch. v. B.).
36 Ebd., 84 f.

selbst zur Mutter oder zum Vater eines Kindes wird. Die US-Regierung, so schreibt Spar, sei «auffallend zurückhaltend, diesen ‹emerging market› durch Gesetze zu regulieren».[37] Ist es ein Zufall, dass sich dieselben Länder, in denen die Reproduktionsmedizin «liberal» gehandhabt wird (vor allem die USA und Großbritannien), auch vor der letzten Finanzkrise für die Deregulierung des Finanzmarktes starkgemacht haben? «Der Zeugungswunsch», so Spar, «ist mehr als ein persönliches Gebet oder ein biologischer Trieb. Er ist ein langsam wachsendes globales Business, das auf Technologie beruht und verleugnet, dass er seine Wurzeln im Markt hat.»[38] Noch deutlicher wird Prof. Carl Djerassi, der sich selbst als die «Mutter der Pille» bezeichnet. In einem kürzlich ausgestrahlten Film anlässlich 50 Jahre Anti-Baby-Pille sagte er:

> Die Zukunft wird so sein: Sterilisierung im Alter von 20 Jahren oder wann immer wir anfangen wollen mit sexuellem Verkehr, und [vorher gehen Sie hin, um] Ihre Gameten, also die Eier und die Spermien einzufrieren, also diese kommen auf ein Bankkonto, Ihre Gameten. Und wenn Sie dann Ihr Kind haben wollen, das erwünschte Kind, dann gehen Sie zur Bank, zu Ihrem Konto, mit Iban und Ihrer Nummer, und sagen, bitte, Konto Nr. soundso, ich möchte mein Ei heute haben, und dann haben Sie eine künstliche Befruchtung.[39]

Kurz: Sowohl die Opfer- als auch die Inkarnationslogik findet in der modernen Wirtschaft ihren Ausdruck. Beide zusammen verleihen dem modernen Geld seine Deckung. Je weiter sich der Finanzkapitalismus der Regulierung entzieht, desto mehr wird die ökonomische Schere zwischen denen, die als Agenten des Geldes tätig sind, und denen, die für seine Beglaubigung einstehen müssen, auseinandergehen. Aus dieser Sackgasse gibt es nur einen Ausweg: soziale Gerechtigkeit. Nur sie kann dem Geld die notwendige Glaubwürdigkeit verleihen. Denn diese ruht auf dem Vertrauen in die Gemeinschaft. Solange das Geld diese Glaubwürdigkeit nicht wiedererlangt hat, wird es notwendigerweise nach einer Deckung verlangen, die seinem theologischen Ursprung aus Opfer und Inkarnation entspricht.

Literatur

Alesina, Alberto / Nunn, Nathan / Giuliano, Paola, On the Origins of Gender Roles. Women and the Plough, National Bureau of Economic Research, Cambridge, MA, 2011.

37 Ebd., 74, 71.
38 Ebd., 5 f.
39 In: 50 Jahre Pille. Dokumentarfilm von Michaela Kirst.

Anderson, Jenny, New Exotic Investments Emerging on Wall Street. Packaging Life Insurance Policies, Despite Fallout from Mortgage Crisis, New York Times, 6.9.2009, 1.

Bock von Wülfingen, Bettina, Economies and the Cell. Conception and Heredity Around 1900 and 2000, Habilitationsschrift, HU Berlin, 2012.

Curtius, Ernst, Über den religiösen Charakter der griechischen Münzen, in: Monatsberichte der Königlich Preußischen Akademie der Wissenschaften zu Berlin, 1870, 465–481, Nachdruck in: Museum des Geldes. Über die seltsame Natur des Geldes in Kunst, Wissenschaft und Leben, Bd. 1, Ausstellungskatalog, zusammengestellt von Jürgen Harten und Horst Kurnitzky, Städtische Kunsthalle Düsseldorf, 1978, 106–113.

Euripides, Hippolytos (um 428 v. Chr.), in: ders., Tragödien, griechisch und deutsch, hg. von Dietrich Ebener, Berlin, Akademie-Verlag, 1972–1980 (Schriften und Quellen der alten Welt 30: 1–6), Bd. 2 (1975): Alkestis, Hippolytos, Hekabe, Andromache.

Hayek, Friedrich, Entnationalisierung des Geldes. Eine Analyse der Theorie und Praxis konkurrierender Umlaufsmittel, übersetzt aus dem Englischen von Wendula Gräfin von Klinckowstroem, Tübingen, Mohr Siebeck, 1977.

Hénaff, Marcel, Der Preis der Wahrheit. Gabe, Geld und Philosophie, übersetzt aus dem Französischen von Eva Moldenhauer, Frankfurt a. M., Suhrkamp, 2009.

Hörisch, Jochen, Bedeutsamkeit. Über den Zusammenhang von Zeit, Sinn und Medien, München, Carl Hanser, 2009.

Kallir, Alfred, Sign and Design. The Psychogenetic Sources of the Alphabet, London, James Clarke & Co Ltd, 1961. (Dt.: Sign and Design. Die psychogenetischen Quellen des Alphabets, übersetzt aus dem Englischen von Richard Hölzl und Thomas Dietrich, Berlin, Kadmos, 2002).

Laum, Bernhard, Heiliges Geld. Eine historische Untersuchung über den sakralen Ursprung des Geldes, Tübingen, Mohr Siebeck, 1924. (Neuauflage: Berlin, Semele, 2006).

Montaigne, Michel de, Apologie für Raymond Sebond (1580), in: ders., Essais, Bd. 2/12, übersetzt ins Deutsche von Hans Stilett, Frankfurt a. M., Eichborn, 1998, 217–300.

Ong, Walter, Oralität und Literalität. Die Technologisierung des Wortes, übersetzt aus dem Amerikanischen von Walter Schömel, Opladen, Westdeutscher Verlag, 1987.

Paulys Realencyclopädie der classischen Altertumswissenschaft, Supp. III, Stuttgart, Metzler, 1918.

Reinhart, Carmen M. / Rogoff, Kenneth S., This Time is different. Eight Centuries of Financial Folly, Princeton UP, 2009.

Schmandt-Besserat, Denise, Vom Ursprung der Schrift, in: Spektrum der Wissenschaft, Jg. 1, 12/1978, 4-13.

Schmandt-Besserat, Denise, The Emergence of Recording, in: American Anthropologist, Jg. 84, 4/1982, 871–878.

Schmandt-Besserat, Denise, An Ancient Token System: The Precursor to Numerals and Writing, in: Archaeology, Jg. 39, 6/1986, 32–39.

Schelkle, Waltraud, Motive ökonomischer Geldkritik, in: dies. / Nitsch, Manfred (Hg.), Rätsel Geld. Annäherungen aus ökonomischer, soziologischer und historischer Sicht, Marburg, Metropolis, 1998.

Scott Tyson, Ann, A Historic Success in Military Recruiting, Washington Post, 14.10.2009.

Simmel, Georg, Philosophie des Geldes (1900), Leipzig, Duncker & Humblot, 1907.

Spar, Debora L., The Baby Business. How Money, Science, and Politics Drive the Commerce of Conception, Boston, Harvard Business School Press, 2006.

The Plough and the Now. Deep-seated attitudes to women have roots in ancient agriculture, The Economist, 21.7.2011.

50 Jahre Pille. Karriere ohne Knick, Dokumentarfilm von Michaela Kirst, D/USA 2010 (Ausstrahlung: Arte, 12.11.2010).

Birger P. Priddat

Schuld und Schulden:
über eine abendländische Transformation

I.

Schuld ist ein christliches Thema, Schulden ein ökonomisches. Theoriege-schichtlich gibt es Zusammenhänge, die zu klären zuerst erfordert, beide Topoi gesondert zu entfalten. Schuld haben wir, christlich und unaufhebbar, durch die Erbsünde.

Unser Leben ist, in christlicher Konzeption, eine Bitte, uns von der Schuld zu erlösen = hoffen auf Gnade. Es geht um Schuld und Sühne/Vergebung.

Das Leben selbst reicht nicht aus, um die Schuld zu begleichen. Daher fügt sich, sein Leben in Demut und Abbitte tun, und nicht noch Schuld hinzufügen, da man sowieso in grosser Schuld steht: als Geschöpf Gottes. Ich weiss, dass ich hier bestimmte theologische Auslegungen bevorzuge. Aber es gilt dennoch allgemein, dass sich ein Christ nicht alleine, kraft seiner Menschhaftigkeit, erlösen kann aus der Schuld. Selbst wenn wir nicht, augustinisch, die Ursünde haftbar machen, auch und gerade wegen der Fülle der Schöpfung und der Liebe Gottes kann kein Mensch etwas Entschuldendes bieten. Ich weiss auch, dass ich damit die jesuanische Topik der Liebe (*agapè*) unzureichend mitthematisiere, denn das hiesse, zu analysieren, was es heisst, dass uns die Schuld vergeben ist (und wir, in der Nachfolge Jesu, unseren Schuldigern). Aber die Übernahme der Schuld der Menschen durch Jesus bezeugt dennoch ein Opfer, das uns seiner Liebe verpflichtet. Zwei Schuld-Komplexe laufen somit mit: die Schuld aus der Schöpfung und unserer Grundverfehlung, wie die Schuld aus dem Opfer Jesu. Soweit die Erinnerungen an eine geschichtsmächtige Topik vorab, die das «kollektive Unbewusste»[1] des Abendlandes prägt. «Geschichtsmächtig» heisst nicht, dass wir es in dem dargelegten Verschuldungszusammenhang mit einer besonderen Form der Geschichte zu tun hätten. Wenn die Schuld unser Schicksal ist, ist die Geschichte «blockiert» (wie apokalyptische Versionen des Endes der Welt, wie auch des Kapitalismus[2] glauben machen wollen, inklusive

---

1 Halbwachs, Das kollektive Gedächtnis.
2 Zum Beispiel bei Taubes, Abendländische Eschatologie.

der Öko-Apokalypsen). Man kann diesen Verkettungszusammenhang weder verlassen noch auflösen, ohne ihn nicht immer gleich wieder zu bestätigen – ein zyklisches Modell von Werden und Vergehen»[3].

Erst durch den resoluten Abbruch des Tauschhandels zwischen Verschuldung und Vergeltung betritt der Mensch den Bereich seiner Freiheit. Denn Handeln im Zusammenhang der Schuld ist nur Befolgung einer Handlungsobligation, die von Anderen diktiert ist, und also nur eine Form, nicht zu handeln. Wer der Schuld verhaftet ist, tut nicht, was er tut, sondern exekutiert ein vorgesetztes Programm und fällt, fatal und für das Handeln selber letal, unter die Prädestination durch ein Erbe, dessen Folge nicht anzutreten ihm nicht freisteht.[4]

Einzig und allein das Leben gottgewogen zu führen ist eine Disposition auf Gnade, aber keine Gewähr. Vor allem kommt es auf die wahre Haltung in Demut an.

Diese Schuld ist nicht menschlich auflösbar[5]. Es ist ein *out-of-life-mode*. «Ein endliches Wesen kann nicht eine Schuld vergeben, die immer unendlich ist»[6].

Interpretation I: Das Leben beruht auf einem Kredit Gottes. In dieser theologischen Kreditökonomie sind die Menschen «Eigentum» Gottes: das Leben ist ihnen verliehen.

In einer strengen Version ist das Leben Abarbeiten der Schuld, in einer weicheren: Übertragung der Schuldigkeit Gott gegenüber auf andere Menschen – sich ihnen gegenüber als schuldig erweisen. Darin wandelt sich die Barmherzigkeit/*caritas*: sie beruht nicht auf Mitleid, sondern auf Verpflichtungen (aus der generellen Schuld): ein Modus «reziprozitären Altruismus'». Weil wir in Schuld stehen, sind wir uns untereinander schuldig.[7] Das Schema ist bedeutsam: dass ich mich anderen gegenüber schuldig fühle, beruht hierbei

---

3   Hamacher, Schuldgeschichte, 82.
4   Ebd., 83 f. Übersehen wird dabei die jesuanische Implikation, durch die Jesus durch seine Opfer der Vergebung für alle Menschen erlangt. Damit der Schuld die Unerbittlichkeit genommen; alle sind – je nach theologischer Variante – ent-schuldet oder entschuldbar. Dass diese Liebes-Gabe weniger thematisiert wird, weist auf einen anderen Zusammenhang: auf die Theologie als politisches Monopol aller Seelen, die durch keine vermeintliche Generalabsolution gestört werden darf.
5   Vgl. Fussnote 4.
6   Derrida, Eine gewisse unmögliche Möglichkeit, vom Ereignis zu sprechen, 46.
7   Levinas, Die Zeit und der Andere; Ricœur, Liebe und Gerechtigkeit; Priddat, Deus Creditor, 209–248.

nicht auf Menschlichkeit, sondern auf einem anderen Vertrag: indem ich anderen Menschen gebe, gebe ich Gott (nämlich einen Teil des Kredites zurück). Die Menschlichkeit ist eine abgeleitete Funktion des Glaubens.[8]

Wenn das Leben den Menschen verliehen ist, muss es zum Ende hin zurückgegeben werden. Demnach kann die Schuld im Leben gar nicht abgearbeitet werden; die «vollständige» Begleichung der Schuld besteht in der Rückgabe des Kredites als Rückgabe des Lebens (bzw. der Seele) in den Himmel. Das geschenkte Leben ist eine Ausleihung, die im Tod wieder zurückgenommen wird. Das Leben können wir nur mit dem Leben bezahlen. Deshalb kann der Kredit nur im Himmel vollständig beglichen werden (jedwelche Höllentheorie lasse ich hier ausser acht, als negativer Himmel: oder als theologische Dystopie). Die barmherzige Liebe anderen gegenüber erlöst nicht aus der Schuld Gott gegenüber. Sie zeigt letztlich nur die Geltung der allgemeinen Schuldigkeit. Es gibt keinen weltlichen Tilgungsmodus (auch wenn manche Kirchenpraxis im Mittelalter den Anschein käuflicher Gnade erwecken konnte [Ablass]). «Für den Fall, dass moralische Schuld nicht gesühnt wurde, erwarb man eine Gnadenausfallversicherung, eine frühe Form des Credit Default Swaps (CDS): Man versichert, worüber man nicht verfügt, durch eine gewinnträchtige Lüge»[9]. Da das Zinsverbot aber den kaufmännischen Handel beeinträchtigte, fand man Busspraktiken, die den Kaufleuten dennoch das Seelenheil sichern sollten. (Vornehmlich deshalb wurde die Fegefeuerkonzeption im Mittelalter eingeführt.[10] Hier wird nicht nur – buchhalterisch – zu kalkulieren begonnen, sondern bereits in Kapitalkategorien gedacht – aber vornehmlich wiederum zur Erlangung des Seelenheils.)

Wir haben es mit einer *Ökonomie des Glaubens* zu tun, die theologisch nicht formuliert wird, aber eine Strukturanalogie herstellt. Natürlich wäre es unangemessen, theologisch auf Begrifflichkeiten verdammenswerter weltlicher Praxis zurückzugreifen; die *oeconomia divina*, die eigentliche theologisch ausformulierte Ökonomie Gottes als Heilsgeschehen bzw. Heilsverwaltung der Welt ist anders konzipiert und greift nicht auf Kredittheoreme zurück, sondern auf die antike *oikos*-Wirtschaft, die Novalis als «grosse Haushaltung des Universums»[11] präzise benennt (generell zur *oeconomia divina*: Agamben, Herrschaft und Herrlichkeit). Wir haben es dann mit einer theologisch ignorierten, aber strukturell

---

8 Klein, Sozialität als Conditio Humana.
9 Brodbeck, Vom Ablasshandel zur Schuldsklaverei, 56 f.
10 Le Goff, Wucherzins und Höllenqualen.
11 Priddat, Produktive Kraft, sittliche Ordnung und geistige Macht, Kap. 4. Vgl. Twellmann, Zur Transformationsgeschichte der Oikonomik, 174–177; Schöllgen, Oikos und Oikos theou; Meyer, Soziales Handeln im Zeichen des Hauses, 32 f.

geltenden Gaben-Ökonomie zu tun, die sich von jedwelcher Humanöko-
nomie, die auf bilateralen Verträgen beruht, durch ihre triadische Struktur
unterscheidet: A gibt B (*caritas*) heisst: A gibt G (= Gott), indem er B gibt.
Hier dominiert der theozentrische Fokus. Genauer: es ist bei der *caritas* nur
ein Anschein, dass A dem B gibt. Denn A gibt G, und G gibt B durch A.
Der Kern dieser religiösen Schuldökonomie ist Vermittlung: eine triadische
Relation.

Man kann auch so formulieren: A gibt B, und damit G (= Gott). Hier
dominiert der humane Fokus. Das ist allerdings schon eine eher weltliche
Formulierung, in der a) das Mitleid bedient wird und b) erst Gott. In dieser
Version, in der Mitleid ein Wert ist, hat A einen Doppelnutzen – eine bereits
humanistische Version, deren theologische Struktur sekundär wird.

Man sieht dagegen, dass die theologische Version nicht in Nutzenkategorien denkt, sondern in Verschuldungs-Verpflichtungen: A muss B helfen, weil
A in G's (= Gott) Schuld steht. Der Dank des barmherzig Bedachten geht
nicht an A, sondern gleichfalls an G. Die Struktur ist multi-reziprozitär: die
Kinder Gottes können sich nur über den Vater helfen. In diesem Sinne ist
die barmherzige Gabe tatsächlich nicht auf weltliche Reziprozität angelegt,
sondern auf die Hoffnung auf göttliche Reziprozität. Dass diese Hoffnung
gnadenkontingent bleibt, zeigt, dass wir es hier weder mit Verträgen noch mit
echten Reziprozitäten zu tun haben.[12] Wer erwartet, durch barmherzige Taten
erlöst zu werden, masst sich an, Gottes Willen lenken zu können: Barmherzigkeit in sündiger Intention. Die humanistische Version dagegen denkt das
Mitleidshandeln in Nutzenkategorien: vor sich selber, d. h. vor seiner Mit-
leids-Werthaltung zu bestehen, bringt zusätzlich den Nutzen, vor Gott zu
bestehen. Barmherzigkeit wird hier als Wert verstanden, als Haben-Position
auf dem göttlichen Schuldkonto. Man sieht bereits eine semantische Verschiebung: die Schuld wird in Schulden-Kategorien umgesetzt. Barmherzigkeit wird
zur Investition in ein *religious-faith-capital*: je «mitleidiger» man handelt, um so
grössere Erlösungschancen. Die Schuld, in Schulden transponiert, wird auf-
summierbar. Schulden sind zudem immer tilgbar – im Gegensatz zur Schuld.

Interpretation II: Wenn man G (= Gott) als G (= Gewissen) säkularisiert,
wird die barmherzige Gabe zu einem menschlichen *actus*. *Post hoc* erweist sich
die Gabe als menschliches Motiv, und Gott nachträglich als Katalysator der
Genese intrinsischer Menschlichkeit. Der Altruismus verliert seine reziprozi-
täre Struktur: bilateral habe ich als der, der gibt, höchstens Dank zu erwarten,
aber keine Gegengabe. Das erscheint modern fast schon als heroisch bzw.

---

12 Vgl. Klein, Sozialität als Condito Humana.

überfordernd. Ich kann das Mitleid nur über mein Gewissen rechtfertigen[13]: indem ich anderen gebe, gebe ich mir selbst (was ein gewissensreflektiertes Subjekt voraussetzt): egoistischer Altruismus. Dabei spaltet sich die barmherzige Gabe a) in eine Gabe an andere, und b) in eine Gabe an sich selber, *á conto* der Seelenbuchhaltung. Die Bifurkation nimmt keiner der beiden Gaben etwas von ihrer Valenz (Vorschein eines Mehrwertes als Doppelnutzen).

Kittsteiner interpretiert diesen Schritt als Folge der protestantischen Unmittelbarkeit zu Gott im Gebet, nicht mehr kirchlich-institutional vermittelt. Indem aber die bewährten Bussinstitutionen und damit deren kirchliche Entlastungen entfallen, wird die Religion gleichsam gnadenlos; wo die reine Kontingenz der göttlichen Gnade waltet, sind Entsühnungen nicht mehr zu erwarten. Man muss mit sich selbst, d. h. mit seinem Gewissen ins Reine kommen. Die Beziehung zu Gott wird nicht mehr institutionell und rituell vermittelt, sondern bilateral-unmittelbar. Es ist nicht wirklich verwunderlich, dass Ende des 19. Jahrhunderts Freud die Psychoanalyse gleichsam erfinden musste (während die Seele weiterhin noch in Gott aufgehen konnte, muss die Psyche – wie die Seele nun säkularisiert heisst – fortan mit sich selbst fertig werden).

In dieser Differenz wird stärker zwischen Glauben und Welt unterschieden: zwischen der Schuld in Gott und der zwischen den Menschen. Die Schuld in Gott bleibt unaufhebbar. Sie kann auch nicht durch gute Werke bzw. Barmherzigkeit abbezahlt werden. In der Barmherzigkeit anerkennen Christen die Schuld gegen Gott in ihrem Handeln anderen gegenüber, heben sie aber nicht auf. In diesem Sinne zeigt man sich gläubig, bleibt aber der Kontingenz der Gnade anheimgestellt. Wenn aber die triadische Relation Barmherziger/Gott/Bedürftiger nicht mehr über die gläubige Evokation Gottes läuft, wird sie ein soziales Handeln, eine A/B-Beziehung, referenzlos, eine reine Gabenökonomie. Die alte vermittelnde Form der Multi-Reziprozität über Gott entfällt; welche neue Form hält das Beziehungsgeflecht sozialer Interaktion stabil?

Interpretation III: Deshalb werden moderne Versicherungstheoreme unterlegt: indem ich bedingungslos gebe, darf ich erhoffen, dass dann, wenn ich bedürftig bin, mir auch gegeben wird (John Rawls' *veil of ignorance*).[14] Das Nichtwissen um die eigene künftige soziale Positionierung – bei Rawls eine Vernunfteinsicht –, ist der säkularisierte Rest der Kontingenz der Gnade. Das Versicherungstheorem ist wieder reziprozitär altruistisch angelegt, aber funktional äquivalent dem Barmherzigkeitstheorem. Die Maxime heisst nicht: ich gebe, damit mir gegeben wird (das römischrechtliche *do ut des*), sondern: ich

---

13 Kittsteiner, Von der Gnade zur Tugend, 171 ff.
14 Rawls, Gerechtigkeit als Fairness.

gebe, damit mir, für den Fall, dass ich bedürftig werde, gegeben wird. Ein triadische Figur wird wieder eingeführt: A gibt V (= Versicherung), um später, im Bedarfsfall, selber zu bekommen. Dafür, dass A der V gibt, kann V aktual B geben. Dass A später, im Ereignisfall, bekommt, wird durch C gewährleistet etc.

Die versichernde Nutzenkalkulation heisst: da nicht alle bedürftig werden, gibt es für diesen funktionalen Altruismus keine Adäquanzformel – man zahlt für die erwarteten Ereigniseintritte, die allemal geringer sind, als wenn alle erwarten dürften zurückzubekommen. Versicherungen sind schlicht billiger bzw. eine kostengünstiger Form der Barmherzigkeit. Die Kosten der Schuld werden minimiert, weil nur die statistischen Bedürfnisfälle ausgezahlt werden. Wir haben es zudem mit einer Effizienztheorie der Barmherzigkeit zu tun, in der nicht bilaterale Beziehungen eingegangen werden, sondern kollektiv-triadische-statistische. Und die Barmherzigkeit ist nicht fallabhängig, sondern systematisch, und im Prinzip für alle, die einzahlen (oder vom Staat einbezahlt bekommen). Das konnte die einfache Barmherzigkeit nicht leisten: sie blieb kontingent, d. h. für den je einzelnen Armen riskant, ob und wieviel er je bekommen würde.

Wir reden beim Versicherungssystem jetzt von einem sozialen oder Wohlfahrtssystem: einer institutionalisierten und Form der *caritas*. Hinzu kommt diese starke Änderung: man gibt nicht, weil ein anderer bedürftig ist, sondern weil man selber bedürftig sein könnte. Es ist, versichernd, eine Investition in sich selber; auf den Doppelnutzen hatten wir schon hingewiesen. Die Barmherzigkeit wird verzeitlicht in eine Systemform der *amour de soi*, die aber, um spätere Auszahlung zu garantieren, jetzt bereits anderen zahlt, die jetzt bedürftig sind. Das soziale Moment daran lautet: je mehr einzahlen, und je weniger bedürftig werden, desto kostengünstiger der Barmherzigkeitsaufwand (also auch um so entlastender für die Einzahler). Ein solches System kann nur in einer prosperierenden Gesellschaft laufen. Die Schuld den anderen gegenüber – das klassische Barmherzigkeitsmotiv – wird in einen Effizienzmodus überführt, mit der Folge der Aufhebung der Kontingenz von Barmherzigkeit. Im bilateralen alten Modus musste man immer jemanden treffen, der *de facto* barmherzig ist – in einer Welt, in der nicht mehr alle Menschen christlich disponiert sind, ist das riskant, weil zu kontingent. Deshalb der Wechsel ins institutionalisierte (Versicherungs-)System. Es setzt allerdings voraus, dass man, in einer bestimmten Phase, auf jeden Fall einzahlungsfähig ist: das geht es nur in einer monetären Ökonomie, und auch nur dann, wenn in der Lage ist, aus seinem Einkommen die Versicherungskosten aufzubringen. Und es setzt, als moderne Form, weder Barmherzigkeit als intrinsisches Motiv noch ein Gewissen voraus. Die Barmherzigkeit wird im Versicherungssystem zu einer *société anonyme*, wenn ich das französische Wort als deutsche Metapher verwenden darf.

Interpretation IV: Doch gibt es noch eine zweite Transformation der Barmherzigkeit: A gibt B einen Kredit. Man kann im Ausgangspunkt sagen: A gibt B den Kredit Gottes weiter. Doch haben wir natürlich sofort eine andere Struktur. Kredit ist keine reine Gabe.[15] Kredit wird auf Rückzahlung gegeben (als Darlehen ohne Zins, als Kredit mit Zins). Dabei ist zwischen dem Bedürftigen = Armen in Not und dem Armen ohne Not zu unterschieden. Der Arme in Not hat keine Lebenschance, einen Kredit zurückzugeben. Die Gabe ist bei ihm als Kredit verloren. Hier kann nur die klassische Barmherzigkeit oder die moderne Sozialversicherung wirksam werden. Aber der andere Arme, der nicht in Not, nur illiquide ist bzw. in Liquiditätsproblemen, kann potenziell rückzahlen. Man hilft ihm in einer Zahlungsnot, weil man erwarten kann, dass er später, und gerade durch den Kredit, wieder solvent wird. Hier wird der Kredit eine produktive Instanz.

Insofern ist der Kredit erst einmal doch nichts anderes als eine Gabe, nur mit der anderen Bedingung, zurückzugeben: ein Geschäft auf Gegenseitigkeit. Der, der gibt, gewinnt ebenso viel, wie der, der bekommt. Hierin ist, gegen alle Intuition, ein gabenökonomisches Moment vorhanden: der Kredit muss nicht sogleich ein Geschäft sein; er kann auch den Charakter einer Gabe behalten. Man gibt, was man nicht braucht, jemandem, der es braucht – eine temporäre, dann zu restituierende Gabe. Das gehört noch ins Schema des reziprozitären Altruismus. A gibt dem B zum Zeitpunkt *t1* etwas, was A nicht braucht, B aber brauchen kann, um es zum Zeitpunkt *t2* an A zurückzugeben. Eindeutig eine Ausleihe, ist es nicht notwenig ein Kredit auf Zins. Der Kredit – als dieses Darlehen – wird zu einer Schuld, die zeitlich beglichen werden wird. Wir befinden uns in irdischen Zyklen, die irdisch aufgelöst werden können. Der Transformator ist eine Ausweitung des Gabentausches, als Ausweitung der Barmherzigkeitstheorie. Genauer gesagt: das Geben des Kredites ist eine Gabe an jemanden, der Geld braucht, der in Liquiditätsnot ist. Doch ist der Kredit auf Reziprozität verpflichtend; hier kommt ein anderes Moment hinein, das dem Tausch ähnelt. Solange der Kredit ein (zinsloses) Darlehen ist, kann die Rück-Gabe dann erfolgen, wenn der, der das Darlehen gab, es wieder braucht. Es gibt keinen Zwang zur eindeutigen Terminierung. So wäre der Kredit, als Darlehen, ein Gabentausch, reziprozitär, aber jeweils erst dann, wenn es jeweils gebraucht wird. Hier können recht elastische Schuldverhältnisse herrschen.

---

15 Hénaff, Der Preis der Wahrheit.

Erst der terminierte Kredit, der eine genaue Frist der Rückgabe setzt, verwandelt die Gabe in einen Vertrag, der die Leihe verkauft, d. h. Zins nimmt für das Hergeben des Kredites. Hierin wandelt sich die Beziehung des Gebers und des Schuldners; die soziale Elastizität ist verschwunden. Es werden keine Gaben mehr getauscht, sondern die Leistung der Kreditierung wird zum Marktpreis (Zins) gekauft. Wenn man den Kredit um des Zinses willen gibt, d. h. ihn als Geschäft betrachtet, wurde es in der Vormoderne kritisch. Die Zinskritik, von Thomas von Aquin von Aristoteles übernommen, hat hier streng unterschieden. Das Empörende scheint zu sein, dass man für den Kredit mehr nimmt, als man zurückgeben müsste (wenn man für das Geben/Nehmen das Darlehen als Mass nimmt). Es ist so, als ob man sich Barmherzigkeit bezahlen lässt: Ausnutzung einer Not. Dass der, der sich für die Zeit der Ausleihe Zins zahlen lässt, Gott die Zeit stiehlt, lassen wir hier beiseite. Doch ist die Zinskritik zweifelhaft, wenn man die produktive Funktion des Kredites einrechnet, dem, der Liquiditätsnot hat, zu helfen. Es geht hierbei um eine besondere Gruppe von Armen: wir hatten sie die ohne Not, aber in Liquitäts-problemen bezeichnet. Es sind die, die zwar, wenn sie den Kredit angenommen haben, in Schuld stehen, aber absehbar sich entschulden können, durch ihre durch den Kredit reaktivierte Produktivität. Hier wird die Schuld verzeitlicht, zu einer innerweltlichen Episode, aber nun, gegenüber dem Darlehen, in einer produktiven Funktion. Der Kredit wird zu einer Schuld, die nicht nur beglichen werden wird, sondern beiden – dem Geber wie dem Nehmer – Mehrwert schafft. Das ist ein *novum*.

Das war den Christen in ihrer Grundschuld Gott gegenüber nicht möglich, noch den Armen, die nicht wiedergeben können. Die Schuld wird nun aus ihrer Rückgabeunmöglichkeit in eine säkulare Form gebracht: Tilgung. Der Typus, der das leisten kann, ist der *homo novus* der Renaissance: der Typus, den Hannah Arendt in der *vita activa* beschreibt:[16] *homo faber* bzw. *homo activus*, der in der Welt etwas erreicht.

Nietzsche hat das *zoon logon echon*, die aristotelische Definition des Menschen, raffiniert übersetzt: das Tier, das verspricht.[17] Es geht um ein besonderes Sprechen: sich und anderen etwas versprechen bedeutet, ein *irrealis* durch Handlung in ein künftig Reales zu verwirklichen. Aber auch: sich etwas zu realisieren versprechen. Der Philosoph Enkelmann macht auf den kredit-theoretischen Gehalt dieser Definition Nietzsches aufmerksam: etwas versprechen

---

16 Arendt, Vita activa.
17 Enkelmann, Zwischen Ökonomie, Kommerzialität und Idealismus, 157–181. Enkelmann, Das «Thier, das versprechen darf», 387–396.

heisst, einen Kredit zu nehmen, auf dessen Rückgabe man sich verpflichtet.[18] Das Raffinierte daran: der Kredit besteht aus nichts anderem als einem Versprechen, das sich aber deshalb auf Realisation verpflichtet. Wer etwas verspricht, wird darauf beobachtet, ob er sein Versprechen einhält.[19] Der Kredit ist von eben dieser Struktur:

A bekommt jetzt etwas von B, das er dem B später zu begleichen verspricht. Wenn «das Tier, das verspricht», die – modernisierte – Definition des Menschen ist, dann ist der Kredit eine fundamentale humane Relation, und kein grenzwertiges Sozialphänomen. Als Kredit bleibt der Vertrag offen, ob rückgezahlt wird. Erst die Rückzahlung schliesst den Vertrag vollends. Wir operieren im Kredit im Prinzip mit offenen Verträgen: eine fundamentale Vertrauensbasis. Der frühe Kredit – in der Neuzeit – war deshalb auch ein Geschäft unter Kaufleuten, die sich kannten.[20]

Die Schuld ist verwandelt in Schulden, die rückgezahlt werden können. Sie sind in eine tilgungsfähige Form gebracht. Der theologische Bezug ist verschwunden. In dem Moment, in dem die triadische Form A/B/G (= Gott) in eine dyadische Form A/B transponiert ist, haben wir es mit einem Geschäft zu tun. Der Geschäftskredit wächst aus der Gabenstruktur heraus, enthält sie aber noch. Einen Kredit geben heisst, dem anderen zu vertrauen, dass er rückgabefähig ist. Wegen der zeitlichen oder Wartestruktur haben wir nicht mit einem Tausch zu tun, bei dem sichtlich Ware gegen Ware oder Geld Zug um Zug wechselseitig übergeben wird. Das italienische *credere* heisst «glauben» und «zutrauen». Kredite sind Bestandteile einer ökonomischen Alltagsreligion, in der der Glaube an Gott in einen sozialen Glauben an den anderen umklappt. Ökonomisch ist dieser Glaube ein Glaube an die ökonomische Produktivität dessen, dem man den Kredit gibt (der Rest wird haftungsrechtlich durch Eigentumssicherheit geklärt). In diesem Sinne haben wir es wieder mit einer triadischen Konstruktion zu tun, wenn auch gänzlich anderer Art: Was hier rechtlich vereinbart wird, bleibt ein latent kontingenter Vorgang. Deshalb haben wir es mit folgender triadischer Struktur zu tun: A vertraut B, dass er rückzahlungsfähig ist, heisst: A vertraut V (= Vertrauen), und B bestätigt V.

V ist der Katalysator dieses Vorganges und verschwindet im gelungenen Vertrag. Im Misslingensfall wird V enttäuscht. V nimmt in dieser alltagsreligiösen Interpretation (V = Vertrauen als Glaube an den anderen) die Funktion (nicht die Stelle) Gottes ein. Ich behaupte damit nicht, dass der Kredit religiös

18 Vgl. Enkelmann, Zwischen Ökonomie, Kommerzialität und Idealismus, 157–181. Enkelmann, Das «Thier, das versprechen darf», 387–396.
19 Vgl. auch Priddat, Moral als Investition.
20 McCloskey, The Bourgeois Virtues, Abschnitt 1 und 2.

konnotiert ist, sondern das ein religiöses Muster wirksam wird, aus dem heraus der Kredit als unwahrscheinliche Vertragsform wahrscheinlich werden kann. Alle Beteiligten wissen, was Glaube bewirken kann; die Religion operiert hier als ressourcialer Hintergrund. V übrigens bezeichnet kein rein persönliches Vertrauen, sondern impliziert immer zugleich die soziale Einschätzung Dritter, auf die der Kreditgeber sich mit verlässt. V ist eine gesellschaftliche oder soziale Instanz. Deshalb wird der Kredit faktisch unter Zeugen beglaubigt. Überhaupt stellt «die Religion mit ihren Begriffen von Schuld und Sühne, Lohn und Strafe, Gerechtigkeit und Vergeltung jene Denkform dar, in der menschliche Handlungen als Geldprozesse organisiert wurden»[21].

Moderne Kredite sind anonymisiert. Für die Übergänge bis in die Moderne wissen wir zuwenig über die soziologische Struktur: möglicherweise waren Kredite in grösserem Massstab persönliche Kredite an Menschen, die man kennt, denen man familial verbunden ist, die in der sozialen Matrix einer überschaubaren Gemeinschaft positioniert sind etc. In solchen Strukturen ist die Differenz zwischen Gabe und Kredit als Geschäft ambigue. Man gibt Kredit, obwohl man nicht weiss, ob man ihn rückbekommt, ist aber familial verpflichtet. Wir müssten die vorherrschenden obligatorischen und Netzwerk-Strukturen kennen. Womöglich gibt A dem B einen Kredit, von dem er weiss, dass er ihn von B kaum zurückbekommt, hat aber durch diese Handlung einen Kredit bei C (im Familienclan), d. h. A bekommt von C retributiert, was B nicht leisten kann, aber weil er B geholfen hat. Der Kredit verschiebt sich in diesen familienökonomischen Strukturen in den Netzknoten von A/B auf A/C und wird B gegenüber zu einer Gabe. Wir müssen uns vormodern lösen von der rein bilateralen Vertragskonzeption, die die moderne Ökonomie beherrscht. Die Schuld ist in dieser netzwerkökonomischen Variante ein Joker, der sozial verschoben werden kann. Wieder sind wir bei einer triadischen Struktur:

A gibt B, aber C zahlt für B / anstelle von B zurück. C ist die personale Repräsentanz einer sozialen Verpflichtungsstruktur, die ein – hier familiales oder clan-gebundenes – Sozialkapital verkörpert.

Es fällt auf, dass der moderne Kredit über einen anonymen Vertrauensoperator läuft, während die älteren Formen auf – familialen oder netzwerkartigen – Verpflichtungsstrukturen beruhen.

Ich wollte nur darauf aufmerksam gemacht haben, dass der Kredit in seiner Grundstruktur im Ausgang als Gabe verstanden werden kann, also als Hilfe für jemanden, der an Geldnot leidet (und zwar so, dass er dann, wenn er nicht

21 Brodbeck, Vom Ablasshandel zur Schuldsklaverei, 57.

kreditiert wird, tatsächlich in Not und Armut fiele). Der Übergang zum monetären Kreditgeschäft ist fliessend. Wenn man aber bedenkt, dass jemand, der
einem anderen einen Kredit gibt, nicht gewiss sein kann, dass er ihn zurückbekommt, bleibt ein gabentheoretischer Rest. Denn man hat dann, wenn der
Kredit ausfällt und er nicht zurückzahlen kann, dem anderen, wenn auch *contra
intentionem*, eine Gabe gegeben. Nur dass jetzt die Gabenfunktion als Risiko
eines Geschäftsvertrages gerechnet wird; alle freie Intention ist ihm genommen. Folglich wird in einer monetären Ökonomie die Gabe diskreditiert: als
Effizienzverlust. Man sieht aber, dass wir Übergänge haben. Als Christ kann
man dem, der seine Schulden nicht zahlt, vergeben[22], ist aber in dem neuen
Effizienzmarktmilieu ein schlechter *business man*. Wenn nun aber der Erfolg
im Geschäft ein Indikator für Gottes Wohlwollen ist, ändert sich zugleich
das Barmherzigkeitsverhalten (im Schatten der «protestantischen Ethik»). Ich
wollte mit dieser Nachbemerkung nur darauf aufmerksam machen, dass die
alten *relations* fortbestehen; nur sind sie nicht mehr dominant.

Kredite sind Zeitmaschinen: der Kredit «treibt eine Zeitmaschine an, mit
der wir in die Zukunft reisen. Dort pflücken wir die Früchte von morgen, um
sie bereits heute zu geniessen. Nur so kommt Wachstum zustande. Unser wirtschaftlicher Wohlstand ist daher im wahrsten Sinne des Wortes der Zukunft
geschuldet»[23]. Es ist eine angemessene Metapher, den Kredit als Handel mit
Zeit zu beschreiben. Ökonomisch bleibt das noch etwas ungenau, aber es
kommt hier auf etwas anderes an: dass sich die christlich-theologische Zeit-
vorstellung im Kapitalismus ändert. Was wir als Christen erwarten können,
liegt in einer «anderen Zeit»: in der Hoffnung auf Erlösung im Himmel. Die
«andere Zeit» – vertikal auf den Himmel gerichtet – ist nicht die horizontale
Zeit der human-mundanen Geschichte. Die Apologie des Kredites setzt voraus, dass wir Erlösung in der Geschichte erwarten können. Das aber wiederum
fordert, produktiv zu sein. Denn der Kredit ist rückzahlbar nur, wenn man
mit seiner Hilfe Geschäfte tätigt, die Mehrwert kreieren. Die Schulden, die wir
im Kredit eingehen, sind gekoppelt an Vorgriffe auf zukünftige Erträge: die

---

22 Das Insolvenzrecht ist letztlich ein christliches Residuum: dem, der nachweislich nicht
   zahlen kann, wird die Schuld erlassen («den Schuldigern vergeben»). Rational daran ist,
   dass es nicht lohnt, eine Forderung aufrecht zu erhalten, die nicht einklagbar ist. Christlich
   bleibt daran die Erlassung einer Strafe (keine Schuldknechtschaft). Man ist danach wieder
   frei, neu zu beginnen. Dass es eigentumsrechtlich auf diese Freiheit ankommt, darf nicht
   übergangen werden; aber es ist eine Freiheit aus Vergebung – eine jesuanische Implikation
   (vgl. auch Fussnote 4).
23 Strobl, Die Droge der Ökonomie, 33.

Schuld, die wir darin auf uns nehmen, erweisen sich als später retributierbare Schulden. Erlösung ist in dieser Wendung keine Hoffnung auf Gnade, sondern Erwartung auf Produktivität.

Die Verschiebung der Erlösungs-Metapher von Hoffnung auf Erwartung kennzeichnet die neue Geschichtlichkeit des Kapitalismus, die ein eigenes Verhältnis von Weltzeit und Lebenszeit generiert[24], in der die Transweltzeit der Ewigkeit des Himmels profanisiert wird. Es darf jetzt darauf ankommen, innerhalb der Lebenszeit soviel wie möglich von der Fülle der Möglichkeiten der Weltzeit zu realisieren.[25] Später wird das zur Maxime der Maximierung. Der Kredit erweist sich darin als Akzelerator: mit seiner Hilfe kann man mehr realisieren als nur mit den Eigenmitteln. Nicht mehr der aktuelle Kapitalstand entscheidet die weitere Entwicklung, die im 20. Jahrhundert «Wachstum» genannt wird, sondern der erwartete künftige. Im Vorgriff auf die Zeit (der Zukunft) intensiviert sich das gegenwärtige Leben. Wenn man vom Himmel nicht mehr die Erlösung erwartet, will man sie im Leben *hic et nunc*. Die moderne Ökonomie wird zu einer Konzeption des zu maximierenden gegenwärtigen Möglichkeitsverbrauchs. Als offene Zukunft (Geschichte) wird die Zeit zu einer Ressource, die man nutzen muss als Steigerung des nur einen Lebens, das man hat. Für die Seele bleibt der Trost der Ewigkeit weiterhin, aber das physische Wohlbefinden (*to higher the comfort of life*, Adam Smith) lässt sich erhöhen: die neuen *teloi* heissen Bedürfnisbefriedigung, *happiness* und Wohlfahrt.

Die alte Schuld schwindet, weil der Fülle der Möglichkeiten, die vordem allein dem Himmel zustanden, jetzt irdisch als offene Zukunft in Progression verstanden wird. Das «gebe, weil dir schon gegeben wurde» – Leben und Schöpfung als unvergeltbares Geschenk – wandelt sich in ein «gebe, weil du erwarten kannst, mehr zu bekommen». Hierin wird das Leben nicht von der Quelle, vom geschenkten Anfang betrachtet, sondern in Hinblick auf ein aktiv zu erwerbendes «Geschenk» der Zukunft. Die Möglichkeiten der Schöpfung werden zu *sunk costs* des Lebens; die «Schöpfung» liegt voran, in der Zukunft. Sie ist jeweils erst zu verwirklichen; Wille und Arbeit sind jetzt die energetischen Treiber der modernen Gesellschaft als Zugewinngemeinschaft. Der «kreative Mensch» – *homo creator* – wird selber Schöpfer.

Das Geben wird zu einem *modus activus*: ein Erlangen bzw. sich selbst geben – Investition in Lebenszeit zur Verwirklichung künftiger Möglichkeiten. Damit wird die Schuld invertiert: man ist der Zukunft verschuldet. Das aber kann man abarbeiten, tilgen. Die Schuld besteht nur sekundär noch einem anderen

---

24 Blumenberg, Lebenszeit und Weltzeit.
25 Genauer in: Priddat, Begnin order and heaven on earth.

gegenüber, sondern primär einem Projekt. Man verschuldet sich diesem Projekt – und sich selbst in der Pflicht, dieses Projekt zu realisieren. An die Stelle der Hoffnung im Glauben an den Himmel tritt mundane Ermöglichungserwartung.

II.

Die grosse Schuld, die wir theologisch als Erbe Europas kennen, ist weltlich nicht ableistbar (ausser man vergisst sie). Anders die Schulden, die beim Kredit anfallen. Der Kredit ist begleichbar: man muss ihn nur abzahlen, mit Zins und Zinseszins. Wir haben es hier mit fristigen Geschäften zu tun. Hat man bezahlt, endet die Schuld. Die Menschen bleiben «in der Zeit» (ihres Lebens, der Geschichte), sind nicht mehr auf die grosse Transposition angewiesen, die ihre Schuld erst im Himmel erlöst. Die Erlösung vom Himmel, so scheint es, eröffnet ihnen Lösungen innerhalb der Weltzeit.

Das kommt uns heute selbstverständlich vor, setzt aber Rückzahlungsfähigkeit vor. Diese setzt wiederum voraus, dass man produktive Geschäfte eingeht. Das war früher nicht selbstverständlich: man konnte durch einen Kredit in Schuldknechtschaft geraten. Angesichts der Tatsache, einen Kredit nicht rückzahlen zu können, wurde man dem Kreditgeber gegenüber arbeitspflichtig, oft lebenslang (heute finden wir z. B. solche Verhältnisse bei illegal erpresster Prostitution oder illegal importieren Schwarzarbeitern). Die Schuldknechtschaft hat eine allgemeinere Form: dafür, dass man einmal kreditiert wurde, bleibt man in einer Unterdrückungsabhängigkeit. Der Geber erwartet diverse Dienste, die nicht äquivalenzkorreliert sind. Es bleibt zu untersuchen, wieviele solcher Kreditherrschaften heute noch weltweit gelten – die negative Form der Dienstleistungsökonomie. Man geht – strategisch kalkuliert – Kreditverträge ein mit Menschen, deren Rückzahlungskompetenz ungewiss ist, um darüber eine schuldknechtschaftliche Herrschaft über sie zu gewinnen. W. D. Enkelmann sieht hierin ein Grundmuster der Gabe als Herrschaftsmoment[26] (das wäre gesondert zu untersuchen, wieweit die Gabe, in ihrer scheinbaren Güte, Herrschaft generiert). Hier kippt die Kreditgeschäftsform in Feudalität. Wir kennen das als mafiöse Strukturen: einmal unterstützt, bleibt man in unklaren Loyalitätsverpflichtungen, die mit Macht erzwungen werden können. In solchen feudalen Strukturen wandelt sich die Form der Schulden: wenn hierin einer, der Kredit bekommen hat, nicht monetär begleichen kann, muss er in anderer Form begleichen. Prinzipiell kommt er aus diesen Schulden nicht heraus, bleibt abhängig. Die Schulden verwandeln sich in eine Schuld zurück,

---

26 Enkelmann, Beginnen wir mit dem Unmöglichen, 20.

die gleichsam unaufhebbar ist (manchmal sogar an die nächste Generation übertragen). In unseren Rechtsstaaten kennen wir solche Schuldknechtschaften nicht; Solon hob sie in Athen auf und generierte damit die Voraussetzung für einen Verfassungsstaat: die, gleichsam demokratische, Polis. Um gegeneinander als Freie gleichberechtigt zu sein, muss jede machterheischende Form der Schuld aufgehoben sein. Die Aufhebung der unaufhebbaren Schuld – das ist die nichtchristliche Variante – ist die historische Voraussetzung für eine Politik (freier Bürger), d. h. die Aufhebung von Herrschaft.

Wir haben es mit Machtstrukturen zu tun und ihrer – politischen – Abschaffung. Der Kredit ist die ältere Form. Das Risiko der Nichtrückzahlung verwandelt den Kredit in Schuldknechtschaft, d. h. in Herrschaft. Das wandelt sich erst in produktivitätsstarken Gesellschaften. Im modernen Kredit der Neuzeit wird diese Transformation unterbunden. Damit entfällt die Wandlung einer Transaktionsbeziehung in Herrschaft und für den Kreditgeber erhöht sich das Risiko, nicht retributiert zu werden (vordem hatte er ja den Kreditnehmer als Pfand, d. h. als potenziellen Schuldsklaven). Deshalb wird für die Ausweitung des Kreditwesens das Vertrauen bedeutsam: als Einschätzung der Kreditkompetenz des Schuldners. Es wird evident, dass die Zunahme der Kreditgeschäfte in der modernen Wirtschaft mit ihrer Kapital/Investitions-Produktivität zu tun hat, d. h. mit der Erwartung, dass der Schuldner investiert, um aus dem Profit die Rückzahlung plus Zins zu gewährleisten. Man schätzt jetzt nicht mehr seine Kreditfähigkeit ein, sondern seine Investitionskompetenz und Marktfähigkeit (was – sehr viel später – auch für Privatkredite gilt, die an die *employability* des Schuldners gekoppelt werden). Die Banken, die die zentralen Kreditgeber werden, achten natürlich weiterhin auf die individuelle Kreditfähigkeit, aber rechnen im Portfolio ihrer breit gestreuten Kreditvergaben mit Verlusten bzw. verlorenen Krediten. Sie vertrauen auf das Gesamtgeschäft, weil sie dem aufkommenden Kapitalismus vertrauen: auf sein Wachstum und seine zunehmenden Marktchancen. Sie rechnen den Kredit als statistische Grösse, nur noch bedingt individuell.

Man sieht die Ähnlichkeit und die Differenz: der Begriff der Schuld wird säkularisiert. Er dreht sich um 90 Grad. Man steht in Schuld (hat Schulden), bis man rückgezahlt hat. Die Schuld, als Schulden, ist ablösbar. Es ist ein *within-life-mode*. Endliche Wesen haben endliche Schulden.

In der Schuld der Ursünde haften die Menschen mit ihrem Leben (genauer, in der Ökonomie des Glaubens, mit ihrer Seele: wird sie zum Himmel erlöst oder zur Hölle verdammt). Die Erlösung aus der Schuld ist nicht selbst bestimmbar, d. h. kompetenz-unabhängig. Die säkulare Schuld der Kredit-schulden haftet letztlich nur mit dem Vermögen (oder, in strafender Unfrei-heit, mit dem Handlungsvermögen, auf Zeit). Der Lebenszustand wird modi-fiziert (mit allen Chancen des Neubeginns hernach). Das ist bedeutsam: dass man seine Schulden begleichen kann. Dadurch rekonstituiert man sich als freie Person, die fortgesetzt transaktionsfähig ist. Jede Schuld hingegen – in theologischer oder weltlicher Art – hebt die Eigenständigkeit desjenigen auf, dekonstruiert seine Person. Die Säkularisierung der Schuld (der Erbsünde) in die Kredit/Schulden-Relation erst macht das moderne Subjekt möglich, das nicht mehr in Demut unselbstständig (ein Sujet Gottes) ist, sondern frei ist zu seiner Selbstbehauptung.[27] Ein Indikator der Modernität des Subjektes ist seine Kompetenz, sich verschulden zu können, ohne damit in Schuld zu stehen. Was macht den Unterschied?

Das Leben der Christen ist ein Geschenk Gottes. Wenn das Leben ein Kredit wäre, könnte Gott, der ihn gewährt, jederzeit rückfordern, auch nach dem Tode (Kontingenz der Gnade). Wir können diesen Kredit nur abzuzahlen versuchen, indem wir gottesfürchtig leben (Gnade und Furcht korrelieren): aus Furcht vor dem Tode leben (genauer: aus Furcht vor der Bestrafung der Seele, ihrem möglichen *displacement*). Moderne Theologie schaltet von Furcht auf Liebe um. Weil Gott uns das Leben geschenkt hat, sollen wir auch im Leben dem anderen schenken (hier wird der jesuanische Impuls bedeutsam[28]). Hinzu kommt Gerechtigkeit als Mass: angemessenes Geben und Nehmen. Barmherzigkeit verlangt, das zu geben, was man eigentlich selber braucht. Das wird in der Neuzeit sozialisiert: es geht dann darum, das zu geben, was man nicht braucht. Die Differenz wird darin gesehen, dass man nur geben kann, wenn man zuvor sich selber erhält. Selbsterhaltung wird – naturrechtlich – zur *conditio sine qua non* der *charity*. Denn wenn man sich nicht selbst erhält, kann man auch anderen nicht mehr geben. Zum Beispiel *idle money*: überschüssiges Geld. John Locke begründet in seiner Naturrechtsökonomik das Geld als einen stillen Sozialvertrag[29]: das Eigentum, das man nicht durch seine eigene Arbeit legitim sich zurechnen kann, wird dadurch, dass man es anderen verkauft, die es brauchen, legitimiert. So werden Aneignungen gerechtfertigt, die man eigentlich für sich nicht braucht.[30] Was früher als Habsucht (*averitia*) verdammt wurde, wird jetzt sozialisiert; man darf sich soviel aneignen, wie man will; die Grenze ist keine normative oder moralische, sondern die Verderbnis der

27 Blumenberg, Lebenszeit und Weltzeit.
28 Vgl. Fussnote 4.
29 Ludwig, Arbeit, Geld, Gesetz.
30 Priddat, Eigentum, Arbeit, Geld.

angeeigneten Früchte. Der, der etwas (einen Acker z. B.) aneignet, dessen Früchte er nicht braucht und deswegen verderben lässt, macht sich schuldig. In dem Moment, in dem man sie aber anderen, die sie brauchen, verkauft, wandelt man die verderblichen Güter in Geld, das als Münzgeld dauerhaft ist (also angeeignet werden kann). Geld sozialisiert das Eigentum, welches man zuviel hat (*overplus*): man verkauft seinen Überschuss an andere (die ihn brauchen, weil sie nachfragen) oder verleiht das Geld.

Der Markt wird somit zu einer sozialen Institution, die zugleich die Eigentumsverfassung legitimiert (die durch den ersten und grundlegenden Sozialvertrag gewährleistet wird). Das lässt sich als reziprozitärer Altruismus nicht vollständig erklären, denn es ist eine Theorie der Sozialisierung von Überschüssen (*overplus*). In dieser Struktur wird die Schuld in eine soziale Form der fortlaufend ausweitbaren Transaktionalität gewandelt. Mir kam es darauf an, den Markt, in Reinterpretation einer Naturrechtsökonomik, als eine besondere Extension der Gabenökonomie darzulegen, in der letztlich nur gehandelt wird, was wechselseitig gebraucht wird. Darin ist jedwede Schuld verschwunden und es bleiben lediglich wechselseitige, tilgbare Schulden.

Das ist insofern bemerkenswert, als Sozialität nicht mehr als Teilen dessen, was man hat, definiert ist, sondern als Teilen dessen, was man hinzuerwirbt. Das wird beim Kredit offensichtlich: der Kreditgeber profitiert vom Profit des anderen qua Zins. Die Gabe wird zu einem Kompetenzthema; von jetzt an hört man auf, die gabentheoretische Struktur noch weiter zu bemühen. Man stellt um auf eigentumstheoretisch konditionierte Verträge. Eigentum aber setzt nicht nur rechtsfähige Eigentümer voraus, sondern auch Aneignungslegitimationsbegründungen. Nur in einer sozialen Struktur, in der ein Selbst Eigentum schaffen kann, kann die Schuld in eine personale Verantwortlichkeit überführt werden. Diese neue soziale Struktur ist der Markt, der modern über produktivitätsbefähigte Akteure definiert wird. Wir bekommen in dieser Struktur eine allgemein abarbeitbare Schuld, was bedeutet, mit der Zunahme von Produktivitätschancen eine ungeheure Ausweitung des Kreditgeschäftes zu ermöglichen. In diesem Kontext entstehen die Banken – als ein modernes Phänomen. Die Schulden sind ein vitaler Operator: ein Mehrwertgenerator, so die Investition erfolgreich ist. Kredit setzt auf Zukunft, d. h. auf zukünftige Erträge, die immer «mehr» erbringen muss als nur die Rückzahlung: Profit und Zins zugleich. Hierin zeigt sich Wachstum als notwendig, denn es muss mehr erwirtschaftet werden als nur die Rückzahlung: die Kreditschuld, der Zins und ein Einkommen.[31] Kredit ist potenziell Kapital. Als blosser Kredit muss er auf Pfand bestehen (d. h. letztlich auf Eigentumsumverteilung). Wenn

---

31 Binswanger, Die Wachstumsspirale.

nicht rückgezahlt werden kann, geht das Pfand auf den Kreditgeber über. Als Kapital geht es aber nicht um Umverteilung, sondern um Produktivität: Erweiterung = Wachstum, als Wachstum von Beschäftigung (= Einkommen) und Profit.

Die Schulden werden erst dann (wieder) zur Schuld, wenn die Investition misslingt, und die Rückzahlung nicht erfolgt. Fortan steht dann der zahlungsunfähige Schuldner in weiterer Schuld, und wird in seinem fortlaufenden Leben daraufhin geprüft, wann er wieder zahlen kann. Es gibt allerdings Formen der Sühne: Abbezahlung und Strafe. Danach sind die Schulden getilgt, die Schuld ist aufgehoben. Man ist aus ihr entlassen.

Das grosse Modell der christlichen Schuld ist, in der säkularen Variante, in einen Phasen-/Lebensabschnitt projiziert (eine Mikrovariante mit Sühnepotenzial). Nur der, der sich völlig passiv erweist, bleibt in der Schuld (also der als demütig-passiv definierte, auf Gott allein wartende Christ. Er muss jetzt auch weltlich leiden). *Homo activus* ist sühnefähig: er arbeitet seine Schulden ab. In diesem Sinne wird Arbeit modern zum erlösenden Gebet. Und die Ökonomie übernimmt die Funktion einer säkularen Religion (*civil religion*) – mit ziemlich praktischen Konsequenzen: die gnadenabhängige Schuld wird in einen Modus selbsterlösender Schuld übersetzt – durch Arbeit. Die alte Formel Gnade/Erlösung wird in eine neue übersetzt: *self-estimation*. Arbeite die Schulden ab. Das setzt voraus, dass Menschen als Subjekte selbstverantwortlich sind.[32]

Das setzt allerdings auch voraus, das das Verhältnis von Gläubiger und Schuldner nicht bilateral, sondern trilateral geklärt werden kann: indem der Schuldner auf seine Investition im Markt setzt, d.h. indem der Markt als «Dritter» fungiert, der die Lösung der sonst nicht einlösbaren Schuld beim Gläubiger «produziert». Diese triadische Prozessstruktur wird wenig beachtet, obwohl sie den Kern der gesellschaftlichen Lösung darstellt: der Markt, d.h. potenziell alle Anderen (als Nachfrager), lässt eine kreditfinanzierte Investition erfolgreich werden, wodurch der bilaterale Schuldkontrakt sich in marktfähige Transaktionen vieler Anderer auflöst. Die Investition rentiert sich erst, wenn viele kaufen. Man muss dazu die juridische Sichtweise der Vertrags-Bilateralität verlassen und den Schuldkontrakt in das Marktsystem einstellen: bei allen Risiken und Gelingensungewissheiten. Das Gläubiger-Schuldner-Paar wird in eine trianguläre Varietät anschlusswahrscheinlicher Transaktionsfelder versetzt: Gläubiger – Schuldner/Investor – Transaktionswahrscheinlichkeiten (vieler Nachfrager)

32 Kittsteiner, Von der Gnade zur Tugend, 171 ff.

So tritt der Schuldner nicht mehr allein oder rein privat in Erscheinung, sondern eingebunden in ein Feld oder Netzwerk möglicher Sekundärkontrakte, deren Zustandekommen seine Rückzahlungsfähigkeit erst gewährleisten kann. Der Schuldner-Akteur kann so nur als Kooperateur des Marktes auftreten: er ist um seine Marktkompetenz von der alleinigen Schuld entlastbar. Nur der Markt als «Dritter» kann das Schuldverhältnis lösen; erst wenn die kreditfinanzierte Investition scheitert, fällt sie, wenn keine Versicherungslösung zwischengeschaltet war, auf die klassische Bilateralität zurück.

A gibt B einen Kredit, den B, als Investor, in Transaktionen für D – X verwandelt, um dem A nicht nur den Kredit rückzahlen zu können (plus Zins), sondern auch sich eine Einkommen und Kapital zu gewinnen, für nächste, grössere Produktionen (Profit). Nicht der Kredit ist jetzt entscheidend, sondern der Kredit-/Investition-/Transaktion-Nexus, als dynamisches Markt-/Wachstumssystem. Die Gläubiger-Schulder-Relation (A/B) ist ein – riskanter, aber zugleich produktiver – Systemoperator geworden.

Die opportunistische Menschlichkeit der mundanen Ökonomie meint dieses: dass es besser ist, statt jemanden in Schuld verkommen zu lassen, ihm eher die Chance der Erarbeitung der Rückzahlung neu zu gewähren. In dem Sinne ist Entschuldung der produktivere Weg, wieder neu kreditieren zu können, um Wachstum zu generieren. Die Entschuldungsmöglichkeit (Strafe, Insolvenz, aber auch der Schuldenschnitt [EU-Überlegungen zu Griechenland]) wird als Wiedereingliederung in den Produktivitätszyklus möglich.

Es fällt auf, dass der moderne Kredit über einen Vertrauensoperator läuft, während die älteren Formen auf Verpflichtungsstrukturen beruhen. Die Verschiebung von Verpflichtung zu Vertrauen hält Annette Baier[33] für die Grundlage moralischen Verhaltens. Baiers Konzept bezieht sich beileibe nicht auf Kredite. Womöglich entdecken wir hier den Kredit als ein Momentum einer pflichtenentlasteten Interaktion, die über das Umschalten auf Vertrauen grössere Anschlusswahrscheinlichkeiten mobilisiert. Die Kosten dieser Umstellung erweisen sich in einer höheren Kontingenz: man geht in das Risiko, nicht zu wissen, ob tatsächlich rückgezahlt wird. Aber hinter dem Investivkredit steht der Markt, mit seinen Transaktionsanschlusswahrscheinlichkeiten, die weit gestreut aktuell werden können, und die Schulden in Profit verwandeln. Erst einmal stellen wir einen Wechsel in der Krediteinbindung fest: anstelle von obligatorischen Loyalitätsverpflichtungen in familialen Netzwerken haben wir es bei modernen Krediten mit anonymen Vertrauensvorleistungen zu tun – das Gabenmoment wird in einen erzwingbaren rechtlichen Vertrag transponiert. Die Anonymität – d. h. die Chance, dass viele andere sich an der Nachfrage

33 Baier, Moral Prejudices.

des Kredit/Investitionsprojektes beteiligen – kreiert höhere Anschlusswahr-scheinlichkeiten – mit höheren Risikokosten, die nur eingegangen werden, wenn Wachstum gewährleistet ist. Man sieht, dass Wachstum historisch zu einer Institution werden muss, um die Kreditextension zu rechtfertigen.

Das erfordert eine neue Organisation des Kreditgebens: nicht mehr der persönliche Kredit (*peer to peer*), mit seinem Loyalitätsverpflichtungen und sozialem Druck, sondern die Bank. Die Bank gibt viele Kredite; wenn einige davon säumig bleiben, kann sie über das Portfolio der anderen dennoch genügend Gewinn machen und Verluste kompensieren. Das Risiko bleibt im Normalfall kalkulierbar (zumal die frühen Bankformen sich als Netzwerke im Vertrauensraum sich kennender Kaufleute und dann Bankiers gebildet wurden[34]). Hingegen werden persönliche Kredite riskant, weil sie ohne Kompensations- oder Versicherungsmöglichkeit bleiben, ausser durch Pfandhinterlegung (die residuale ältere Form der Kreditsicherung ist die Bürgschaft). Die Bank ist eine notwendige Konsequenz der Ausweitung und Anonymisierung des Kredits im sich entwickelnden Marktsystem.

> [Mit dem *banking-system* und dem Papiergeld] hatte die Kreditkommunikation in Europa eine neue Struktur gefunden. Die Unterscheidung zwischen der Fülle des Souveräns [seiner alten herrschaftlichen Versorgungsökonomie; B. P.] und dem Mangel des Subjekts war ersetzt durch die Unterscheidung zwischen öffentlicher und privater Versorgung. Der Souverän begann, sich von der Aufgabe der Versorgungskoordination zurückzuziehen. Er beschränkte sich auf zunehmend indirekte Steuerung und auf die öffentliche Versorgung mit dem Geldmedium, das dem privaten Handel zur Verfügung gestellt wird. [...] So wuchs in der Wirtschaftskommunikation der Anteil der über Versprechen und Erwartungen geschöpften Elemente des Mediums gegenüber den physisch vorhandenen Elementen [gegenüber den Münzen und ihren Metallknappheiten; B. P.]. Die notwendige Knappheit des Mediums wurde künstlich erschaffen und gesichert. Nun wurde erfahrbar, dass Geldknappheit nicht eine äussere, sondern eine innere Bedingung von Zahlungen ist, ständig reproduziert vom Netzwerk der Bankenorganisationen.[35]

Jetzt haben wir den Punkt erreicht, an dem der moderne Kredit sich aus den alten Konnotationen lösen kann. Alle Momente persönlicher Schuld können fallen, d. h. genauer: alle obligatorischen Loyalitätsverpflichtungen fallen. Man nimmt Kredit bei einem (Bank-)System, nicht mehr bei Personen, denen man

---

34 Hutter, Wie der Überfluss flüssig wurde, 6.
35 Hutter, Wie der Überfluss flüssig wurde, 6 f.

schuldig bleibt. Die Schulden bei einer Bank beruhen nicht auf Reziprozitäts-
verpflichtungen, sondern sind ein Geschäft. Zwar bleibt die alte Redeweise
bestehen, hat aber neuen Gehalt.

A ist jetzt keine Person mehr, sondern eine Institution: die Bank (BA). BA
gibt B Kredit heisst: BA hat geprüft, ob B's zu kreditierendes Projekt rückzah-
lungsproduktiv ist. Damit selegiert die Bank die Kreditwürdigkeiten neu, um
den, wenn auch versehentlichen, Gabencharakter von Krediten zu minimie-
ren. Der Kredit verliert seinen persönlichen Charakter, um in anonymisierter
Form das Feld der Geschäftspotenziale zu erschliessen. Die Schulden werden
zu Kostenfaktoren im Investitionsgeschäft.

So entwickelt sich eine asymmetrische Form: nur dann, wenn die Investition
fehlgeht, werden die Schulden zu einer persönlichen Schuld. Im Anbeginn aber
sind die Kredite Ko-Investitionen. Das ist insofern bemerkenswert, als dass
der Kredit zwei ineinander verschachtelte Formen aufweist: eine persönliche
obligatorische und eine allgemeine, in der der, der künftige Profite verspricht,
von seinen Schulden aktuell entlastet werden kann. Man gibt ihm mehr Kredit,
obschon er mit dem ersten gescheitert sein mag, um sein erwartetes Potenzial
zu realisieren. Es kommt dann nicht auf die Schulden, sondern auf die Erwartungen an. Letztlich auf das Versprechen. Kredit ist eine Forderung auf ein
Versprechen. Schulden sind die Erinnerung an dessen Einlösung. Die Erinnerung aber richtet sich auf den Schuldner, die Schuld dadurch zu «erlösen»,
indem er, über sein Investitionsprojekt, produktiv die Schuld durch Transaktionen auf dem Markt auflöst. Das «In Schuld Stehen» wird handlungsaktiv
produktiv aufgelöst, d. h. über «Dritte» auf dem Markt: Kredit – Investition –
Markt. Das Versprechen des Schuldners gegenüber dem Gläubiger wird über
ein zweites Versprechen des Schuldners als Investor gegenüber den potenziellen Käufern und Nachfragern einzulösen versucht. Erst wenn – und weil –
das zweite Versprechen erfolgreich eingelöst wird, kann das erste Versprechen,
die Kreditschuld, ebenfalls aufgelöst werden. Der Schuldner operiert in einer
modernen Marktökonomie als Investor innerhalb eines Systems, das nicht
mehr auf seine Kompetenz (noch gar auf seine Tugenden), sondern auf seine
Marktchancen rekurriert (inwieweit ihm Anschlusswahrscheinlichkeiten gelingen). Aber es wird sogleich auch sichtbar, dass die zweistufige Kopplung ein
erhöhtes Risiko des Gelingens der Kommunikationen notiert: Märkte – und
ihre potenziellen Nachfragen – sind nicht so leicht zu taxieren wie Personen.
Vor allem fehlt dem zweiten Schritt – Investition/Nachfrage – jedwede Verbindlichkeit. Die Märkte – früher nur lokale oder temporäre Veranstaltungen
für Händlereliten – müssen langfristig ausgebaut und verallgemeinert werden:

das jetzt im Kredit mitschwingende Erwartung auf Wachstum muss kulturell durchgesetzt werden, durch Ökonomisierung von Lebenswelten, die vordem eher markfremd waren.[36]

Die Bank allerdings macht ihre Rückzahlung nicht vom Geschäftserfolg abhängig, sondern verlangt den *return* unabhängig vom Geschäftsverlauf. Kredite sind *pro forma* keine Beteiligungen. Aber *de facto* schon, da sie möglichst nur denen gewährt werden, die erwartbar profitabel wirtschaften. Man muss es als Ambivalenz formulieren: die Bank will vom Profit des Investors profitieren; in diesem Sinne beteiligt sie sich an seinem Geschäft bzw. ermöglicht es erst überhaupt. Wird der Investor-Schuldner insolvent, nimmt die Bank das bleibende Vermögen, das sie haftungsvertraglich als Pfand sich zusprechen liess. In diesem Fall hatte sie sich nicht beteiligt, sondern auf einer Haftungsbasis kreditiert. Kritisch wird es für Bank, wenn sie ohne Pfandbasis lieh.

In dem Sinne besteht der moderne Bankkredit doppelt: aus einem alten Kreditvertrag, der auf Pfandbasis beruht, und einem modernen Vertrag, der auf Profiterwartungen beruht. Werden die Profiterwartungen höher geschätzt als die Pfandabsicherung, geht die Bank direkt ins Beteiligungsgeschäft, d. h. ist Ko-Investor. Rechtlich werden die Schuldner im Versagensfall belangt, aber im Prinzip ist es unproduktiv, für einen fehlgelaufenen Kredit den Kreditnehmer zu bestrafen. Die Chancen der Rückzahlung steigen, wenn B neue Investitionschancen bekommt, um dann endlich die Gewinne zu machen, die die Schulden begleichen. In der Logik dieses Systems müsste B, wenn er versagt, einen weiteren Kredit für ein besseres Geschäft bekommen. Die Verpflichtung zur Rückzahlung wird in Vertrauen auf erweiterte oder nochmalige Produktivität gewandelt.

So sehr wir die Ökonomie verdammen mögen wegen ihrer unchristlichen Übervorteilung oder gar nur wegen ihrer Ausrichtung auf Vorteilhaftigkeit, so sehr human ist sie, indem sie Schulden wie Schuld zu erlösen vermag. Diese Freiheit hat ihre eigenen Tücken, aber die Freiheit vom gnaden-patriachalischen Gott wurde historisch als Gewinn betrachtet, der mit Wachstum und Wohlstand (aber auch mit Konkurrenz und Ausbeutung) einhergeht.

An die Stelle der Schuld gegen Gott tritt die Schuldigkeit gegeneinander: so entsteht modern die «Gesellschaft» (aus der «societas», der gegenseitig verpflichteten Gläubiger [anfänglich ist die *societas* eine Kaufmannsgruppe, die in riskante Seehandelsgeschäfte gemeinsam investiert[37]]). Die vertikale Schuld

36 Hutter, Wie der Überfluss flüssig wurde, 4.
37 Bonß, Vom Risiko.

gegen den Gott-Vater klappt um 90 Grad in die Horizontale (der Geschichte): als Schuld gegeneinander. Daraus in Verantwortung zueinander zu leben, ist uns noch nicht wahrlich gelungen.

Das ist nicht selbstverständlich verstehbar: die im Naturrecht des 17. Jahrhunderts entwickelte Selbstorganisation der (bürgerlichen) Gesellschaft beruht zum einen auf der Opposition gegen adelige Herrschaft, zum anderen erfordert dieser Gedanke aber, da er nicht mehr auf theologische und teleologische Zwecke und Pflichten zurückgreifen will und kann, eine Selbstorganisation auf der Basis der Handlungserfahrungen der Bürger, auf der Basis eines gesellschaftlichen Wissens und neuer Regeln/Institutionen der Koordination und Kooperation (vor allem «Vertrauen» gegenüber «Fremden», d. h. anonymen Partnern[38]). Da keine Traditionen als Orientierung mehr gelten, muss die neue Gesellschaft sich auf die Koordination wechselseitiger Erwartungen abstellen. Das braucht offene, dynamische Regeln wie Generierung des Neuen[39], um die Möglichkeit der Einheitsstiftung unter Bedingungen der Unbestimmtheit jeweils immer wieder neu und prozessual zu erlangen[40]. Um die «produktive Bindung von Ungewissheit zu institutionalisieren», muss Adam Smiths «invisible hand» reformuliert werden:

> Ordnung entsteht in der Privatrechtsgesellschaft nicht auf wundersame Weise durch harmonischen Ausgleich von Egoismen, sondern durch produktive Erzeugung von Wissen, dass als überschiessender Effekt des privaten Handelns entsteht und die Anpassung an das Neue in Gang hält. Dadurch werden differenzierte, auf permanente Selbsttransformation angelegte Beziehungsnetzwerke zwischen den Individuen aufgebaut, an die der ‹Varietätspool› einer experimentellen Gesellschaft gebunden ist, die ihr Sozialkapital nicht anders als mittelbar, nämlich durch Verknüpfung mit einer Handelnsordnung erzeugen kann.[41]

Adam Smith fasst die neue Produktivität nicht nur als kapitalistische Investitions/Beschäftigungs/Profit-Akkumulation, auf der Basis der Kooperation erfordernden Arbeitsteilung, sondern setzt in der privaten Eigentumsverfassung die Quelle der Varietät der produktiven Erzeugung neuen Wissens, der Wissensgenerierung als Substitut der Erfahrungsbindungen traditioneller Gesellschaften. Gesellschaft wie Staat werden dann die koordinierenden und

---

38 Ladeur, Negative Freiheitsrechte und gesellschaftliche Selbstorganisation, 69; McCloskey, The Bourgeois Virtues, Abschnitt 1 und 2.
39 Gerschlager, Konturen der Entgrenzung.
40 Ladeur, Negative Freiheitsrechte und gesellschaftliche Selbstorganisation, 43.
41 Ladeur, Negative Freiheitsrechte und gesellschaftliche Selbstorganisation, 2.

selbstbindenden Faktoren der Ungewissheitseinlassung, in offene Zukünfte. Diese moderne Einlassung auf Selbstorganisation scheint ein – weiterer – kultur-evolutionärer Schritt zu sein[42]; aber das wäre schon eine wieder andere Interpretation. In diesem Kontext werden Investitionen und Schulden (dieser Investitionen) notwendige institutionalisierte Versprechen, die sich einlösen und versagen. Aber die Wirtschaft der Gesellschaft in ihren sich auszudifferenzieren beginnenden investiven Zukunftsentwürfen setzt auf das Vertrauen in die neuen Handlungserfahrungen. Die Schulden/Kredite werden die normale Bewegungsform dieser sich selbst ständig neu entwerfenden und bindenden Gesellschaft.

Wenn die alte Schuld Gott gegenüber galt, blieb untereinander nur Liebe / Barmherzigkeit, d. h. moralisch angemahnte, aber nicht rechtlich-ökonomisch verpflichtende Bezüglichkeit. Erst die Klappung in die geschichtliche Horizontale transformiert die grosse Schuld in viele kleine Schulden, die wir sozietär – gegeneinander haben. Die Ökonomie präzisiert im 18. Jahrhundert nur die Schulden – als vertragliche Figur, mit Haftung und Verpflichtung, auf der Basis von Wertäquivalenz des Tausches. Von jetzt an werden Schulden verrechnet: abzahlen, oder Eigentumsübertrag oder Insolvenz.

> [Walter] Benjamin analysiert in aller Schärfe, dass es dem Kapitalismus wie der Religion darauf ankommt, in eine Struktur der zeitlichen Verpflichtung (Schuld) zu verwickeln, aber er übersieht dabei die Mikrostruktur einer Auseinandersetzung zwischen den Akteuren der Wirtschaft, die zwischen credit und debit, zwischen Soll und Haben, zwischen Schuld und Vermögen laufend oszilliert und die Wirtschaft eben nicht als Kult der Schuld, sondern als dauernden Streit um die noch kleinsten Chancen der eigenen Entschuldung und Verschuldung des anderen inszeniert.[43]

Es geht nicht mehr um die «grossen» Verträge – erbsündlicher Schuldvertrag oder naturrechtlich-moderner Sozialvertrag –, sondern um eine Mannigfaltigkeit vieler bilateraler Verträge, die zusammen erst den Markt bilden in seiner Wohlfahrtsform[44]. Nicht was alle miteinander eingehen, sondern was sie im einzelnen mit- und gegeneinander kontrahieren und schulden, bildet den Markt als oszillierenden Prozess. Die Schuld, als Kredit, löst sich, im Erfolgsfall, in viele Nachfragetransaktionen auf, die dem Schuldner/Investor den Kredit mit Zins rückzahlen lassen, plus eigenem Profit. Die Schulden werden gesellschaftlich-marktlich erlöst.

---

42 Tomasello, Warum wir kooperieren.
43 Baecker, Gott rechnet anders, 86.
44 Priddat, Alternative Interpretationen einer ökonomischen Metapher.

III.

Schuld ist keine Frage der Seele mehr, sondern des Eigentums. Dazu muss aber der Mensch Eigentümer seiner selbst werden, nicht mehr Gottes Vasall. Die Transposition der *oeconomia divina* in die *oeconomia humana*, der Giorgio Agamben nachgeht[45], beruht auch eine Neudefinition von Herrschaft, wie es gerade im Naturrecht des 17. Jahrhunderts durchgeführt wird.[46] Wenn Gott nicht mehr Herrscher der Welt, und nicht mehr als *oikosdespotes*, als Haushalter des Universums (wie Novalis sagt) gelten kann, weil die Menschen vor Gott gleich sind, mit der Folge, dass sie ihm nicht mehr in alter Art untertan sind, dann wir er zum *monarchos/tyrannos* einer *polis*, und potenziell absetzbar. Der Herrschaftsdiskurs beginnt, die soziale Ordnung als grosse *polis* zu reanimieren, und die Himmelsordnung löst sich als Weltordnung auf, wenn sich die feudale Schichten-Ordnung auflöst. Man kann nicht untereinander gleich und dennoch Sujet eines Gott-Herrschers bleiben (diese Spannung bringt das Naturrecht auf). In diesem Sinne ist die neue politische Ökonomie des 18. Jahrhunderts eine Ökonomie der sozialen Selbstregulation, in strenger Absetzung zu allen vorhergehenden *oikonomia*-Konzeptionen, die Herrschaftskonzeptionen waren; «noch die Fürsten der Renaissance, selbst die des ausgehenden 18. Jahrhunderts, sahen sich in der Rolle des zentralen Herrschers, dessen Rolle die Versorgung des Gemeinwesens ist».[47][48] Die alte *oikos*-Welt wandelt sich in eine neue Sozialordnung, die nach dem Muster der *polis* gleicher Bürger gestrickt ist. Darin wird auch Aristoteles' Modell der *polis/oikonomia*-Unterscheidung, gerade am Kredit und Zins, neu rekonstruiert, indem bürgerliche soziale Interaktion mit erhöhter Produktivität verknüpft wird, in der der Kredit eine notwendige Voraussetzung für Kapitalbildung und Wachstum wird.[49]

Der Unterschied zu modernsten Finanzmärkten besteht wesentlich darin, dass in der Ökonomie des 18. Jahrhunderts Kapitalwachstum eng an Beschäftigungszunahme und allgemeinem Wohlstand gekoppelt war. Der deutsche Begriff der Volkswirtschaft meint noch diese enge Kopplung, abgesetzt gegen

45 Vgl. genauer: Priddat, Begnin order and heaven on earth.
46 Agamben, Herrschaft und Herrlichkeit.
47 Hutter, Wie der Überfluss flüssig wurde, 2 f.
48 Guerzoni, Liberalitas, Magnificentia, Splendor.
49 Vgl. Enkelmann, Zwischen Ökonomie, Kommerzialität und Idealismus.

die Privatwirtschaft, die die generelle soziale Verantwortung nicht kennt. Adam Smith hatte die Kapitalakkumulationswirtschaft noch als eine soziale Ordnung verstanden.[50]

Moderne Finanzmärkte dienen in der Basis weiterhin der Kapital- und Kreditbeschaffung der Investitionen. Dass sie nicht mehr automatisch oder in hohem Masse beschäftigungswirksam sind, liegt an der Automatisierung industrieller und der Dienstleistungsprozesse. Die in den Finanzmärkten verfügbare Liquidität ist aber höher als das, was investiv verwendet wird; diese Überschüsse gehen in eigene Finanzmarktgeschäfte, wesentlich Wetten auf Zeitdifferenzen. Immer dann, wenn die erwarteten Wettgewinne höher sind als die Zinsen für aufzunehmende Kredite, weiten sich die Schulden aus, die dann in der Krise Vermögen vernichten. Die Spieleabteilung der globalen Wirtschaften ist in einem Masse gewachsen, wie es sich ein besonnener Mann wie Adam Smith im 18. Jahrhundert kaum hatte vorstellen können und wollen. Im Grunde werden die Kredite immens ausgeweitet: denn eine Investition in monetäre Wettgewinne ist nicht anderes als ein Kredit, d. h. eine Forderung auf künftige Rückzahlung plus Mehrwert. Es sind Kontingenzspiele: niemand weiss wirklich, wie sich die Werte entwickeln in der Zeit. Die Nachfrage ist nicht mehr ohne weiteres zu ermessen; man kann sie nicht, wie auf Gütermärkten, durch Einschätzung von Bedürfnissen und *lifestyle-attitudes* deuten (womit will man das «Bedürfnis nach mehr Geld» bemessen?). Nachfrage nach Finanzprodukten und nach Wetten (z. B. Derivate) ist auf der ökonomischen Richterskala noch oben offen.[51]

Joseph Vogl gründet das auf die Trennung der Produktions- von der Zirkulationssphäre:

Das bedeutet erstens, dass – wie es bereits Marx angemerkt hat – die Zirkulationssphäre autonom wird, sich von den Produktionen absetzt und keinesfalls in einfache Tauschakte konvertiert werden kann. Treibender Zweck ist der Tauschwert; aber mehr noch: im Unterschied zur blossen Geldzirkulation ist bei der Zirkulation von Kreditgeld oder Kapital jede Zahlung nur ein Vorschuss, der eine stets erneuerte, in sich mass- und grenzenlose Bewegung auslöst. Zweitens zeichnet sich dieses System durch eine grundsätzliche Zukunftslastigkeit aus. Die Zukunft wird produktiv und macht die Finanz- und Kreditökonomie zum Massstab ökonomischer Modernisierung überhaupt. Im

50 Ladeur, Negative Freiheitsrechte und gesellschaftliche Selbstorganisation, 35–46. Vgl. auch Hartmann, Die Praxis des Vertrauens, Kap. 18.
51 Cetin, A rational model for irrational behavior.

Zentrum dieser Ökonomie steht also das Prinzip eines uneingelösten Verspre-
chens; die Zirkulation wird durch die Wucherung einer uneinholbaren Schuld
in Gang gehalten.[52]

Die «uneinholbare Schuld» sequenziert sich in viele Schulden: jede Rückzahlung erfolgt in Geld/Liquidität, die weitere Transaktionen und Kredite
generiert, die wieder rückgezahlt werden etc. – eine unendliche Kette von
Verschuldungen, aus denen die einzelnen Schuldner immer wieder herausge-
hen (oder versagen), die unabhängig davon aber ihre eigene säkulare Ewigkeit
generiert. Angemessen muss man von «Unendlichkeit» sprechen (denn die
Ewigkeit ist / hat keine Geschichte). In einem weiten Sinne werden die Schulden niemals endgültig rückgezahlt, sondern ständig weitergegeben. Das, was
als Rest bleibt, ist *in summa* die Schuld aller Schulden. Denn das Geld, mit dem
wir zahlen, ist selber eine Forderung: aber nicht mehr auf Gold, wie in der
alten Welt, sondern auf sich selbst: ein Wert in sich als Zeichen.[53] Da man
Geld nicht mehr gegen einen substanziellen Wert eintauschen kann, bleibt es,
als Xenogeld, eine ewig offene Forderung.[54] Jeder, der Geld bekommt, erhält
eine Forderung, die er nirgends endgültig einlösen kann, sondern nur durch
fortlaufende Transaktionen und Anlagen. Nur in Option auf mehr Geld oder
andere Anlagen kann es perpetuieren, seine Forderung einlösen, indem es
andere als Forderung übernehmen – eine Hyperkreditierung als ein Prozess,
dessen Abbruch ewig zu vermeiden ist. In dieser grossen Summe stehen wir
in einer perennierenden Schuld. Und in grosser Sorge, die uns zu historisch
einmaligen Verschuldungen treibt, um das Geldsystem, den unendlich for-
dernden Kredit, aufrechtzuerhalten. Das Leben beruht nicht mehr auf einem
Kredit Gottes, sondern auf einem, den wir uns selber gegeben haben. Wir stehen in einer unaufhebbaren Schuld des Geldes. Es ist kein neutrales Medium,
sondern eine Forderung, die unendlich weitergereicht werden muss. In dem
Moment, in dem man zu zweifeln beginnt, ob das Geld das wert ist, was es
verspricht, wird sichtbar, dass es nichts wert ist. Es ist nur soviel wert, wie
wir ihm fortlaufend, also ewig, Kredit geben. Das heisst, notwendig an seinen
Wert zu glauben.

Hat Walter Benjamin in seinem Aufsatz «Kapitalismus als Religion» dann
doch recht?[55] Dass der Kapitalismus eine Religion sei, die die Schuld nicht
entsühnt, sondern universalisiert?[56] In gewissem Sinne ja, denn die Geltung

52 Vogl, Die vorlaufende Verpfändung der Zeit; vgl. auch Vogl, Das Gespenst des Kapitals.
53 Rotman, Signifiying Nothing, Kap. 4.
54 Ebd.
55 Baecker, Kapitalismus als Religion.
56 Benjamin, Kapitalismus als Religion.

des Geldes, die Retournierbarkeit der Kredite, beruht auf ewigem Geltungsversprechen. Insofern ist die Ewigkeit des Himmels in eine mundane Ewigkeit – genauer: in eine weltliche Unendlichkeit – transmutiert, die auf prolongierten sozialen Versprechen beruht, produktiv zu bleiben. Wir haben, wenn diese Schlussfolgerung erlaubt ist, gar keine andere Chance als das Wachstum: als produktives Risiko. Vergessen haben wir allerdings, Erfüllung zu finden, z. B. in dem, was Aristoteles das «gute Leben» nannte.[57] Denn ins Risiko des Ungewissen zu gehen, in die offene Zukunft, kann nicht heissen, in «schlechter Unendlichkeit» laufend nach «noch besserem Leben» zu streben, und darüber ein Ankommen zu vergessen. Wenn wir, im Leben, nicht bei unserem Leben ankommen, gilt dann nicht David Graebers Konklusion: «A debt is just the perversion of a promise»?[58]

Literatur

Agamben, Giorgio, Herrschaft und Herrlichkeit. Zur theologischen Genealogie von Ökonomie und Regierung, Frankfurt a. M., Suhrkamp, 2010.

Arendt, Hannah, Vita activa oder Vom tätigen Leben, München, Piper, 2002.

Baecker, Dirk (Hg.), Kapitalismus als Religion, Berlin, Kadmos, 2003.

Baecker, Dirk, Gott rechnet anders. Das Risikokalkül des Kapitalismus und der Fingerzeig des Unbestimmten, in: Lettre International, Nr. 84, 2009.

Baier, Annette, Moral Prejudices: Essays on Ethics, Harvard UP, 1995.

Benjamin, Walter, Kapitalismus als Religion, in: Baecker, Dirk (Hg.), Kapitalismus als Religion, Berlin, Kadmos, 2003, 15–18.

Binswanger, Hans Christoph, Die Wachstumsspirale: Geld, Energie und Imagination in der Dynamik des Marktprozesses, Marburg, Metropolis, 2006.

Blumenberg, Hans, Lebenszeit und Weltzeit, Frankfurt a. M., Suhrkamp, 1986.

Bonß, Wolfgang, Vom Risiko. Unsicherheit und Ungewißheit in der Moderne, Hamburg, Hamburger Edition, 1995.

Brodbeck, Karl-Heinz, Vom Ablasshandel zur Schuldsklaverei, in: Schulden und Sühne, Agora 42, 5/2010, 54–57.

Cetin, Nazim, A rational model for irrational behavior, Dissertation, Universität Witten-Herdecke, 2011.

Derrida, Jacques, Eine gewisse unmögliche Möglichkeit, vom Ereignis zu sprechen, Berlin, Merve, 2003.

Ehrenberg, Alain, Das erschöpfte Selbst: Depression und Gesellschaft in der Gegenwart, Frankfurt a. M., Campus, 2004.

---

57 Vgl. Enkelmann, Zwischen Ökonomie, Kommerzialität und Idealismus.
58 Graeber, Debt, 391.

Enkelmann, Wolf Dieter, Beginnen wir mit dem Unmöglichen: Jacques Der-
    rida, Ressourcen und der Ursprung der Ökonomie, Marburg, Metropolis,
    2010.
Enkelmann, Wolf Dieter, Zwischen Ökonomie, Kommerzialität und Idealis-
    mus. Das zoon logon echon – Aristoteles' Konzeption des homo oecono-
    micus, in: Kettner, Matthias / Koslowski, Peter (Hg.), Ökonomisierung und
    Kommerzialisierung der Gesellschaft. Wirtschaftsphilosophische Unter-
    scheidungen, München, Fink, 2011, 157–181.
Enkelmann, Wolf Dieter, Das «Thier, das versprechen darf» und die Bedeu-
    tung der Gläubiger-Schuldner-Kontrakte für Entstehung und Perspektive
    des Denkens, in: Abel, Günter / Brusotti, Marco / Heit, Helmut (Hg.),
    Nietzsches Wissenschaftsphilosophie, Berlin / New York, De Gruyter,
    2011, 387–396.
Gerschlager, Caroline, Konturen der Entgrenzung. Die Ökonomie des Neuen
    im Denken von Thomas Hobbes, Francis Bacon und Joseph Alois Schum-
    peter, Marburg, Metropolis, 1996.
Graeber, David, Debt. The First 5000 Years, New York, Melville House, 2011.
Guerzoni, Guido, Liberalitas, Magnificentia, Splendor. The classic origins of
    Italian Renaissance lifestyles, in: History of Political Economy, Jg. 31, 1999,
    332–378.
Halbwachs, Maurice, Das kollektive Gedächtnis, Frankfurt a. M., Fischer, 1996.
Hamacher, Werner, Schuldgeschichte. Benjamins Skizze «Kapitalismus als Reli-
    gion», in: Baecker, Dirk (Hg.), Kapitalismus als Religion, Berlin, Kadmos,
    2003, 77–119.
Hartmann, Martin, Die Praxis des Vertrauens, Berlin, Suhrkamp, 2011.
Hénaff, Marcel, Der Preis der Wahrheit: Gabe, Geld und Philosophie, Frank-
    furt a. M., Suhrkamp, 2009.
Hutter, Michael, The emergence of banknotes in 17th century England. A
    case study of a communication theory of economic change, in: Sociologia
    Internationalis, Jg. 31, 1/1992, 24–39.
Hutter, Michael, Wie der Überfluß flüssig wurde. Zur Geschichte und zur
    Zukunft der knappen Ressourcen, in: Soziale Systeme, Jg. 5, 1/1999, 41–54.
Kittsteiner, Heinz Dieter, Von der Gnade zur Tugend. Über eine Veränderung
    in der Darstellung des Gleichnisses vom Verlorenen Sohn im 18. und
    frühen 19. Jahrhundert, in: ders. (Hg.), Gewissen und Geschichte. Studien
    zur Entstehung des moralischen Bewußtseins, Heidelberg, Manutius, 1990,
    171 ff.
Klein, Rebekka, Sozialität als Conditio Humana. Eine interdisziplinäre Unter-
    suchung zur Sozialanthropologie in der experimentellen Ökonomik, Sozi-
    alphilosophie und Theologie, Göttingen, Ruprecht, 2010.

Ladeur, Karl-Heinz, Negative Freiheitsrechte und gesellschaftliche Selbstorganisation: Zur Erzeugung von Sozialkapital durch gesellschaftliche Institutionen, Tübingen, Mohr Siebeck, 2000.

Le Goff, Jacques, Wucherzins und Höllenqualen. Ökonomie und Religion im Mittelalter, Stuttgart, Klett-Cotta, 1988.

Levinas, Emmanuel, Die Zeit und der Andere, Hamburg, Meiner, 1984.

Ludwig, Bernd, Arbeit, Geld, Gesetz. Eine Neubestimmung von Ziel und Aufgabe der Eigentumstheorie John Lockes, in: Jahrbuch für politisches Denken, Weimar, Metzler, 2001, 69–194.

Luhmann, Niklas, Staat und Staatsräson im Übergang von traditionaler Herrschaft zu moderner Politik, in: ders., Gesellschaftsstruktur und Semantik, Bd. 3, Frankfurt a. M., Suhrkamp, 1989, 65 ff.

Macdonald, James, A free nation deep in dept. The financial roots of democracy, New York, Farrar, Straus & Giroux, 2003.

McCloskey, Deirdre, The Bourgeois Virtues. Ethics for an Age of Commerce, Chicago / London, The University of Chicago Press, 2006.

Meyer, Ulrich, Soziales Handeln im Zeichen des «Hauses». Zur Ökonomik in der Spätantike und im frühen Mittelalter, Göttingen, Vandenhoeck & Ruprecht, 1998.

Mestmäcker, Ernst-Joachim, Der Schamfleck ist die Geldverachtung, in: FAZ, 18.11.2011, 33.

Priddat, Birger, Alternative Interpretationen einer ökonomischen Metapher: die «invisible hand» bei Adam Smith, in: Ethik und Sozialwissenschaften, Jg. 8, 2/1997.

Priddat, Birger, Produktive Kraft, sittliche Ordnung und geistige Macht. Denkstile der deutschen Nationalökonomie im 18. und 19. Jahrhundert, Marburg, Metropolis, 1998.

Priddat, Birger, Deus Creditor: Walter Benjamins «Kapitalismus als Religion», in: Baecker, Dirk (Hg.), Kapitalismus als Religion, Berlin, Kadmos, 2003, 209–248.

Priddat, Birger, Moral als Investition, in: Kersting, Wolfgang (Hg.), Moral und Kapital. Grundfragen der Wirtschafts- und Unternehmensethik, Paderborn, Mentis, 2008, 205–218.

Priddat, Birger, Ökonomie des Glaubens? in: Zeitschrift für Wirtschafts- und Unternehmensethik, Jg. 11, 1/2010, 25–34.

Priddat, Birger, Ökonomie der Gabe im Kontext einer Ökonomie des Glaubens. Auf der Spur Ricœurs, veröffentlicht in den Konferenzbeiträgen des XXII. Deutschen Kongresses für Philosophie an der LMU München, Sept. 2011, in: *http://epub.ub.uni-muenchen.de/view/subjects/1002.html*, 20.10.2011.

Priddat, Birger, Eigentum, Arbeit, Geld: zur Logik einer Naturrechtsökonomie bei John Locke, in: Ludwig, Bernd / Rehm, Michaela (Hg.), John Locke. Zwei Abhandlungen über die Regierung, Berlin, Akademie Verlag, 2012, 79–94.

Rawls, John, Gerechtigkeit als Fairness: Ein Neuentwurf, Frankfurt a. M., Suhrkamp, 2006.

Ricœur, Paul, Liebe und Gerechtigkeit, Tübingen, Mohr Siebeck, 1990.

Rotman, Brian, Signifiying Nothing. The Semiotics of Zero, Stanford UP, 1987.

Schöllgen, Georg, Oikos und Oikos theou. Sozialgeschichtliche Grundlagen einer ekklesiologischen Metapher, in: Holzem, Andreas / Weber, Ines (Hg.), Ehe – Familie – Verwandtschaft. Vergesellschaftung zwischen Religion und sozialer Lebenswelt, Paderborn, Ferdinand Schöningh, 2008, 89–102.

Stasavage, David, States of Credit. Size, Power, and the Development of European Polities, Princeton UP, 2011.

Strobl, Thomas, Die Droge der Ökonomie, in: FAZ, 22.1.2010, 33.

Taubes, Jacob, Abendländische Eschatologie, München, Mathes & Seitz, 1991.

Tomasello, Michael, Warum wir kooperieren, Berlin, Suhrkamp, 2010.

Twellmann, Marcus, Zur Transformationsgeschichte der Oikonomik: Rousseaus «Neue Héloïse», in: Deutsche Vierteljahresschrift für Literaturwissenschaft und Geistesgeschichte, Jg. 85, 2/2011, 161–185.

Van De Mieroop, Marc, The invention of interest. Sumerian loans, in: Goetzmann, William N. / Rouwenhorst, K. Geert (Hg.), The origins of value. The financial innovations that created modern capital markets, Oxford UP, 2005.

Vogl, Joseph, Die vorlaufende Verpfändung der Zeit, in: Süddeutsche Zeitung, 17.10.2010, 17.

Vogl, Joseph, Das Gespenst des Kapitals, Zürich, Diaphanes, 2011.

Hans Christoph Binswanger

Der Glaube an die «unsichtbare Hand»[1]

Der Glaube an die «unsichtbare Hand» ist der Glaube, dass der Markt die Wirtschaft so reguliert, dass trotz des Egoismus des Einzelnen, der nur für sich selbst sorgt, das allgemeine Beste resultiert. Ist dieser Glaube gerechtfertigt oder nicht? Diese Frage ist deswegen von grosser Bedeutung, weil man sich dann, wenn die «unsichtbare Hand» existiert, in der Wirtschaft, d. h. beim Kaufen oder Verkaufen, bei der Wahl der Güter, die man konsumiert oder der Güter, die man produziert, bei der Anstellung oder Entlassung von Angestellten und Arbeitern, bei den Kapitalinvestitionen und in diesem Zusammenhang bei der Beanspruchung von Boden, Rohstoffen und Energie, bei der Erzeugung von Abfall, bei der Anlage des Geldes in Obligationen oder Aktien usw. nicht mehr fragen muss, ob die betreffende Entscheidung gut oder schlecht ist, sondern nur, ob sie einem nutzt oder nicht. Das erleichtert die Entscheidung wesentlich und mindert den moralischen Druck, der sonst auf einem lastet.

Im Glauben an «die unsichtbare Hand» darf man den Menschen mit Recht auf den «homo oeconomicus» reduzieren, auf den «ökonomischen Menschen», also den Menschen, der in der Wirtschaft guten Gewissens nur an sich selbst zu denken braucht, weil «die unsichtbare Hand» das Zusammenspiel von Angebot und Nachfrage auf dem Markt so lenkt, dass aus den vorhandenen beschränkten Mitteln das Maximum herausgeholt wird und so auch ein Maximum an Gütern verteilt werden kann, was im Prinzip allen zu Gute kommt. Dann brauchen wir den «homo ethicus», den «ethischen Menschen» in der Wirtschaft nicht zu bemühen. Ethische Anforderungen, also Entscheidungen im Sinne von «gut» oder «schlecht» oder sogar «böse», mögen im Privatleben oder auch in der Politik eine Rolle spielen, aber eben nicht in der Wirtschaft. Ethik ist hier, von einigen Grundregeln eines fairen Verhaltens abgesehen, ein unnützer, vielleicht sogar schädlicher Ballast, weil sie unter Umständen wegen zu viel Rücksichtnahme im Einzelfall verhindert, dass das mögliche Maximum im Gesamten hergestellt wird.

---

1   Der Beitrag stellt eine aktualisierte und umgearbeitete Version dar von: Binswanger, Hans Christoph, Die Glaubensgemeinschaft der Ökonomen, in: ders., Die Glaubensgemeinschaft der Ökonomen. Essays zur Kultur der Wirtschaft, München, Gerling Akademie Verlag, 1998, 47–64.

Der Begriff der «unsichtbaren Hand» wurde im 18. Jahrhundert von Adam
Smith, von Ökonomen auch oft «der zweite Adam» genannt, eingeführt. Er
gilt vielfach als Urvater der modernen Ökonomik. Er lebte von 1723 bis 1790,
also im 18. Jahrhundert in Schottland und in England. Er war Professor in
Glasgow. Er hat zwei berühmte Bücher geschrieben, die «Theory of Moral
Sentiments» (Theorie der ethischen Gefühle), das 1759 erschienen ist, und die
«Wealth of Nations» (der Reichtum der Nationen), das 1776 herauskam. In
beiden ist, allerdings jeweils nur an einer einzigen Stelle, von «der unsichtbaren
Hand» die Rede.

Adam Smith wandte sich vor allem gegen das System der Handelsförde-
rung, das nach der Entdeckung Amerikas aufkam, gegen das sog. System «des
Merkantilismus», das durch die vielen staatlichen insbesondere auch protek-
tionistischen Regelungen die Wirtschaft hemmte und strangulierte. Smith trat
für den Freihandel ein, d. h. gegen Importverbote und für die Senkung der
Zölle. Seine Vorschläge und ihre Begründung, die das Gesetz von Angebot
und Nachfrage und den Marktmechanismus erklärten, machten ungeheuren
Eindruck und setzten die Liberalisierung der Wirtschaft in Gang, die sich
sukzessive ab Ende des 18. Jahrhunderts und im 19. Jahrhundert durchsetzte.
Der damalige englische Ministerpräsident, Pitt der Jüngere, hatte einmal Adam
Smith zu sich eingeladen. Als dieser den Raum betrat, in dem Pitt und die
übrigen Mitglieder der Regierung sassen, erhoben sich alle von den Stühlen.
Adam Smith bat sie, sich wieder zu setzen, aber Pitt antwortete: «Wir setzen
uns nicht eher als Sie sich gesetzt haben, denn wir sind alle Ihre Schüler.»
Anfangs des 19. Jahrhunderts, als Adam Smith schon längst gestorben war,
hat ein deutscher Ökonom, Friedrich List, gesagt: «Gegenwärtig ist Adam
Smith der mächtigste Mann in Europa.»

Zweifellos sind die weiteren Massnahmen zur Deregulierung und Globalisierung der Wirtschaft, die gegenwärtig unternommen werden, eine Fortset-
zung bzw. Wiederaufnahme der Liberalisierungsschritte im 19. und anfangs
des 20. Jahrhunderts, und stehen damit im Zeichen von Adam Smith.

* * *

Mit dem Hinweis auf die «unsichtbare Hand» stellte sich Adam Smith nicht nur
im Gegensatz zum Merkantilismus, sondern auch im Gegensatz zur christlichen Lehre, d. h. zur scholastischen Schule der Ökonomik, die von Theologen
geprägt war, es sei hier vor allem Thomas von Aquin genannt, welche den
Markt zwar als Grundlage der Wirtschaft anerkannte, aber ihn gewissen Regeln
der Nächstenliebe und der Gerechtigkeit unterstellten.

Für Adam Smith geht es zwar auch um Gerechtigkeit, aber nur sekundär. Dem pessimistischen Menschenbild der Scholastik, die von einem sündigen Menschen ausgeht, der durch ethische Ansprüche gebändigt und von zu grosser Habgier abgehalten werden soll, wird ein optimistisches Bild des Menschen oder besser des Zusammenwirkens der Menschen, auch der egoistischen Menschen, entgegengestellt. Die Ökonomik, die von diesem Menschenbild ausgeht, hat daher einen eindeutig normativen Charakter, nicht weniger als die scholastische Ökonomik, von der sie abweicht. Der Unterschied ist nur: Adam Smith und die neuere Ökonomik stellen nicht einzelne Postulate auf, also bestimmte Regeln für das Verhalten *des einzelnen Menschen*, mit denen er auf die *rechte* bzw. gerechte Bahn gebracht werden soll. Die Ökonomik im Sinne von Adam Smith ist vielmehr als ganzes ein Postulat, nämlich das Postulat, alle diese Regeln aufzugeben, um dem Tüchtigen *freie* Bahn zu schaffen. Dies gilt dann *im ganzen* als die rechte bzw. gerechte Bahn. Aus dem Reichtum folgt sozusagen von allein die Gerechtigkeit: Wenn mehr da ist, kann auch mehr verteilt werden!

Adam Smith führt den Begriff der «unsichtbaren Hand» in seiner «Theorie der ethischen Gefühle» ein, um deutlich zu machen, dass eine gerechte, d. h. gleichmässige Verteilung des Bodens nicht nötig ist, denn seiner Auffassung nach sind die Armen, die bei der Verteilung des Bodens zu kurz gekommen sind, als Konsumenten fast ebenso gut gestellt wie die Reichen. Er lehnt damit alle Postulate für eine Umverteilung unter dem Titel der Gerechtigkeit ab. Im Wortlaut heisst es:

> Die Reichen verzehren wenig mehr als die Armen; trotz ihrer natürlichen Selbstsucht und Raubgier und obwohl sie nur ihre eigene Bequemlichkeit im Auge haben, obwohl der einzige Zweck, welchen sie durch die Arbeit all der Tausende, die sie beschäftigen, erreichen wollen, die Befriedigung ihrer eigenen eitlen und unersättlichen Begierden ist, trotzdem teilen sie doch mit den Armen den Ertrag aller Verbesserungen, die sie in der Landwirtschaft einführen. Von *einer unsichtbaren Hand* werden sie dahin geführt, beinahe die gleiche Verteilung der zum Leben notwendigen Güter zu verwirklichen, die zustandegekommen wäre, wenn die Erde zu gleichen Teilen unter alle ihre Bewohner verteilt worden wäre.[2]

Das Interessante ist, dass der eigennützige Besitzer – der «homo oeconomicus» – in diesem Zusammenhang mit Aussagen bedacht wird, die den Eigennutz geradezu als böse qualifizieren. Smith spricht von «Selbstsucht und Raubgier», sowie von der Befriedigung «eitler und unersättlicher Begierden», kurz von

---

2 Smith, Theorie der ethischen Gefühle, 316, Auszeichnung durch den Verfasser.

der Habgier, die in der christlichen Lehre als eine Hauptsünde, somit als böse gilt. Er weicht also der negativen Qualifizierung des Eigennutzes nicht etwa dadurch aus, dass er ihn als bloss rationales Verhalten moralisch neutralisiert.

Er begründet die Wirksamkeit der unsichtbaren Hand damit, dass die reichen Gutsbesitzer nicht beliebig viel essen können und sie daher notgedrungen den Ärmeren den grösseren Teil einer landwirtschaftlichen Mehrproduktion überlassen müssen. «Das Fassungsvermögen des grundherrlichen Magens» stehe, so schreibt er, «in keinem Verhältnis zu der masslosen Grösse seiner Begierde». Dieses Argument ist natürlich richtig, trotzdem kann es allein nicht überzeugen, denn es vernachlässigt die Tatsache, dass das «wenig mehr» über Überleben und Verhungern entscheiden kann und im 18. Jahrhundert sicher in vielen Fällen darüber entschied. Damals begann auch die Bevölkerungszahl bereits zu steigen, so dass eine Mehrproduktion von Getreide allein schon deswegen nötig wurde, um mehr Münder zu stopfen, nicht um die Differenz von Arm und Reich auszugleichen. Vor diesem Hintergrund konnte die Behauptung, dass unabhängig von den Besitzverhältnissen «beinahe eine gleiche Verteilung der zum Leben notwendigen Dinge» zustande komme, geradezu zynisch erscheinen. Wenn sie Adam Smith trotzdem offensichtlich guten Gewissens vortrug, musste er daher noch eine andere Quelle für seine Überzeugung haben als den Hinweis auf die Beschränktheit des grundherrlichen Magens!

Diese Quelle ist die *Philosophie der Stoa*, welche die Bedeutung von Gut und Böse durch den Glauben an eine Welt- oder All-Vernunft relativiert und damit die eigentliche Alternative zum Christentum war *und* ist. Die Stoa war über fünfhundert Jahre von ca. 200 Jahre vor Christi Geburt bis 300 Jahre danach – die Weltanschauung der gebildeten römischen Bürger in der Antike gewesen. Sie gab mit ihrer universalen Ausrichtung der Vorstellung einer allgemeinen Welt- oder All-Vernunft und der von ihr geschaffenen natürlichen Ordnung, die für alle Orte und alle Zeiten gilt, die also der Natur des Menschen entspricht – eine Rechtfertigung für die Expansionsbestrebungen des damaligen römischen Imperiums, die auf der Basis der Marktwirtschaft erfolgten. Sie war ausserdem – was die Rechtfertigung erleichterte – in ihrem Grundgehalt optimistisch, indem sie schon damals eine Vorstellung entwickelte, die der «unsichtbaren Hand» Adam Smiths entspricht. Diesem Optimismus trat das Christentum unter der Führung Augustins mit der pessimistischen Idee der Erbsünde entgegen, die nur durch Christus überwunden werden kann. Die christliche Lehre gründet auf einem im weltlichen Bereich unauflöslichen Gegensatz von Gut und Böse. Das Christentum hat zwar im Kampf mit der Stoa Teile der stoischen Lehre übernommen, sie damit in gewissem Ausmass integriert und damit auch neutralisiert. Die Stoa hat sich aber seit dem 17.

Jahrhundert wieder selbstständig gemacht unter dem Titel der Aufklärung und des Fortschrittsglaubens, im Zusammenhang mit einem Wiederaufleben des Optimismus. Die «unsichtbare Hand» Adam Smiths, welche aus der Verfolgung egoistischer Ziele das allgemeine Wohl resultieren lassen, ist nichts anderes als die ökonomische Formulierung dieses Optimismus. Dies ist noch genauer zu erläutern.

Bei Epiktet (50 bis ca. 140 n. Chr.), dem Hauptvertreter der späteren Stoa, den er in seiner «Theorie der ethischen Gefühle» oft zitiert, hat Adam Smith, der die stoische Lehre genau kannte, gelesen:

> Heisst das nicht, aus Eigenliebe handeln? Ist doch so die Natur jedes Wesens; es tut alles mit Rücksicht auf sich selbst. Zeus [hat aber gleichzeitig] die Natur der vernünftigen Wesen so eingerichtet, dass sie keins der ihnen eigentümlichen Güter [keinen Reichtum] erlangen können, wenn sie nicht zugleich etwas zum allgemeinen Nutzen beitragen. *Daher ist es auch keine Sünde wider das Gemeinwohl, wenn man alles um seiner selbst willen [aus Egoismus] tut.*[3]

Adam Smith selber formuliert in der «Theorie der ethischen Gefühle» die stoische Position noch prononcierter:

> Die alten Stoiker waren der Meinung, dass wir – da die Welt durch die alles regelnde Vorsehung eines weisen, mächtigen und gütigen Gottes beherrscht werde – jedes einzelne Ereignis als notwendigen Teil des Weltplanes betrachten sollen, als etwas, das die Tendenz habe, die allgemeine Ordnung und Glückseligkeit des Ganzen zu fördern: dass darum das Laster und die Torheiten der Menschen einen ebenso notwendigen Teil des Planes bilden, wie ihre Weisheit und Tugend; und dass sie durch jene ewige Kunst, *die Gutes aus Bösem schafft,* dazu bestimmt seien, in gleicher Weise für das Gedeihen und die Vollendung des grossen Systems der Natur [der Vernunft] zu wirken.[4]

Die «unsichtbare Hand» ist also nichts anderes als «die ewige Kunst», «die Gutes aus Bösem schafft». In der Sprache der Stoa heisst sie Zeus, oder an anderer Stelle der Logos, d. h. die Welt- oder All-Vernunft, gemäss der die Welt so geschaffen ist, dass sie sich trotz allfälliger Unvernunft der Menschen, trotz eines rein egoistischen Verhaltens, in vernünftigen Bahnen entwickelt, wenn man sich nur von den Menschen gemässen Natur- d. h. Vernunftgesetzen leiten lässt. Dieser Logos – wie es Adam Smith selbst ausspricht – ist «Gott», ein «weiser, mächtiger und gütiger Gott».

3 Epiktet, Teles und Musonius, 123 f., Auszeichnung durch den Verfasser.
4 Smith, Theorie der ethischen Gefühle, 47 ff., Auszeichnung durch den Verfasser.

In diesem Zusammenhang ist interessant, dass Adam Smith in der sechsten – der ersten überarbeiteten – Auflage seiner «Theorie der ethischen Gefühle» nicht nur alle früheren Hinweise auf das Christentum gestrichen hat, sondern dass er auch seinem todkranken Freund David Hume die Bitte verweigerte, dessen letzte Schrift herauszugeben, die einen atheistischen Standpunkt vertrat. Adam Smith war gläubig, allerdings nicht im Sinne des Christentums, sondern eben im Sinne der Stoa! Darum strich er nicht nur alle christlichen Bezüge in seinem Werk, sondern lehnte auch die Herausgabe einer atheistischen Schrift ab.

Was ist die Konsequenz dieser Feststellung? Nichts anderes als dass die ökonomische Wissenschaft, soweit sie sich ausdrücklich oder stillschweigend auf den «homo oeconomicus» und die «unsichtbare Hand» beruft, auf der Stoa gründet. Alle Ökonomen, die ihre Wissenschaft in diesem Sinne verstehen, bilden daher eine stoische Glaubensgemeinschaft und sind somit auch eine Werturteilsgemeinschaft par excellence. Auf dem stoischen Glauben – auf diesem, ich wiederhole, optimistischen Glauben – beruht auch die grosse normative Kraft der ökonomischen Gesetze, die, wie vor allem das Gesetz von Angebot und Nachfrage, als Vernunft- oder Naturgesetze gelten und deswegen unabhängig von ihrer konkreten Wirksamkeit bzw. Gültigkeit im einzelnen generell «geglaubt», d. h. wegen ihrer «Evidenz» für wahr gehalten werden (müssen).

* * *

Der Konflikt zwischen Christentum und Stoa wird erhellt durch eine bemerkenswerte Stellungnahme zum «homo oeconomicus» und zur «unsichtbaren Hand», die, obwohl die entsprechende Aussage von einem berühmten Autor stammt und oft zitiert wird, bisher doch nicht als eine solche Stellungnahme erkannt wurde. Es handelt sich um zwei Verse im «Faust» von Goethe. Dabei geht es um die Antwort des Mephistopheles auf die Frage nach seinem Wesen. Faust fragt Mephistopheles, nachdem dieser sich gerade als «des Pudels Kern» entpuppt hat, wer er sei. Es ist die «Kern»-Frage!

Mephistopheles erste Antwort auf die Frage Fausts lautet:

Ich bin ein Teil von jener Kraft,
Die stets das Böse will, und stets das Gute schafft.[5]

5   Verse 1335–1336.

Denken wir daran, dass Adam Smith bei der Schilderung der Stoa von jener «ewigen Kunst» spricht, «die Gutes aus Bösem schafft». Die Übereinstimmung ist frappant! Obwohl bisher nicht gesichert ist, dass Goethe «Die Theorie der ethischen Gefühle» Adam Smiths gelesen hat, so ist dies doch sehr wahrscheinlich, da er dessen späteres Werk «Der Reichtum der Nationen» kannte, und die «Theorie der ethischen Gefühle» auch in Deutschland verbreitet war. Lessing zitiert sie in seinem «Laokoon». Vor allem Kant nimmt auf sie Bezug. Aber unabhängig von der Beantwortung der Frage, ob Goethe die «Theorie der ethischen Gefühle» selber gelesen hat oder ob die Idee der «unsichtbaren Hand» sozusagen in der Luft lag, hat Goethe in der Sache zweifellos die Adam Smith'sche bzw. stoische Position im Auge.

Wie ist nun die Aussage des Mephistopheles zu deuten? Was will Goethe damit sagen? Stimmt er ihr zu oder nicht? Auf der einen Seite leuchtet die Antwort des Mephistopheles unmittelbar ein. Es scheint durchaus richtig, dass der Mensch das Böse als einen Stachel braucht, um sich zu bewähren, dass auch, um im ökonomischen Bereich zu bleiben, Konkurrenz nötig ist – die Konkurrenz des egoistischen Mitbewerbers, der den anderen unterbieten und aus dem Markt drängen will –, damit alle sich anstrengen und so einen Produktionsfortschritt verwirklichen, der schliesslich allen zugute kommt.

Ist also die Aussage des Mephistopheles von Goethe genau so gemeint, wie sie gesagt worden ist? Stimmt er ihr also zu? Wenn ja, verharmlost dann aber Goethe nicht das Böse? Erhart Kästner, der grosse Griechenlandfahrer, befürchtet es. In seinem Buch «Aufstand der Dinge» schreibt er:

> Der grossmächtige, der allgegenwärtige Böse, von ihm will Neuzeit nichts wissen. Dass Neuzeit verlernt hat, an den Bösen zu glauben, das beginnt … bei Goethes Mephisto. Mephisto, ein Teil von jener Kraft, die stets das Böse will, und doch das Gute schafft? So ungefährlich der Teufel? So unschädlich? So gemütlich? So kollegial umgänglich? So anregend? So lustig? Mephisto, Grossmeister des selbstvergessenen Bösen?[6]

Kästner und mit ihm viele, die diese Aussage des Teufels wörtlich nehmen, verkennen das wichtige Stilmittel Goethes im «Faust»: die Ironie. Man darf ja nicht vergessen, wer diese Aussage macht: der Teufel selbst!

Wenn man dies wahr-nimmt, dann muss die Selbstdarstellung des Mephistopheles auch als ein besonders schlauer Trick verstanden werden, mit dem der Teufel die Menschen ins Verderben führen will. Denn wenn die Menschen auf seine Worte hereinfallen, dann glauben sie, dass sie sich nicht mehr für das Gute anstrengen müssen, und sie werden umso bedenkenloser den Sünden

6   Kästner, Der Aufstand der Dinge, 248.

und dem Egoismus verfallen. So hat er ein leichtes Spiel. Die Aussage Mephistopheles' steht jedenfalls in direktem Widerspruch zur christlichen Lehre, die dem Menschen gebietet: du sollst Gutes tun und das Böse meiden! Insofern der Teufel selbst eine Gestalt der christlichen Religion ist, muss man auch beachten, dass in ihr der Teufel als «Durcheinanderwerfer» (Diabolus), als der grosse Verführer und Täuscher geschildert wird.

Man muss auch bedenken, dass, wenn es dem Teufel ernst sein würde mit seiner Aussage, wenn sie also nicht (auch) ironisch gemeint wäre, er sich ja selbst aufgeben müsste; denn dann wären alle seine Anstrengungen, weil doch immer nur das Gute resultiert, umsonst. Dies ist aber offensichtlich nicht seine Meinung. Denn Mephistopheles bekennt auf die zweite Frage des Faust, wie die erste Antwort zu verstehen sei, dass er den letzten Zweck des Bösen wirklich erreichen will, nämlich die Zerstörung und Vernichtung:

> Ich bin der Geist, der stets verneint!
> Und das mit Recht; denn alles, was entsteht,
> Ist wert, dass es zugrunde geht;
> Drum besser wär's, dass nichts entstünde.
> So ist denn alles, was ihr Sünde,
> Zerstörung, kurz, das Böse nennt,
> Mein eigentliches Element.[7]

Und so wirkt sich der Pakt Fausts mit Mephistopheles auch im Drama aus: im ersten Teil kommt es zur Gretchen-Tragödie, im zweiten Teil werden, exemplifiziert am alten Paar Philemon und Baucis, diejenigen mit Mord und Brandstiftung vernichtet, die sich den wirtschaftlichen Plänen Fausts, wenn auch nur passiv, entgegenstellen. Von einer «prästabilisierten Harmonie» im Sinne der «unsichtbaren Hand» ist hier jedenfalls keine Rede.

Goethes eigene Position lässt sich allerdings nur vollständig erfassen, wenn wir auch den Roman «Wilhelm Meisters Wanderjahre» zu Rate ziehen. In ihm finden wir eine Formulierung der «unsichtbaren Hand», die sich in gewisser Weise an Adam Smiths Umschreibung in der «Theorie der ethischen Gefühle» anlehnt, diesmal mit positiver Bewertung. Dabei werden allerdings nicht die «Reichen» und die «Armen» miteinander konfrontiert, sondern die «Konservativen», die an ihrem altangestammten Besitz hängen, und die «Fortschrittlichen», die alles in neue und produktive Bewegung bringen. Es heisst in Goethes Roman:

---

7   Verse 1338–1344.

Gewohnheit, jugendliche Eindrücke, Achtung für Vorfahren, Abneigung gegen den Nachbarn und hunderterlei Dinge sind es, die den Besitzer starr und gegen jede Veränderung widerwillig machen. Je älter dergleichen Zustände sind, je verflochtener, je geteilter, desto schwieriger wird es, das Allgemeine durchzuführen, das, indem es dem Einzelnen etwas nähme, dem Ganzen und *durch Rück- und Mitwirkung* auch jenen wieder unerwartet zugute käme.[8]

Die hier erwähnte «Rück- und Mitwirkung» hat deutlich den Charakter der «unsichtbaren Hand». Durch die Rück- und Mitwirkung werden die privaten Schäden geheilt, mit denen für einen Teil der Bevölkerung zuerst bei der neuen Mobilität zu rechnen ist. Die Schäden werden schliesslich sogar in Gewinne verwandelt!

Der Egoismus, bzw. das Streben nach Eigennutz, ist aber – und das ist entscheidend – bei Goethe von vornherein als – so könnte man sagen – «gemässigter» Egoismus zu verstehen, der immer auch die allgemeinen Zwecke im Auge hat, und dessen Sinn im «Streben nach Meisterschaft» besteht.

Programmatisch wird das Postulat aufgestellt:

Jede Art von Besitz soll der Mensch festhalten, er soll sich zum Mittelpunkt machen, von dem das Gemeingut ausgehen kann; er muss Egoist sein, um nicht Egoist zu werden, zusammenhalten, damit er spenden könne.[9]

Dieses Postulat wird zusammengefasst in den Worten «Besitz *und* Gemeingut». Die Präzisierung dieses Wortes zeigt, dass Goethe dem Streben nach Eigennutz von vornherein eine ethische Komponente einbaut: die unsichtbare soll durch eine *sichtbare Hand* ergänzt werden! Sonst könnte – so muss man unter Einbezug des «Faust»-Dramas hinzufügen die zweite Version der Selbstdarstellung Mephistopheles', die Zerstörung, rasch Realität werden.

Was der Slogan: «Besitz und Gemeingut» heissen soll, wird durch die Handlungsweise eines Gutsbesitzers im «Wilhelm Meister»-Roman verdeutlicht. Dieser rechtfertigt sich, nachdem ihm vorgeworfen wurde, dass ihm seine Güter nicht so viel einbringen, wie sie könnten, mit folgender Erklärung:

Das Mindere der Einnahme betracht' ich als Ausgabe, die mir Vergnügen macht, indem ich andern dadurch das Leben erleichtere; ich habe nicht einmal die Mühe, dass diese Spende durch mich durchgeht, und sich alles wieder ins gleiche setzt.[10]

---

8   Goethe, Wilhelm Meisters Wanderjahre, Drittes Buch, Kap. 12, 339, Auszeichnung durch den Verfasser.
9   Goethe, Wilhelm Meisters Wanderjahre, Erstes Buch, Kap. 6, 60.
10 Goethe, Wilhelm Meisters Wanderjahre, Erstes Buch, Kap. 6, 60.

Was heisst das? Der Gutsbesitzer holt nicht den maximalen Ertrag aus seinem
Land, weil er Pächter duldet, die nicht zu den effizientesten Landwirten gehören. Er könnte nun den Pächtern kündigen, sie dadurch in Not bringen, zur
Arbeitslosigkeit und Armut verurteilen, aber aus den gesteigerten Einnahmen
einen Betrag für die Sozialhilfe bzw. die Armenunterstützung abzweigen. Er
geht aber den anderen Weg, indem er – immer unter Aufrechterhaltung einer
genügenden Rentabilität – auch weniger effiziente Pächter bei sich behält,
und so «das Mindere der Einnahmen als Ausgabe» betrachtet. Beides «setzt
sich ins Gleiche», d. h. in beiden Fällen ist die Bilanz ausgeglichen: höhere
Einnahmen *und* höhere Ausgaben für die Sozialhilfe *oder* geringere Einnahmen
und geringere Ausgaben für die Sozialhilfe. Der zweite Weg ist gemäss Goethe
die ethisch bessere Lösung, weil sie schon die Entstehung von Armut und
Not verhindert.

Dieses Postulat lässt sich auch – das sei in Parenthese erwähnt – auf die
Umwelt übertragen: Die Vermeidung von Umweltverschmutzung ist der Ver-
schmutzung und den anschliessenden – notwendigerweise unvollkommenen –
Versuchen zur nachträglichen Umweltreinigung mit einem zusätzlichen finanziellen Aufwand vorzuziehen. Man hat dann zwar geringeren Ertrag, aber auch
geringere Kosten. Vor allem aber wird die Umwelt besser geschützt.

Mit seinen ethischen Postulaten geht Goethe eindeutig über Adam Smith
hinaus. Auch bei diesem ist es zwar, insbesondere wenn wir die «Theorie
der ethischen Gefühle» als Ergänzung zum «Reichtum der Nationen» gelten
lassen, verboten, den Eigennutz durchzusetzen, indem man dem anderen
direkt Schaden zufügt. Man soll ihm kein Bein stellen! Adam Smith will keinen
unlauteren Wettbewerb. Er fordert auch bestimmte Tugenden, wie vor allem
diejenige der (stoischen) Selbstbeherrschung. Aber Goethe will mehr. Er will
den aktiven Einsatz für die Gemeinschaft. Überall dort, wo der Markt ein
Defizit aufweist, muss durch gemeinsame Anstrengungen versucht werden, im
Rahmen der Wirtschaft selbst dieses Defizit zu mindern, auch unter Opferung
des Strebens nach unbedingter Nutzen- und Gewinnmaximierung.

* * *

Diese Korrektur ist von grösserer Bedeutung, als es auf den ersten Blick
erscheint. Um diese Aussage zu erhärten, komme ich nochmals auf die «unsichtbare Hand» Adam Smiths zurück, diesmal aber aufgrund der Formulierung
im «Reichtum der Nationen». Hier heisst es:

> Wenn daher jeder einzelne soviel wie nur möglich danach trachtet, sein Kapi-
> tal zur Unterstützung der einheimischen Erwerbstätigkeit einzusetzen und
> dadurch diese so lenkt, dass ihr Ertrag den höchsten Wertzuwachs erwarten

lässt, dann bemüht sich auch jeder einzelne ganz zwangsläufig, dass das Volkseinkommen im Jahr so gross wie möglich werden wird. Tatsächlich fördert er in der Regel nicht bewusst das Allgemeinwohl, noch weiss er, wie hoch der eigene Beitrag ist. Wenn er es vorzieht, die nationale Wirtschaft anstatt die ausländische zu unterstützen, denkt er eigentlich nur an die eigene Sicherheit, und wenn er dadurch die Erwerbstätigkeit so fördert, dass ihr Ertrag den höchsten Wert erzielen kann, strebt er lediglich nach eigenem Gewinn. Und er wird in diesem wie auch in vielen anderen Fällen von *einer unsichtbaren Hand* geleitet, um einen Zweck zu fördern, den zu erfüllen er in keiner Weise beabsichtigt hat. Auch für das Land selbst ist es keineswegs immer das schlechteste, dass der einzelne ein solches Ziel nicht bewusst anstrebt, ja, gerade dadurch, dass er das eigene Interesse verfolgt, fördert er häufig das der Gesellschaft nachhaltiger, als wenn er wirklich beabsichtigt, es zu tun. Alle, die jemals vorgaben, ihre Geschäfte dienten dem Wohl der Allgemeinheit, haben meines Wissens niemals etwas Gutes getan. Und tatsächlich ist es lediglich eine Heuchelei, die unter Kaufleuten nicht weit verbreitet ist, und es genügen schon wenige Worte, um sie davon abzubringen.[11]

Diese Aussage überzeugt zweifellos durch ihre Offenheit und Ehrlichkeit; es ist eine Absage an Hypokrisie und Heuchelei. Das wirkt befreiend. Der wirtschaftliche Mensch ist sicher in hohem Ausmass darauf ausgerichtet, sein eigenes Wohl zu fördern. Das muss man einfach zugeben. Auch Goethe gibt es ja, gemäss obigem Zitat, ausdrücklich zu.

Wie ist es nun aber mit der Wirkungsweise der «unsichtbaren Hand» bestellt? Es ist interessant, dass kaum je nach der Gültigkeit der Argumentation von Adam Smith in diesem Zusammenhang gefragt wird. Dabei ist es ganz offensichtlich: wenn irgendeine Argumentation unrichtig ist bzw. sich als unrichtig erwiesen hat, dann ist es diese. Adam Smith sagt – ich zitiere nochmals –:

Wenn daher jeder einzelne wie nur möglich danach trachtet, sein Kapital zur Unterstützung der einheimischen Tätigkeit einzusetzen [...], dann bemüht sich auch jeder einzelne ganz zwangsläufig, dass das Volkseinkommen im Jahr so gross wie möglich werden wird.

Dies soll dadurch geschehen, dass er es vorzieht «*die nationale Wirtschaft anstatt die ausländische zu unterstützen*». Adam Smith geht von einer Hierarchie der Kapitalverwendungen aus. Die Investition im Inland ist der Investition im

11 Smith, Der Wohlstand der Nationen, viertes Buch, Kap. 2, 370 f., Auszeichnung durch den Verfasser.

Aussenhandel und diese der Investition im Transithandel aus volkswirtschaftlichen Gründen, also im Gemeininteresse, vorzuziehen. Diese Hierarchie ist zweifellos durch die moralische Beurteilung der wirtschaftlichen Tätigkeiten in der Scholastik vorgeprägt, denn nach ihr ist die binnenwirtschaftlich ausgerichtete Arbeit in Landwirtschaft und Gewerbe weit wertvoller als der notwendigerweise spekulative Gross- und Aussenhandel und die (international ausgerichteten) Geldgeschäfte. Adam Smith meint nun, dass wegen der Risiken, die mit der Entfernung vom eigenen Land anwachsen, der Investor vorzugsweise im Inland investiert, sich also von sich aus der genannten Hierarchie der Kapitalverwendung beugen würde.

Hier irrt aber – nicht Goethe, sondern – Adam Smith. Der Reichtum Englands ist nicht in erster Linie zustande gekommen durch Arbeit und Sparsamkeit, wie sie Adam Smith propagiert, sondern durch Fremdenergie in Form von Wind, der die Segel der Handelsschiffe blähte und über die Meere führte – der Wind wurde später durch Kohle und dann durch Erdöl ersetzt –, sowie durch Bildung von Risikokapital in der City of London, dem Zentrum des Aussen-, Kolonial- und Transithandels, und der Möglichkeit, dieses Kapital durch Bildung von Banken und durch Papiergeldschöpfung zu vervielfachen. Das heisst: Adam Smith hat übersehen, dass es in der Wirtschaft nicht in erster Linie auf Arbeit, die sogenannte «ehrliche Arbeit», ankommt, sondern vor allem auf Nutzung der Natur und die diese Nutzung ermöglichende Intelligenz, dass ausserdem die Natur nicht nur in der Landwirtschaft in Form des Bodens, sondern als Energie auch im Handel und in der Industrie mitwirkt, und dass die Intelligenz es möglich macht, durch Geldschöpfung und darauf aufbauender Kapitalbildung ein Wachstum der Produktion weit über den Arbeitseinsatz und den Einsatz ersparter Mittel hinaus zu fördern.

Dadurch wurde – es sei wiederholt – der «Reichtum der Nationen» weit mehr gesteigert als es nach den – man muss fast sagen: biederen – Vorstellungen Adam Smiths möglich gewesen wäre. Aber es hat auch zu den grossen Weltproblemen, der Auseinanderentwicklung von reichen und armen Ländern und der Belastung bzw. Zerstörung der Umwelt geführt, die unter den Adam Smith'schen Bedingungen, nämlich der Bindung des Reichtums ausschliesslich an Arbeit und Sparsamkeit, sich nicht oder mindestens nicht im heutigen Umfang hätten ergeben können.

* * *

Angesichts dieser sich stets verstärkenden Weltprobleme kann die «unsichtbare Hand» und damit der «homo oeconomicus» nicht als «der Weisheit letzter Schluss» gelten. Wir müssen auf die ethische Reserve, die zweifellos in jedem

Menschen *auch* enthalten ist, verstärkt zurückgreifen. «Besitz und Gemeingut» müssen im Goethe'schen Sinne stärker ineinander verschränkt werden. Dabei geht es sowohl um die Nutzung der Spielräume, die auch unter dem Gesetz von Angebot und Nachfrage den Teilnehmern am Marktprozess belassen sind, als auch vor allem darum, diese Spielregeln so zu gestalten, dass die Diskrepanz von Arm und Reich in der Welt reduziert und die Umweltzerstörung vermieden wird, damit nicht nur der «homo oeconomicus», sondern der *ganze* Mensch gedeihen und bestehen kann. Dies braucht einen ethischen Einsatz, der im Menschenbild der herkömmlichen Nationalökonomie nicht zu finden ist, sondern sich aus Motiven herleitet, die ausserhalb der Wirtschaft ihren Ursprung haben.

Literatur

Binswanger, Hans Christoph, Die Glaubensgemeinschaft der Ökonomen, 2. (überarbeitete) Auflage, Hamburg, Murmann-Verlag, 2005.

Epiktet, Wege zu glückseligem Leben. Epiktet, Teles und Musonius (Rufus), übertragen und eingeleitet von Wilhelm Capelle, Zürich, Artemis-Verlag, 1948.

Goethe, Johann Wolfgang, Wilhelm Meisters Wanderjahre, in: Goethes Werke, herausgegeben und eingeleitet von Karl Heinemann, Leipzig / Wien, o. J. (1905).

Kästner, Erhart, Der Aufstand der Dinge. Byzantinische Aufzeichnungen, Frankfurt a. M., 1973.

Smith, Adam, Theorie der ethischen Gefühle, übersetzt und herausgegeben von Walter Eckstein, Marburg, Meiner, 1985 (Unveränderter Nachdruck der Ausgabe von 1926).

Smith, Adam, Der Wohlstand der Nationen. Eine Untersuchung seiner Natur und seiner Ursachen, übersetzt und herausgegeben von Horst Claus Recktenwald, 5. Auflage, München, DTV, 1990.

Christoph Weber-Berg

«Ich glaube, hilf meinem Unglauben» – Zweifel als Konstituens von Glauben und Vertrauen

1.   Einleitung

Vom unvergessenen, nie um ein treffendes Wort verlegenen Schweizer Lieder-macher Mani Matter, der auch vierzig Jahre nach seinem tragischen Unfalltod im kollektiven Gedächtnis der Schweiz fest verankert ist, stammt das Zitat: «Wer glaubt er wisse, muss wissen, er glaubt.»[1] Dieser lakonische Satz soll den vorliegenden Ausführungen als Leitspruch und gleichsam als vorweggenom-menes Fazit vorangestellt werden.

Es ist gut fünfzehn Jahre her, um das Jahr 2000, als der Welt das immense Potenzial des Internet und der neuen Technologien so richtig bewusst wurde, und es ist in bester Erinnerung, wie damals das Zeitalter der «Wissensgesell-schaft» ausgerufen wurde. Wissen war mehr als nur Macht: Wissen war der Schlüssel zu Zukunft und Erfolg, und Wissen war vor allem auch Kapital. Wis-sen sollte die globalisierte Gesellschaft zusammenführen und zusammenhal-ten, uns alle zu Bewohnerinnen und Bewohnern des globalen Dorfes machen. Schlagworte wie «Wissensmanagement» und «wissensbasierte Systeme» oder gleich «wissensbasiertes Systemmanagement» traten erfolgreiche Karrieren im Sinne ökonomischer Verwertungsprozesse an.

Doch die Euphorie der Frühzeit wich bald schon einer ersten Ernüchte-rung. Das Platzen der Dotcom-Blase an den neuen Börsen führte zur ersten Finanz- und Wirtschaftskrise unseres Jahrhunderts. Inhaberinnen und Inhaber so genannter «Volksaktien», die auf die hoffnungsfrohen Aussichten wissens-basierter Technologien gesetzt hatten, sassen auf Ramschpapieren und wurden das ungute Gefühl nicht los, man hätte die gewöhnlichen Leute für dumm verkauft, während die Cleveren und Begüterten früh genug Kasse gemacht und die «Volksaktien» dem Volk überlassen hatten.

Inzwischen wissen wir, dass damals der Fehler gemacht wurde, zu Infor-mationen aufbereitete Daten mit «Wissen» zu verwechseln. Die Möglichkeit, jederzeit und überall auf alle potenziell verfügbaren Daten und Informatio-nen zugreifen zu können, ist keinesfalls mit Wissen, und schon gar nicht mit Erkenntnis zu verwechseln.

---

1   Matter, Sudelhefte, 191.

Damals wie heute, nach der immer noch nicht in all ihren Folgen ausge-
standenen Finanzkrise von 2008, wurde der Kater nach der Krise als Vertrauensverlust gedeutet. Vertrauen in Märkte, Vertrauen ins politische und ins wirtschaftliche System, Vertrauen in Geschäftsideen und ins Führungspersonal, da
und dort vielleicht sogar Vertrauen in die Zukunft – Vertrauen war erschüttert
oder gar verloren gegangen. Zwischenzeitlich jedenfalls, denn rückblickend
scheint es, dass das Vertrauen – oder das, was dafür gehalten wurde – damals, in
den ersten Jahren des neuen Jahrhunderts, schon vergleichsweise rasch wieder
hergestellt war. Finanzinstitutionen stellten Physiker und Mathematiker ein,
welche virtuelle Universen von Finanzdaten und Finanzinformationen ver-
massen, in Modelle packten und damit scheinbar doch Wissen und Erkenntnis
hervorbrachten. Die Risiken der neuen, wissensbasierten Finanzwelt sollten zu
Chancen umgemünzt werden: Wissensvorsprünge konnten in Mikro-Sekun-
den zu Gewinnen gemacht werden. Das Wissen über Risiken der Märkte *hier*
und über Chancen an Märkten *dort* sollten sollte der Absicherung und Erweiterung von Vermögen dienen: faktenbasiertes Wissen sollte mit der Robustheit
physikalischer und mathematischer Gesetze zu Gewinnen und im Endeffekt
zu Wohlstand gemacht werden.

Alsbald setzte eine Entwicklung ein, die immer wieder ein untrügliches
Anzeichen einsetzender Spekulationseuphorie an Märkten ist: Kleinanleger
und um die Verbesserung ihrer Rente bemühte Bürgerinnen und Bürger lasen
den Börsenteil ihrer Zeitungen, fragten ihre Bankberater nach strukturierten
Finanzprodukten und Zertifikaten oder wollten Kredite in Fremdwährungen
aufnehmen.

Die Blase platzte erneut um 2007/2008. Erneut löste sich vermeintliches
Vertrauen in Luft auf. Das, was sich als durch Modelle gestütztes Wissen über
Risiken ausgegeben hatte, erwies sich als finanzmathematisch getarntes Meinen
oder gar als Schlaumeierei findiger und windiger «Financial Engineers».

Wer geglaubt hatte, er wisse zum Beispiel um Risiken und Nebenwirkungen
– schon nur von Bank-Aktien, geschweige denn von strukturierten Produkten
– musste erfahren: er hatte bloss geglaubt / gemeint. Der Fall von Lehman
Brothers zum Beispiel brachte Zehntausende um ihr Geld und Eigenheim-
besitzer im Euroraum, die – wegen der tiefen Franken-Zinsen – ihre Häuser
mit Krediten in Schweizerfranken belastet hatten, standen vor dem Ruin. Das
Währungsrisiko war unterschätzt worden. Man war leichtgläubig gewesen,
töricht und vielleicht auch zu sehr angetrieben von der Lust (man mag es
auch «Gier» nennen), sich auch einmal ein Stück des grossen Geld-Kuchens
abzuschneiden.

Manch einer hatte der Währung zu viel Kredit gegeben, dem Kredit-Institut seinen Glauben allzu gutgläubig geschenkt. Und nun trat das Risiko aus der Deckung des Kleingedruckten hervor, und raubte vielen nicht nur, was sie – ungedeckt – auf Kredit ausgestellt hatten: ihr Vertrauen, sondern auch ihr bares Geld.

War es tatsächlich das Vertrauen gewesen, das verloren gegangen war, oder nicht vielmehr eine Illusion, eine Selbsttäuschung[2], die sich jeweils dann einstellt, wenn zum x-ten Mal in der Wirtschaftsgeschichte jemand das finanzielle perpetuum mobile erfindet: Geld aus Geld, risikolos und reibungslos? Die Frage ist suggestiv. Das, was im Nachgang solcher Krisen jeweils als Vertrauensverlust beklagt wird ist in Wahrheit der Verlust einer Illusion, welche die Menschen Leichtgläubigkeit und Vertrauen verwechseln lässt.

2.   Zweifel und Vertrauen

Es wird hier die These vertreten, dass es der Zweifel gewesen war, der gefehlt hatte, damit echtes Vertrauen überhaupt erst hätte entstehen können: Zweifel erst – oder «gesundes Misstrauen»[3] – macht den Unterschied zwischen Leichtgläubigkeit und Vertrauen.

Denise Rousseau und andere haben in einem Artikel der Academy of Management Review das Phänomen des Vertrauens über verschiedene Gesellschaftsbereiche und Forschungszweige hinweg untersucht und festgestellt, dass Vertrauen erstaunlich übereinstimmend definiert wird[4]. Sie bringen es auf folgende Formel: *«Trust is the willingness to be vulnerable under conditions of risk and interdependence.»*[5] Vertrauen macht verletzlich, und es basiert auf der Voraussetzung, dass Interdependenz und Risiko gegeben sind. Risiko, so führen die Autoren weiter aus, schaffe die Gelegenheit, dass Vertrauen entstehen könne und dieses wiederum mache, dass Risiken übernommen werden. Risiko und Vertrauen stehen zueinander in einem reziproken Verhältnis.

Zwischen dem Subjekt (der Vertrauende) und dem Träger (der, dem vertraut wird) des Vertrauens besteht eine Interdependenz durch das Risiko als Gegenstand des Vertrauens. Dieses Verhältnis mag bei zwei menschlichen Vertragspartnern leicht nachvollziehbar sein. Zwei Vertragspartner verbindet ein minimaler Grundstock an gemeinsamen Werten und Normen, und wenn es

---

2   Weber-Berg, Wiedergewinnung.
3   Weber-Berg, Wiedergewinnung.
4   Rousseau u. A., Not so different.
5   Rousseau u. A., Not so different, 395.

nur die Markttugenden der Respektierung von Eigentum und der Einhaltung von Verträgen sind. In einem solchen, einfachen Verhältnis, ist der Zweifel nicht entscheidend, er kann im ungünstigen Fall sogar kontraproduktiv wirken.

Belohntes und bewährtes Vertrauen zwischen zwei Vertragspartnern wird die Kraft ihres Vertrauens erneuern und gar steigern. Lars Feld und Bruno S. Frey haben diesen Umstand im Titel eines Aufsatzes über Steuerehrlichkeit auf eine lapidare Formel gebracht: «Trust breeds trust.»[6] Diese Formulierung deutet schon an, dass die Reziprozität der Entstehung von Vertrauen leicht die Form einer Rückkopplung annehmen kann. Wenn Vertrauen entsteht – oder auch nur ein Zustand, der dafür gehalten wird – dann wächst darauf weiteres Vertrauen. Doch begründetes Vertrauen wächst auf einem Nährboden, den es nur sehr bedingt selber herstellen kann. Ein Rückkopplungspfeifen von vertrauensähnlichen Bekundungen oder Zuständen kann kein wahrhaft begründetes Vertrauen erzeugen. Es fehlt ihm der reale Grund.

Je komplexer die wirtschaftlichen Systeme und die diese bildenden Transaktionen werden, desto weniger sind die involvierten Vertragsparteien Träger personalen Vertrauens. Allenfalls geteilte Werte und Normen werden bedeutungslos und können nicht mehr den Grund für reales Vertrauen bilden. Die beteiligten Personen sind allenfalls Vermittler wirtschaftlicher Risiken, die ausserdem einen hohen Abstraktionsgrad aufweisen können. Es geht immer mehr um Transaktionen, und immer weniger um Beziehungen. In Transaktionen sind keine geteilten Werte im Spiel, es fehlt der erwähnte Nährboden an Werten und Normen. Im Gegenteil: Wirtschaftliche Transaktionen werden weitgehend als Grundoperationen eines an sich wertfreien Systems verstanden.

Als Substitut der Werte fungieren im systemischen Umfeld Geldform und vertrauenswürdige Institutionen als Anker des Vertrauens.

Traditionell waren diese Vertrauensanker das einer nationalen Währung unterlegte, physisch eingelagerte Gold, sowie die jeweilige Regierung und Notenbank. Physisch eingelagertes Gold und vertrauenswürdige staatliche Institutionen liessen ein bestimmtes Geld als vertrauenswürdig und für wirtschaftliche Transaktionen brauchbar erscheinen[7]. Wo die Geldform weder von einer Münze repräsentiert wird, noch – kunstvoll auf Papier gedruckt – auf physisch eingelagerte Metallwerte verweist, sondern sich in Bits, Bytes und Datenströme auflöst, da werden die sozialen Institutionen als Vertrauensanker für das Funktionieren von Geld und Wirtschaftssystem immer wichtiger. Faktisch aber – und das erfahren wir täglich aus den Nachrichten – verlieren diese Institutionen immer mehr an Vertrauen. Die Handlungsmöglichkeiten

6   Feld / Frey, Trust breeds trust.
7   Dembinski, Finance.

der Nationalstaaten und die Unabhängigkeit der Notenbanken sind angesichts von Währungs- und Schuldenkrisen geringer denn je. Doch gerade für die Gewinnung von Vertrauen ist die Unabhängigkeit von Notenbanken entscheidend. Wie soll man einer Währung vertrauen, die potenziell zum Spielball – oder zum Rettungsring – überschuldeter Regierungen und Staaten werden kann? Es regiert der Sachzwang oder der Handlungsdruck der Notsituation, ein Nährboden für begründetes und langfristiges Vertrauen kann dabei nicht entstehen.

Das Vertrauen – wenn es sich im Zuge der Angewöhnung an den prekären Zustand dann doch entwickeln sollte – erweist sich als eine entleerte Tautologie: ein «Meinen-es-funktioniere-dann-schon-wieder-irgendwie». *Trust breeds trust.* Doch genau gleich kann gelten: *Mistrust breeds mistrust.* Im angeblich wertfreien System breitet sich beides wie ein ansteckendes Virus aus und generiert Funktion oder Dysfunktion des Systems als *self-fulfilling prophecy* aus sich selbst heraus: «Die trügerische Richtigkeit der ‹self-fulfilling prophecy› verewigt die Herrschaft des Irrtums».[8]

Wo personale Träger von Vertrauen fehlen, wo institutionelle Anker des Vertrauens immer schwächer werden, da sind – im Dienst und zum Wohle des Vertrauens – *Zweifel* angebracht: Zweifel an den Heilsversprechungen eines sich von materiellen Bindungen, personalen Beziehungen, sozialen Institutionen, sowie von seinen eigentlichen Zwecken tendenziell entfremdenden Finanzsystems, das ungedeckte Schecks ausstellt auf die Zukunft, auf risikofreie Gewinne, auf Vermögen und Erlös.

Wie etwa, wenn vermögens- und einkommenslose Amerikanerinnen und Amerikaner daran gezweifelt hätten, dass sie tatsächlich Hausbesitzer sein können? Wie, wenn diejenigen, welche ihnen die Häuser verkauften, daran gezweifelt hätten, dass die Rechnung wirklich aufgeht? Wie etwa, wenn Anlegerinnen und Anleger, die Lehman-Brothers-«Produkte» kauften, daran gezweifelt hätten, dass es möglich sein sollte, bei gleichem Risiko den mehrfachen Ertrag einer Staatsanleihe zu erzielen? Wie etwa, wenn Politiker schon vor Jahren daran gezweifelt hätten, dass sich Staaten aufgrund immer neuer Verschuldung nachhaltig finanzieren und regieren lassen? Die Liste solcher Beispiele liesse sich fast beliebig verlängern.

Das, was in der letzten Finanz- und Wirtschaftskrise verloren gegangen ist, war kein wirkliches Vertrauen. Es ist die Illusion bezüglich der Möglichkeit, Geld risikolos mit Geld verdienen zu können oder Wohlstand und Wohlfahrt auf Pump zu kaufen.

8   Merton, Eigendynamik, 146.

Der vorschnelle Ruf zur Wiederherstellung des Vertrauens kann deshalb sogar schädlich sein. Als erstes müssen das gesunde Misstrauen und der berechtigte Zweifel wieder hergestellt werden. Es war nicht das Vertrauen, sondern der kritische und aufgeklärte Zweifel an den Heilsversprechungen des Finanzsystems, der von Anfang an gefehlt hatte.

Wo Vertrauen in Systeme und Institutionen gefordert ist, wo tragende personale Werte für die Produktion von Vertrauen und für die Reduktion der Risiken in Vertrauensbeziehungen irrelevant sind, da ist der Zweifel konstituierend und macht den entscheidenden Unterschied aus zwischen Wissen und Glauben, zwischen Vertrauen und naivem Meinen.

3.   Gegen das Verzweifeln zweifeln

Im nächsten Abschnitt wird nun versucht, eben Dargelegtes assoziativ auf Søren Kierkegaards Ausführungen zur Verzweiflung in «Die Krankheit zum Tode» zu beziehen. Die hier zugrunde gelegte These ist, dass die wiederkehrenden wirtschaftlichen, politischen und gesellschaftlichen Krisen als das Aufbrechen latenter, kollektiver menschlicher Verzweiflung gedeutet werden können.

Damit soll dargelegt werden, dass der im vorangehenden Abschnitt erwähnte Zweifel mehr sei als eine blosse Skepsis gegenüber gewissen Funktionsbedingungen des marktwirtschaftlichen Systems. Er ist ein konstituierendes Element einer die Wirtschaft und andere Gesellschaftsbereiche integrierenden, aufgeklärten Kultur und Gesellschaft. Ohne den Zweifel wuchert unter der Oberfläche verborgen und unerkannt die Verzweiflung – nur, um in immer wiederkehrenden Krisen unversehens und offen zu Tage zu treten.

Søren Kierkegaard unterscheidet drei Arten von Verzweiflung: «Verzweifelt nicht man selbst sein wollen, verzweifelt man selbst sein wollen» sowie das, was er «uneigentliche Verzweiflung» nennt: «Verzweifelt sich nicht bewusst sein, ein Selbst zu haben».[9]

Verzweiflung ist demnach als gebrochenes Verhältnis des Ich zu seinem Selbst zu verstehen, wobei weder das Ich noch das Selbst als Substanzbegriffe missverstanden werden dürfen: Das Selbst des Menschen ist «ein Verhältnis, das sich zu sich selbst verhält»[10]. Es ist an dieser Stelle wichtig anzumerken, dass dieses Selbst bei Kierkegaard kein selbst Gesetztes ist, sondern ein von aussen, vom «Dritten», das «wiederum ein Verhältnis ist» (Gott), Gesetztes.

9   Kierkegaard, Krankheit, 13.
10 Kierkegaard, Krankheit, 13.

Für den vorliegenden Zusammenhang wesentlich ist allerdings die Feststellung, dass das Selbst des Menschen für Kierkegaard geprägt ist durch Nicht-Identität. Ganz unbesehen der Tatsache, dass Psychologie und Anthropologie bei Kierkegaard noch nicht ausdifferenziert sind, können wir sagen, dass die Verzweiflung, von der bei ihm die Rede ist, kein akzidentieller, pathologischer Gemütszustand ist, sondern ein anthropologisches Faktum. Anders als bei einer «gewöhnlichen» Krankheit ist es im Falle der «Krankheit zum Tode» so, dass nicht etwa der Ausgangszustand die Gesundheit sei, und dass dann erst – durch irgendeinen Wechselfall des Lebens – die Krankheit hinzuträte. Ganz im Gegenteil: «So könnte man, wenn man den Menschen recht kennte, sagen, nicht ein einziger Mensch lebe, ohne dass er doch etwas verzweifelt sei, ohne dass doch im Innersten eine Unruhe wohne, ein Unfrieden, eine Disharmonie, eine Angst vor etwas Unbekanntem oder vor etwas, womit er nicht einmal Bekanntschaft zu machen wagt, eine Angst vor einer Möglichkeit des Daseins oder eine Angst vor sich selbst.»[11] Die Verzweiflung ist «das ganz Gewöhnliche»: «Es ist nicht das Seltene, dass einer verzweifelt ist; nein, das ist das Seltene, das sehr Seltene, dass einer in Wahrheit es nicht ist.»[12]

Die Verzweiflung ist nach Kierkegaard das menschliche Selbst als gestörtes Selbstverhältnis, das a priori zum Scheitern verurteilte Streben des Menschen nach seiner Identität: sei es durch verzweifelte Flucht vor dem unmittelbar erfahrenen Ich oder als verzweifelte Suche des jenseits des unmittelbaren Ich-Radius liegenden Selbst. Das menschliche Verhältnis zum Selbst ist Verzweiflung, und als «Verhältnis, das sich zu sich selbst verhält»[13], ist das Selbst Verzweiflung.

Für gewöhnlich aber wird die Verzweiflung gar nicht als solche erkannt: Viele Menschen würden bestreiten, dass sie verzweifelt seien. Gerade dies erkennt Kierkegaard als die dritte Form des Verzweifelt-Seins: «Sich nicht bewusst zu sein, dass man es ist.»[14] Menschen, die ihr Selbst (ihre Verzweiflung) gar nicht erkennen, haben ihr Selbst verloren. Das sind Menschen, die sich selber vergessen, die es nicht wagen an sich selbst zu glauben, die es zu gewagt finden, sich selbst zu sein und die sich sicherer fühlen, indem sie andere nachäffen und eine Zahl in der Masse bleiben[15]. Das sind Menschen, die niemand für verzweifelt ansieht, ganz im Gegenteil, es sind Menschen, wie sie sein sollen: Sie sind «gebräuchlich wie eine gangbare Münze». «Überhaupt hat die

11 Kierkegaard, Krankheit, 21.
12 Kierkegaard, Krankheit, 22.
13 Kierkegaard, Krankheit, 13.
14 Kierkegaard, Krankheit, 22.
15 Vgl. Kierkegaard, Krankheit, 32.

Welt, wie natürlich, keinen Sinn für das wahrhaft Entsetzliche».[16] Kierkegaard sieht die Welt voll solcher Menschen, die durchaus erfolgreich, aber im Grunde selbstverloren sind.

Es wäre also wiederum der Zweifel, der diesen Umstand zutage fördern, ins Bewusstsein heben könnte. Es wäre der Zweifel daran, dass der unmittelbare Alltag, das Geschäftige, die «Spiessbürgerlichkeit», die sich «beim Trivialen [beruhigt]», tatsächlich frei von Selbstverlust und Verzweiflung sei. Der Zweifel würde die latente Verzweiflung allerdings nicht beseitigen, ganz im Gegenteil: Er würde sie erst der Latenz entziehen und zum Vorschein bringen. Die Einsicht in die anthropologisch gegebene Verzweiflung könnte allerdings durchaus auch psychologische Ausprägungen der Verzweiflung aus sich hervorrufen. Gleichzeitig eröffnet erst diese Einsicht, der Einblick in den Bruch, der das nicht mit sich selber identische Selbst durchzieht, die Möglichkeit des Glaubens. «Der Gegensatz zum Verzweifeltsein ist das Glauben.»[17] Erst das Anzweifeln gegen den schönen Schein lässt Menschen ihr eigenes Selbst als Verzweifelte erkennen.

Weisse Hemden, seidene Krawatten, geöltes Haar und lackierte Schuhe, klimatisierte Büros und teure Kunst an den Wänden könnten mit Kierkegaard als Versuch gedeutet werden, der latenten Verzweiflung nicht in die Augen schauen zu müssen. Der beruhigte Blick auf die Zahlen des Depot-Erlöses könnte der Versuch sein, die Verlustangst hinter sich zu lassen.

Der Erfolg könnte die Maske der Verzweiflung sein: des «verzweifelt nicht man selbst sein Wollens» oder des «verzweifelt man selbst sein Wollens».

Die Wirtschaft darf ohne Übertreibung als der dominante Kulturprozess unserer Zeit verstanden werden. Viele Menschen wollen «sie selbst sein», indem sie als Konsumierende, als Manager oder Unternehmerinnen am wirtschaftlichen Verwertungs- und Vergesellschaftungsprozess möglichst erfolgreich teilnehmen.

Georg Simmel hat Kultur einmal den «Weg der Seele zu sich selbst»[18] genannt, der über den «Umweg über Äusseres» führe. Als «Tragödie der Kultur»[19] hat er den Umstand bezeichnet, dass dieses «Äussere», die objektiven Inhalte der Kultur, immer weiter von ihrem Zweck (der Seele Weg zu sich selbst zu sein) abgeführt werden. Die Kultur stehe also ihrem Zweck, der Menschwerdung des Menschen entgegen, und der Mensch verliere sich selbst.

---

16 Vgl. Kierkegaard, Krankheit, 32.
17 Kierkegaard, Krankheit, 47.
18 Simmel, Kultur, 186.
19 Simmel, Kultur.

Die Gesellschaften des Nordwestens waren wirtschaftlich sehr erfolgreich in den letzten Jahrzehnten. Unsere von Wirtschaftsprozessen dominierte Kultur verschaffte in einer beispiellosen Erfolgsgeschichte Millionen von Menschen in Europa Einkommen, Sicherheit, Freiheit und Emanzipation. War das also nur ein erfolgreiches Vertuschen der tief sitzenden Verzweiflung, eine überschwänglich inszenierte Tragödie, deren Schluss-Akt uns erst noch bevorsteht?

Es soll hier nicht Kulturpessimismus zelebriert werden. Dennoch können die Zeichen der Zeit zumindest einmal dahin gehend gedeutet werden, dass Konsum und wirtschaftlicher Erfolg den Menschen die Verzweiflung nicht wirklich vom Halse halten, und sie schon gar nicht zu menschlicheren Menschen machen.

Es sind Zweifel angebracht, wenn die Kurse wieder steigen werden, wenn Autos und Fassaden glänzen, wenn ungedeckter Kredit risikolosen Erlös verspricht. Es sind Zweifel angebracht gegen den verzweifelt schönen Schein, der als «gangbare Münze» umläuft hinter der Maske von Erfolg, demonstrativem Konsum und wirtschaftlichem Wachstum.

Der Zweifel könnte individuell und gesellschaftlich tief sitzende, latente Verlustängste freilegen und uns mit der Frage konfrontieren, wer wir denn sein wollten und welches Leben wir eigentlich wählen wollten, jenseits des trügerischen Scheins.

Der Zweifel bedeutete dann ein aufgeklärtes Moment im Umfeld eines Wirtschafts- und Finanzsystems, dessen Verheissungen gesellschaftlichen und individuellen Wohlstands mit religiöser Inbrunst, und oft entgegen aller Evidenz geglaubt werden.

Der Zweifel könnte auf gesellschaftlicher Ebene den Prinzipien von Markt, Wettbewerb und Gewinnmaximierung den ihnen gebührenden Platz zuweisen und er könnte auf der menschlichen Ebene die nötige Skepsis gegenüber dem Glauben an die Erlösungskraft des Kapitalerlöses wachhalten.

4.   Zweifeln und glauben

«Ich glaube, hilf meinem Unglauben!» Dieser Ausruf des Vaters eines «besessenen» Kindes, dem die Jünger «Kraft» ihres Unglaubens den Geist nicht austreiben konnten, was deshalb nun Jesus selber tun soll, dieser Ausruf aus Markus 9,24 steht am Anfang der Schrift «Zwei Glaubensweisen» von Martin

Buber[20]. In dieser Schrift unterscheidet Buber einen tendenziell jüdisch geprägten, verweilenden, ausharrenden Glauben, einen Glaubensraum, in dem sich der Glaubende vorfindet, von einem tendenziell christlich geprägten Glauben an bestimmte, dogmatisch und in Bekenntnissen festgehaltene Glaubensinhalte[21]. Glaube einerseits als Existenzweise, in der sich Menschen vorfinden und aufhalten, selbst wenn sie die distinkten Inhalte des Glaubens nicht teilen. Glaube andererseits als quasi-Wissen, als «glauben, dass» – zum Beispiel – Christus von den Toten auferstanden sei. Während die jüdische Metanoia eine Umkehr der Blick- und Lebensrichtung in den Glauben hinein (anstatt aus ihm heraus) bedeutet, ist die christliche Metanoia in Bubers Beschreibung eher eine Bekehrung zu einem in Bekenntnissen ausgedrückten Glaubensinhalt.

Ohne hier auf eine Diskussion über die sachliche Richtigkeit dieser Unterscheidung einzutreten, soll sie als Heuristik für das darzulegende Thema in die Überlegungen einbezogen werden.

Es mag nicht erstaunen, wenn hier das Argument vertreten werden soll, dass es der Zweifel ist, der diese beiden Glaubensweisen in aufbauender Weise verbinden kann.

«Ich glaube, hilf meinem Unglauben!» ist der nur scheinbar paradoxe Ausruf eines vom Glauben getragenen Zweiflers, beziehungsweise eines vom Zweifel zerrissenen Gläubigen. In Bubers Darlegung ist es der Mensch, der sich im Raum des Glaubenslichts vorfindet in der tiefen Gewissheit, dass er diesen Raum gar nie verlassen kann, selbst wenn er dem Licht den Rücken zuwendet. Sein Ausruf könnte nun zweierlei bedeuten:

1. Ein Glauben, ja ein quasi-Wissen, *dass* er sich in diesem Raum befindet, verbunden mit der Bitte um Abwendung der Ver-Zweiflung und dem Wunsch zur Umkehr ins Licht.

2. Ein tiefes Geborgensein im Raum des Glaubens und eine Bitte, durch die konkrete Tat den Zweifel auszuräumen, dass sein Kind tatsächlich vom Dämon geheilt werden könne.

Losgelöst von der konkret geschilderten Situation im Markus-Evangelium können diese beiden Möglichkeiten zweierlei bedeuten:

---

20 Buber, Glaubensweisen.
21 Seine Unterscheidung ist nicht gleichzusetzen mit der geläufigen Unterscheidung der *fides qua* von der *fides quae creditur.*

1. Ich kenne die Inhalte des Glaubens, kann den Glauben aber nicht leben. Ich zweifle an der Wirklichkeit des Glaubens für mein Leben. Die Gegenstände des Glaubens (die Inhalte von Bekenntnissen) setzen Zweifel an der Erfahrung, an der Erfahrbarkeit des Glaubens frei.

2. Ich spüre die Gegenwart Gottes im Raum des Glaubens, mein Glaube ist wirklich, doch ich zweifle an den Inhalten der Schrift und der Bekenntnisse. Die Erfahrung des Glaubens setzt Zweifel an den eng definierten Inhalten konfessioneller Religiosität frei.

Die Theologie lebt und praktiziert diesen Zweifel in beide Richtungen. Sie expliziert einerseits die Inhalte des Glaubens für Menschen, die an deren Bedeutung für das Leben zweifeln. Sie differenziert andererseits dem im Glauben sich erfahrenden Menschen seinen Glauben, indem sie dessen Inhalte immer wieder neu anzweifelt. Der Zweifel ist Instrument und Berufung des Theologen, der Theologin: er hält – mit Blick auf den Glauben – die aufbauende, dialektische Spannung zwischen Allerweltsreligiosität einerseits, und engem Buchstabenglauben andererseits, aufrecht.

Die Theologie ist eine kritische, keine apologetische Wissenschaft. Gerade und nur deshalb kann sie Glaubenden dabei helfen, ihren Unglauben – ihren Zweifel positiv und für den Glauben konstituierend zu erfahren. «Ich glaube, hilf meinem Unglauben». Der zweifelnde Kindsvater muss nicht gleich zum ersten Theologen stilisiert werden. Doch sein Ausruf spiegelt sich in Luthers theologischer Bestimmung des Glaubenden als *«simul iustus et peccator»*. Nur weil die Theologie sowohl die Inhalte, als auch die Erfahrung des Glaubens kritisch, ja zweifelnd hinterfragt, kann sie dazu beitragen, die lebendig machende Spannung zwischen dem iustus und dem peccator aufrecht zu erhalten. Sie zweifelt sowohl gegen den verzweifelten peccator an, als auch gegen den selig allzu seligen iustus. «Kann ein gebrochener Mensch ein ganzer Mensch sein?» «Kann ein ganzer Mensch ein Gebrochener sein?»

Wo die Theologie im Dienst des Glaubens steht, tut sie es als Zweiflerin. Damit komme ich zu den Schlussbemerkungen.

5. Schlussbemerkungen

Nach diesen oft etwas assoziativ geführten Ausführungen gibt es noch etwas Aufräumarbeit zu erledigen. Zusammenfassend sollen zwei Aspekte hervorgehoben werden:

1. Die Krise geht tiefer: Sie hat anthropologische und kulturelle Komponenten.

2. Glaube und Theologie haben ungenutztes kritisches Potenzial in Bezug
    auf die Krise sowie auf allfällige Möglichkeiten ihrer Überwindung.

Ad 1: In den Ausführungen über Zweifeln und Vertrauen wurde dargelegt,
dass Vertrauen nicht zu verwechseln ist mit Leichtgläubigkeit oder gar mit
Selbsttäuschung. Was vordergründig als «Vertrauen» wahrgenommen werden
kann, kann den eigentlichen Charakter eines autoreferenziellen Prozesses,
mithin einer individuellen und kollektiven Selbsttäuschung über tatsächliche
Verhältnisse haben. Vertrauen basiert auf der Interdependenz von Vertrauen-
spartnern, sowie auf dem gegenseitigen Risiko, enttäuscht zu werden. Damit
Vertrauen nicht zum autoreferenziellen, systemischen Rückkopplungspfeifen
verkommt, braucht es einen Anker in realen, menschlichen Beziehungen, oder
mindestens in stabilen und handlungsfähigen Institutionen. Wo beides fehlt,
sind Zweifel angebracht: «Der Schein trügt», wie Jochen Hörisch es jüngst
in einem TV-Interview in Bezug auf das Geld ausdrückte. Geld funktioniert
ja nur deshalb, weil alle daran glauben, und sich darauf verlassen, dass es
funktioniert.[22]

Die wiederkehrenden Krisen können als Ausdruck des Umstandes gedeutet werden, dass der Schein trügt. Sie könnten als Ausdruck des Umstandes
interpretiert werden, dass individuelles, verzweifelt sich selbst – oder gerade
nicht sich selbst sein Wollen, kollektiv als Konsumwut und Ressourcen ver-
schlingendes Wirtschaftswachstum zelebriert, die Verzweiflung des Selbst
(Kierkegaard) zur Tragödie der Kultur (Simmel) ausweitet.

Eine adäquate Reaktion auf die Krise kann sich demnach nicht in Rettungs-
paketen, Rettungsschirmen, Regulierungen und Schuldenschnitten erschöpfen.
Es braucht einen neuen Blick auf den Menschen, auf Möglichkeiten gelingenden individuellen und kollektiven Lebens. Es braucht einen neuen Blick auf die
Wirtschaft als Kulturprozess, als Teil der Menschwerdung des Menschen. Die
Ökonomisierung der Gesellschaft muss als Verzweiflungstat entlarvt werden,
um die Ökonomie wieder in den Dienst des Lebens zu stellen.

Hier nun (ad 2) haben der Glaube, vor allem aber auch die Theologie
grosses, ungenutztes Potenzial. Der Glaube, gehalten und getragen durch die
dialektische Spannung zwischen den von Buber beschriebenen zwei Glaubensweisen, kann einen geschärften Blick dafür entwickeln, dass positiv Geglaub-
tes die Lebenswirklichkeit infrage stellen kann und umgekehrt: Die Lebenswirklichkeit das positiv Geglaubte, und dass gerade daraus lebensdienliches
Geschehen erwachsen kann.

---

22 Hörisch, Schein.

Diese Dialektik, beziehungsweise das Bewusstsein für ihre Chancen, scheint im Verhältnis zwischen der Ökonomik als Wissenschaft und der Ökonomie als wirtschaftliche Praxis noch sehr schwach ausgeprägt zu sein. Immer noch dominieren dogmatisches Festhalten an Glaubenslehren und der Versuch, diese Lehren in der wirtschaftlichen Praxis in die Realität umzusetzen: die Wirklichkeit den Modellen anzupassen statt umgekehrt.

Die Theologie ist es gewohnt, Bekenntnisse und metaphysische Wahrheiten dem konstruktiv oder dekonstruktiv kritischen Zweifel zu unterziehen. Sie ist es ebenfalls gewohnt, von der Glaubenspraxis herausgefordert zu werden. Der Glaube seinerseits ist es gewohnt, dass sowohl seine Praxis, als auch seine Inhalte theologisch infrage gestellt werden. Die Dekonstruktion metaphysischer Wahrheiten kann die Tür zu lebendigem Glauben öffnen.

«Wer glaubt, er wisse, muss wissen, er glaubt.» Das Wissen zweifelt den Glauben an, und der Glaube das Wissen. Der Zweifel verhindert, dass beides nur Spielarten dumpfen Meinens sind. Und er legt nicht nur Verzweiflung frei, sondern eröffnet auch Möglichkeiten ansatzweise gelingenden Lebens. Darüber sollten Ökonomie und Theologie, Glaube und Wirtschaft in einen ganz neuen, und vertieften Dialog treten.

Literatur

Buber, Martin, Zwei Glaubensweisen, in: Kuschel, Karl-Josef (Hg.), Martin Buber Werkausgabe, Bd. 9, Schriften zum Christentum, Gütersloh, Gütersloher Verlagshaus, 2011.

Dembinski, Paul H., Finance: Servant or Deceiver? Financialization at the crossroad, New York / Basingstoke, Palgrave Macmillan, 2009.

Feld, Lars P. / Frey, Bruno S., Trust breeds trust: How taxpayers are treated, in: Economics of Governance, Jg. 3, 2/2002, 87–99.

Hörisch, Jochen, Was hat ausgerechnet Religion mit Geld zu tun? [Videoausschnitt], in: Der Schein trügt, Dokumentarfilm von Claus Strigel, Erstausstrahlung 3.10.2009 auf 3sat, *www.youtube.com/watch?v=7Wd_Ipq82CY* (Zugriff 16.2.2012).

Kierkegaard, Søren, Die Krankheit zum Tode, Hamburg, Europäische Verlagsanstalt, 2002.

Matter, Mani, Sudelhefte – Rumpelbuch, Zürich, Ammann, 2003.

Merton, Robert K., Die Eigendynamik gesellschaftlicher Voraussagen, in: Topitsch, Ernst / Payer, Peter (Hg.), Logik der Sozialwissenschaften, Königstein im Taunus, Athenäum, 1980.

Rousseau, Denise M. / Sitkin, Sim B. / Burt, Ronald S. / Camerer, Colin, Not so different after all: A cross-discipline view of trust, in: Academy of Management Review, Jg. 23, 3/1998, 393–404.

Simmel, Georg, Der Begriff und die Tragödie der Kultur, in: Simmel, Georg (Hg.), Philosophische Kultur. Über das Abenteuer, die Geschlechter und die Krise der Moderne, Berlin, Klaus Wagenbach, 1983.

Weber-Berg, Christoph, Wiedergewinnung von Vertrauen oder Rückkehr der Vertrauensillusion? Ein Plädoyer für gesundes Misstrauen gegenüber systematischen Tautologien, in: Zeitschrift für Wirtschafts- und Unternehmensethik, Jg. 11, 2/2010, 126–138.

Jochen Hörisch

Das Heil und die Heilung. Theologisch-ökonomische Überlegungen zum Gleichnis vom barmherzigen Samariter (Lukas 10,25–37)

Theologie und Ökonomie haben mehr gemeinsam, als beiden Systemen jeweils lieb ist. Ökonomen reagieren zumeist gereizt, wenn man darauf hinweist, wie theologisch gesättigt ihre Grundbegrifflichkeit ist (Kredit, Schuld/en, Gläubiger, unsichtbare Hand, Messe, Offenbarungseid etc.) und wie stark und unerschütterlich ihre Bereitschaft ist, unplausible Konstrukte wie die des homo oeconomicus oder der unsichtbaren Hand zu beglaubigen. Und Theologen gilt die Sphäre der Ökonomie häufig als zu profan; die Vorstellung, Gott sei klamm und habe Finanzprobleme, ist per se ein Sakrileg. Dennoch ist unübersehbar, wie eng ökonomisch-finanzielle und religiös-theologische Probleme und Motive miteinander verwandt sind. Nicht umsonst sind die meisten der wenigen biblischen Spitzengeschichten, die noch im kollektiven Gedächtnis selbst der kirchenfernen Bevölkerung verankert sind, Geschichten aus der theologisch-ökonomischen Wechselwirtschaft: die Geschichten von Jakobs und Josephs Wirtschaftsgenie, vom Rauswurf der Geldhändler aus dem Tempel oder von der wundersamen Brotvermehrung. Ökonomische Motive, Ideen und Themen grundieren bei genauerer Lektüre aber auch viele weitere biblische Passagen. Das gilt paradigmatisch auch für eine der meistzitierten und meistkommentierten Gleichnisreden Jesu, der Geschichte vom barmherzigen Samariter.

«Wie hast du's mit der Religion?» fragt Gretchen den geliebten klugen Mann, der sie (was nicht für seinen Takt spricht) durch ein maßlos übertriebenes, ungemein wertvolles Geschenk für sich gewinnen will. Die Frage ist klar, bündig und unmissverständlich. Faust aber windet sich unendlich, weicht aus, redet gelehrt und weigert sich doch, auf die wunderbar direkte und klare Frage eine ebenso direkte und klare Antwort zu geben. Nun haben Gretchenfragen einen zweifelhaften Ruf. Denn sie gelten als ein wenig zu direkt, und sie kommen aus dem Mund einer jungen Frau, die nicht «mit heißem Bemühn Philosophie, Juristerei und Medizin und leider auch Theologie» studiert hat. Im berühmten Gleichnis vom barmherzigen Samariter aus dem Lukas-Evangelium, wird unüberbietbar klar eine, ja die religiös-theologische Gretchenfrage an Jesus Christus gestellt: «Meister, was muss ich tun, daß ich das ewige Leben ererbe?» heißt es in Luthers Übersetzung; «Lehrer, mit welchem Tun bekomme ich Anteil am unvergänglichen Leben?» heißt es ein wenig umständlicher in der nicht unbedingt für Gretchen verfassten, aber ebenso sorgfältigen wie um Korrektheit bemühten Übersetzung, die kluge und gelehrte Köpfe für den evangelischen Kirchentag 2009 in Bremen erarbeitet haben.

Die Gretchenfrage aber stellt im Lukas-Evangelium nicht etwa eine junge, in theologischen Dingen laienhafte Frau, die sich Sorgen um das Seelenheil ihres reifen Geliebten macht – die Frage stellt vielmehr ein «Schriftgelehrter» (Luther) bzw. ein «Toragelehrter» (Übersetzung zum Kirchentag in Bremen 2009)[1]. Und es entfaltet sich ein offenes Gespräch unter Gleichen, an dem nicht nur Habermas und Habermas-Schüler mit ihrer Hochschätzung eines an Konsens orientierten, herrschaftsfreien Gesprächs, das dem zwanglosen Zwang des besseren Arguments vertraut, ihre helle Freude haben können: ein Gespräch auf hohem Niveau, von wechselseitigem Respekt getragen, das offenbar nicht vom Willen getrieben wird, Jesus in Verlegenheit zu bringen. Hier will ein *nomikos*, wie es im Griechisch des Lukas-Evangelium heißt, hier will also ein Kenner der (Tora-)Gesetze von Jesus, den er als «Lehrer» und Kenner der Schrift schätzt und anspricht, Antwort auf die zentrale Frage jedes Transzendenz-Gläubigen erhalten. Jesus verhält sich nun erst einmal erstaunlich konventionell, man ist versucht zu sagen, in einer für ihn unkonventionellen Weise konventionell. Er antwortet mit der Gegenfrage, was in der Tora geschrieben stehe und wie der Fragesteller das dort Geschriebene lese. Der Toragelehrte braucht nicht lange nachzuschlagen; er kann die einschlägigen Zentralworte sofort auswendig aufsagen, also den Vers Deuteronomina 6,5 bzw. Leviticus 19,18 herbeizitieren: «Du sollst Gott, deinen HERRN, lieben von ganzem Herzen, von ganzer Seele, von allen Kräften und von ganzem Gemüte und deinen Nächsten als dich selbst.»

Die Kirchentagsübersetzung ist hier seltsamer Weise weniger entschieden. Sie bringt zwar politisch korrekt die feminine wie die maskuline Form («deine Nächste, deinen Nächsten»), doch sie formuliert «wie dich selbst» statt in der lutherischen Tradition «als dich selbst» – eine Übersetzung, die der griechische Urtext durchaus nahelegt. Das macht nun einen Unterschied: den Nächsten so zu lieben, wie man sich selbst liebt, oder aber den Nächsten als denjenigen zu lieben, der man selbst ist – was nichts anderes heißt als zu akzeptieren, dass

---

1   Der hier in überarbeiteter Form vorliegende Text geht auf eine Bibelarbeit beim Kirchentag in Bremen 2009 zurück. Zum Spannungsverhältnis von Laienfrömmigkeit und Theologie vgl. den instruktiven Band von Nolte, Josef (Hg.), Kontinuität und Umbruch – Theologie und Frömmigkeit in Flugschriften und Kleinliteratur an der Wende vom 15. zum 16. Jahrhundert, Stuttgart 1978.

das Tun des einen das Tun des anderen ist, dass verschiedene Subjekte so rein und klar voneinander nicht unterschieden sind, dass das Ich ein Anderer, ein Nächster ist, dass, um es im philosophischen Jargon zu sagen, Intersubjektivität Subjektivität prägt und ihr vorausgeht. Damit hat die berühmte Gleichnisrede vom barmherzigen Samariter noch, bevor sie eigentlich beginnt, ihr exzentrisches Zentrum erreicht. Christus weiß, wovon er spricht, wenn er den Nächsten «als» Ich und das Ich «als» einen Anderen begreift. Denn er ist ja Menschensohn und Gottessohn zugleich und will deutlich machen, dass eben dies von allen irdischen Kindern Gottes gilt.

So entfaltet der ungemein dichte Text gleich anfangs eine starke Dynamik. Ein endlicher, irdischer, sterblicher Mensch, der aber als Gottesgelehrter nach dem Unendlichen und Absoluten fragt, will wissen, wie es ihm gelingen kann, das ewige, himmlische Leben zu erlangen. Und die von Jesus vorbehaltlos gebilligte, im allerbesten Sinne traditionelle Antwort, die gerade eben keinen Unterschied zwischen Altem Testament bzw. Gesetz einerseits und Neuem Testament bzw. Froher Botschaft macht, lautet: indem man Gott liebt und den Nächsten. Bemerkenswert ist es nun allerdings, dass die Gottesliebe, die transzendente Dimension der Antwort im Folgenden ausgeblendet, die Nächstenliebe, also die weltlich-immanente Dimension aber ausführlich problematisiert wird. Die Antwort Jesu «Du hast richtig geantwortet. Tu das! Und du wirst leben» lässt sich zwar noch auf beide Größen, auf Gott und auf den Nächsten, beziehen. Sie setzt die starke Akzentuierung von Einigkeit, Entsprechung und Konsens fort, die den Text anfänglich kennzeichnet: es herrscht Einigkeit zwischen dem zentralen Gebot des Alten und des Neuen Testaments, zwischen Liebe zu Gott und Liebe zum Nächsten, zwischen Sprechen, Bekennen und Handeln. Ein Motiv, das der Jakobus-Brief eindringlich entfaltet, in dem es heißt:

> Seid aber Täter des Worts und nicht Hörer allein, wodurch ihr euch selbst betrügt. / Denn so jemand ist ein Hörer des Worts und nicht ein Täter, der ist gleich einem Mann, der sein leiblich Angesicht im Spiegel beschaut. / Denn nachdem er sich beschaut hat, geht er davon und vergisst von Stund an, wie er gestaltet war. / Wer aber durchschaut in das vollkommene Gesetz der Freiheit und darin beharrt und ist nicht ein vergesslicher Hörer, sondern ein Täter, der wird selig sein in seiner Tat. (Brief des Jakobus 1,22–25, nach der Luther-Bibel von 1912)

Wer mag da widersprechen? Wir schätzen aus evidenten Gründen diejenigen, die nicht nur bekunden, ihrem Nächsten Gutes tun zu wollen, sondern dies auch tatsächlich praktizieren. Weil dies so strahlend klar und zustimmungspflichtig ist, fällt kaum mehr auf, wie entschieden das nun folgende Gleichnis

vom barmherzigen Samariter die übermächtige Eingangsfrage nach der ewigen
Sphäre ausblendet und ganz im Innerweltlichen verbleibt. Was quasi-automa-
tisch auch heißt, dass die Gleichnisrede von sakralen auf profane bzw. von
theologischen auf ökonomische Themen und Problemstellungen umschaltet.
Der berühmte, gewissermaßen allzu bekannte Text – er ist so bekannt, dass
ihn selbst heute in Zeiten zweifelhafter Bibelvertrautheit fast alle so sicher
nacherzählen können, wie der Gottesgelehrte die goldene Regel von der Got-
tes- und Nächstenliebe zitieren kann – der berühmte Text verschiebt die
Aufmerksamkeit vom ewigen Heil zur hier und jetzt fälligen Heilung eines
ausgeraubten Schwerverwundeten, der am Wegesrand liegt. Zu verstehen ist
der folgende Gleichnistext als Antwort auf die zweite Frage des Schriftgelehrten, dem offenbar an begrifflich-definitorischer Klarheit liegt: «Wer ist
mein Nächster?» Seltsam: die Antwort auf die erste, übergroß dimensionierte
Frage nach den Zugangsbedingungen zum ewigen Leben findet eine schnelle,
bündige, an der Tradition orientierte und bewußt nicht originelle Antwort.
Die Antwort auf die zweite Frage «wer ist mein Nächster?» aber erfordert
den Umweg über eine Gleichnisrede – eine Gleichnisrede, die auf Metaphysik
und Theologie völlig verzichtet, die rein innerweltlich bleibt, die von Heilung
und nicht von Heil, die von Ökonomie und Finanzierbarkeit und nicht von
transökonomischer Unendlichkeit handelt.

Heil und Heilung – das ist ein nicht nur sprachlich eng verwandtes Begriffspaar[2]. Jesus, den der Toragelehrte mit seiner Frage nach den letzten Dingen
anspricht, hat sich als Heilender ebenso einen Namen gemacht wie als Heiland,
der ein ungeheures Heilsversprechen gegeben hat und – aus der Zeitperspek-
tive seiner Gleichnisrede – in seinem Opfertod am Kreuz eingelöst haben
wird. Die enge Verwandtschaft zwischen Seelen-Heil und Körper-Heilung
liegt vor Augen. Es wäre aus christlich-theologischer Sicht leicht, Reden über
Halbgötter in weiß, parareligiöse Phänomene wie den Fitnesswahn, literarische
Motive wie die Suche nach dem Gral, der Amfortas von Wunden wie Sünden
gleichermaßen befreit, oder Wellness-Esoterik zu ironisieren, wenn nicht Jesus
Christus selbst immer wieder als Wunderheiler aufgetreten wäre. Gerade der

---

2   Vgl. aus der überreichen Literatur Hurth, Elisabeth, Mythos Arzt?, Taunusstein 2008 bzw.
    die «Meditation für Mediziner» von Cornelius Petrus Mayer OSA im Internet: *https://web.*
    archive.org/web/20101020203348 / *http://www.bistum-wuerzburg.de* / *bwo/dcms/sites/bistum/*
    extern/zfa/texteueber/vortragbeitrag/christusmedicus.html.

Evangelist Lukas, der als Arzt tätig war[3], stellt die irdische Heilungskompetenz Christi gerne und deutlich heraus. So heißt es im siebten Kapitel des Lukas-Evangeliums:

> Zu derselbigen stunde aber machte er viel gesund von Seuchen vnd Plagen vnd bösen Geisten / vnd viel Blinden schencket er das gesichte. Vnd Jhesus antwortet / vnd sprach zu jnen / Gehet hin vnd verkündiget Johanni / was jr gesehen vnd gehöret habt / Die Blinden sehen / die Lamen gehen / die Aussetzigen werden rein / die Tauben hören / die Tödten stehen auff / den Armen wird das Euangelium gepredigt / *Vnd selig ist / der sich nicht ergert an mir.* (Lukas 7,21–23, nach der Luther-Bibel von 1545)

Heil und Heilung setzt auch das Gleichnis vom barmherzigen Samariter in eine enge Beziehung. Heil und Heilung bilden ein Ganzes; wortgeschichtlich bedeutet ‹Heil› nichts anderes als das Ganze, das wieder ganz gemachte, die geheilte Wunde. Im Englischen ist dieser Zusammenhang noch ersichtlich – *whole* (das Ganze), *holy* (heilig) und *hole* (Loch) sind aufeinander verweisende Wörter. Am Gleichnis vom barmherzigen Samariter fällt nun auf, dass die professionellen Theologen und Priester Aug in Aug mit dem Schwerverwundeten versagen, weil sie nicht erste Hilfe leisten und schon gar nicht heilen, wohingegen der Mann aus Samaria, derjenige also, der nicht berufsreligiös ist, derjenige also, der nicht aus der Gottesstadt Jerusalem, sondern aus der Gegend westlich des Jordans kommt und einer Sonderkonfession angehört, zu heilen vermag. Ihn unterscheidet vom Leviten und vom Priester, der, da er von Jerusalem nach Jericho hinabzieht, wohl gerade vom Tempeldienst kommt und sich nicht verunreinigen will, dass er wirklich den schwer verwundeten, halbtoten Nächsten am Straßenrand so sehr «als» sich selbst erkennt, dass er buchstäblich mit ihm leidet: «Da kam ein Reisender, einer aus Samaria, dorthin, sah ihn und es ging ihm durch und durch.» (V. 33, Kirchentagsübersetzung; «und es jammerte ihn seiner», übersetzt Luther.)

Empathie lautet der sachliche psychologische Ausdruck für diese Reaktion; Mitleid, compassion, Mit-Leiden im starken Sinne des Wortes nennt diese Reaktion, die im Anderen, im Nächsten, das eigene Selbst erkennt, die Alltagssprache. Die beiden frommen Passanten, die sich dem Sakralen nahe fühlen, versagen im Profanen. Der Samariter aber lässt sich ganz und gar auf die Profanität dieses Lebens ein, über dessen Verwundbarkeit er sich keine Illusionen macht. Lukas liegt daran, dies so deutlich wie möglich herauszustellen. Vergisst er doch nicht zu erwähnen, dass der Reisende aus Samaria,

---

3   Vgl. Sellner, Hans Jörg, Das Heil Gottes – Studien zur Soteriologie des lukanischen Doppelwerkes. Berlin / New York 2007, Kap. IV: Heil und Heilung.

nachdem er erste Hilfe geleistet hat, den Verwundeten in ein Gasthaus bringt und dem Wirt zwei Denare mit dem Hinweis gibt: «Kümmere dich um ihn! Und falls du mehr ausgibst, will ich es dir bei meiner Rückkehr bezahlen.» (V. 35) Mit diesem Vers vollzieht der Text eine kaum je kommentierte Wende zur Finanz-Ökonomie. Sie ist der Inbegriff des Profanen. Undenkbar, dass der göttliche Schöpfer bei einer Bank einen Kredit aufnehmen musste, um seine Schöpfung zu finanzieren. Gott kann nicht als Schuldner gedacht werden. Sein Medium ist die schöpferische Sprache (Gott sprach, es werde *xyz*, und es ward *xyz*), nicht das Geld, das für ihn arbeitet.

Der barmherzige Samariter aber leistet nicht nur erste Hilfe. Er hat und gibt auch Geld; er investiert regelrecht in die Zukunft dessen, dem er da Nothilfe geleistet hat. Der Text lässt keinen Zweifel daran zu, dass dieser Reisende, der einem Gastwirt Geld anvertraut und verspricht, nachzuzahlen, wenn der überlassene Geldbetrag zur Pflege des verletzten nicht ausreichen sollte, sein Wort halten wird. Er hat Kredit, ihm ist zu glauben, er verdient volles Vertrauen, seine Zahlungszusage ist gedeckt, er ist in jeder Weise glaubwürdig. Wäre er, der Mitleidende, Helfende und Glaubwürdige, der repräsentative Typus der Wirtschafts- und Finanzsphäre, so gäbe es heute keine Banken- und Finanzkrisen.

An diesem äußerst profanen Punkt, an dem eine Zahlungsgarantie abgegeben wird, hat das Gleichnis sein Ende gefunden. Der kommentierende Schluss ist anders als dieses eigentümlich auf Geld und Kredit bezogene Ende der Gleichnisrede nicht irritierend. Der fragende Gottesgelehrte stimmt, wie sollte es anders sein, mit Jesus Christus überein, wenn es darum geht zu klären, wer das Gebot der Nächstenliebe am besten erfüllt hat. Der barmherzige Samariter hat weitaus überzeugender als die theologischen Profis verstanden, was das Gebot der Nächstenliebe meint und wer unter «mein Nächster» zu verstehen ist. Es kommt darauf an, dem Nächsten «durch sein Tun Barmherzigkeit zu erweisen». Auch die abschließende Wiederholung der Aufforderung Jesu «Geh und handle du entsprechend!» (V. 37), die Vers 28 bzw. Leviticus 18,5 aufgreift, wird nicht überraschen.

Ein prominenter, runder, auf allgemeine Zustimmung hin angelegter Text. Dennoch oder gerade deshalb hat er mindestens drei Widerhaken bzw. Stolpersteine. Der erste birgt theologisch-konfessionellen Sprengstoff. In Vers 29, in dem der Gottesgelehrte auf Jesu erste Aufforderung «Tu das! Und du wirst leben» reagiert, heißt es in Luthers Übersetzung: «ER aber wolt sich selbs rechtfertigen / vnd sprach zu Jhesu / Wer ist denn mein Nehester?» Bekanntlich markiert die paulinisch-augustinisch-lutherische Rechtfertigungslehre mehr noch als die Differenzen im Verständnis der Sakramente und des Priesteramtes die Differenz, die Katholiken und Protestanten scheidet. Nicht durch

Werkgerechtigkeit oder kirchliche Gnadenmittel, sondern allein durch den Glauben und Gottes Gnade (*sola fide et sola gratia*) sind, so die protestantische Grundüberzeugung, sündige Menschen gerechtfertigt; ist doch jeder von uns nach Luthers bündiger Formel «simul justus et peccator», zugleich gerechtfertigt und Sünder. Nun ist unverkennbar, dass das Gleichnis vom barmherzigen Samariter kaum anders denn als Illustration von Werkgerechtigkeit verstanden werden kann. «Tu das! Und du wirst leben!» (V. 28) «Geh und handle du entsprechend!» (V. 37) Die Übersetzung für den Bremer Kirchentag 2009 hat das Problem erkannt und deshalb formuliert: «Der (Toragelehrte) wollte seinerseits dem gerecht werden», was Jesus gesagt bzw. zitiert hat. Es bleibt eine Spannung zwischen der Rechtfertigungslehre, wie sie der Römerbrief und mit ihm Augustinus und Luther entfalten, und der auf mitleidendes Handeln zielenden Gleichnisrede vom barmherzigen Samariter.

Nun ist dies eine produktive Spannung, die dem christlichen Glauben innewohnen muss. Ist der Heiland, der Messias, der Erlöser, ist der Gottessohn Christus doch zugleich der Mensch Jesus aus Nazareth. Womit wir beim zweiten Widerhaken dieses Textes sind. Denn er behandelt das Gebot der Gottesliebe auffallend bündig, das der Liebe zum Nächsten aber ausführlich. Man muss sich vergegenwärtigen, was die Alternative wäre, um zu erkennen, dass in diesem Text mehr als das ethisch nur allzu Selbstverständliche steckt. Die Alternative wäre eben, die Gottesliebe stärker zu betonen als die Nächstenliebe. Amor dei meint Liebe Gottes im doppelten Sinne als die Liebe, die Gott für seine Geschöpfe empfindet, und die Liebe, die Gottes Geschöpfe ihrem Schöpfer gegenüber fühlen. Das Gleichnis vom barmherzigen Samariter akzentuiert unüberhörbar eine Theologie, die die Menschwerdung Gottes in Jesus Christus wirklich ernst nimmt. Im hilfsbedürftigen Nächsten ist Gott gegenwärtig. Gott selbst wird in seinem Sohn als hilfsbedürftiger, menschlicher Gott erfahrbar. Als ein Gott, der sich nicht in Frage gestellt, sondern verstanden fühlt, wenn er die Heilung irdischer Nöte stärker betont als die Fixierung auf ewiges Seelenheil. Unter den Offenbarungs- und Buchreligionen ist das Christentum diejenige, die Weltimmanenz am entschiedensten zulässt, weil sie die Figur des leidenden Gottes kennt, der die Erfahrung des Sterbens und des Todes gemacht hat. Eine *theologia crucis*, eine Tod-Gottes-Theologie ist keine frivole Herausforderung christlichen Glaubens, sie nimmt vielmehr den Kern der Christologie ernst. «Nah ist und schwer zu fassen der Gott», heißt es in einer berühmten und gar nicht so dunklen Hölderlinzeile.

Gott ist Mensch geworden: dieses grundstürzende Heils- bzw. Heilungsereignis hat – dritter Widerhaken des so stimmig scheinenden Textes – innerweltliche Auswirkungen. Das Gleichnis vom barmherzigen Samariter plädiert für irdische Nächstenliebe. Auch hier lohnt es sich, die vermiedene Alternative zu bedenken: Fernstenliebe. Wer das Gleichnis so liest – und aufmerksame Lektüre legt diese Lesart nahe, ja macht sie verbindlich – merkt sogleich, dass dieser populäre Text nicht freundlich trivial ist, sondern durchaus das Zeug hat, handfeste Debatten zu entbinden. Um dies sogleich einzuräumen: Der Forderung nach Fernstenliebe (sehr konkret: nach Brot und Medikamenten für die, die in dieser einen Welt sehr fern von uns leben) widerspricht der Gleichnistext nicht. Aber er versteht den Nächsten doch sehr konkret – nämlich nicht als den allernächsten (etwa das geliebte Familienmitglied) und auch nicht als den unbekannten bzw. die vielen unbekannten Erdenbürger, sondern als den, der rettungs- und heilungsbedürftig am Rande meines Weges, meines Lebensweges liegt. Diesen Nächsten, der mir auf meinem Lebensweg begegnet, als mich selbst zu lieben – das ist die ethisch wie theologisch tiefe Forderung, die wir erfüllt haben sollten, bevor wir die ganz lange Reise antreten, von der wir nicht wissen können, ob sie uns zum ewigen Heil führen wird. Nach einem großen Wort von Walter Benjamin gilt: Nur um der Hoffnungslosen willen ist uns die Hoffnung gegeben. Die Hoffnung des Schwerverletzten auf Heilung ist erfüllt worden – schon in diesem Leben.

Dazu trägt die finanzökonomische Dimension des Gleichnisses vom barmherzigen Samariter entschieden bei. Der Hilfsbereite ist offenbar kein Geldkritiker; er verwirft Geld nicht als ein satanisches Medium. Er setzt es vielmehr als Medium eines innerweltlichen Zeitmanagements ein. Er rechnet mit den knappen Fristen und knappen Ressourcen, die das irdische Leben nun einmal charakterisieren. Was konkret heißt: er gibt dem Wirt einen Vorschuss auf die anfallenden Kosten für die Pflege des Verwundeten und bittet um Kredit, wenn die überlassene Geldsumme nicht reichen sollte. Also gewährt und nimmt er ohne Scheu Kredit. Schwer vorzustellen, dass Jesus den barmherzigen Samariter mit seinem entspannten Verhältnis zum Medium Geld zusammen mit den Geldwechslern aus dem Tempel werfen würde. Geld ist auch unter theologischen Gesichtspunkten ein reizvolles Medium. Sorgt es doch als ein Medium der zweiten, künstlichen, von Menschen erfundenen Knappheit dafür, dass wir der ersten natürlichen, vom Schöpfergott verantworteten Knappheit an Gütern und Dienstleistungen ein wenig angstfreier begegnen können als ohne Geld. Die Zeit zwischen der Schöpfungsgeschichte und dem Leben im Paradies kennt keine Knappheiten und also auch kein Geld; die nachparadiesische Zeit des Menschen steht hingegen im Zeichen der Mangelhaftigkeit und des universalen Mangels. Dieser Mangel wird sein Ende erst dann finden, wenn der Messias diese Welt erlöst. Für die Zwischenzeit sind wir auf Erlöse angewiesen, die den Mangel erträglich machen.

Knappes Geld sorgt dafür, dass Knappheit – nun eben knapp wird. Das gilt noch im Hinblick auf pflegerische Dienstleistungen. Der Samariter hat viel zu tun, er kann nicht dauerhaft bei dem Verletzten bleiben. Sein Verhältnis zu dem Verletzten, den er ja zuvor nicht kannte, ist nah – aber so nah nun auch wieder nicht. Der Verletzte ist sein Nächster in einem fast schon kalauerhaften Sinn: er liegt am Wegrand. Das Paradox ist unübersehbar: über das Distanzmedium Geld bleibt der Samariter dem Verletzten auch dann nah, wenn er weiterzieht. Die bekannteste Gleichnisrede Jesu impliziert auch eine theologische Rechtfertigung des Mediums Geld für die Zwischenzeit, die das messianische Erlösungsversprechen von seiner Einlösung trennt.

Literatur

Hurth, Elisabeth, Mythos Arzt?, 2. Aufl., Taunusstein 2008.

Mayer, Cornelius Petrus OSA, Christus Medicus. Eine Meditation für Mediziner, *https://web.archive.org/web/20101020203348/*
  http://www.bistum-wuerzburg.de/bwo/dcms/sites/bistum/extern/zfa/texteueber/
  vortragbeitrag/christusmedicus.html.

Nolte, Josef (Hg.), Kontinuität und Umbruch – Theologie und Frömmigkeit in Flugschriften und Kleinliteratur an der Wende vom 15. zum 16. Jahrhundert, Stuttgart 1978.

Sellner, Hans Jörg, Das Heil Gottes – Studien zur Soteriologie des lukanischen Doppelwerkes. Berlin / New York 2007, Kap. IV: Heil und Heilung.

Personenregister

Autorenverzeichnis

Binswanger, Hans Christoph. Dr. oec., Prof. em. für Volkswirtschaftslehre an der Universität St. Gallen, Studium der VWL in Zürich und Kiel, 1956 Promotion, 1967 Habilitation, 1967–1992 Direktor der Forschungsgemeinschaft für Nationalökonomie (FGN-HSG), 1992–1995 Direktor des neu gegründeten Instituts für Wirtschaft und Ökologie (IWÖ-HSG). Mitglied des Ausschusses für Immissionsschutz des Landes Brandenburg, Mitglied des Wissenschaftlich-Technischen Ausschusses des Aufsichtsrats des Forschungszentrums Karlsruhe.

Veröffentlichungen in Auswahl: Die Glaubensgemeinschaft der Ökonomen: Essays zur Kultur der Wirtschaft, Hamburg 1998; Geld und Magie: Eine ökonomische Deutung von Goethes Faust, Hamburg 2005; Die Wachstumsspirale: Geld, Energie und Imagination in der Dynamik des Marktprozesses. Marburg 2006; Vorwärts zur Mäßigung: Perspektiven einer nachhaltigen Wirtschaft, Hamburg 2009; The Growth Spiral: Money, Energy, and Imagination in the Dynamics of the Market Process, Heidelberg 2013.

Chesney, Marc. Dr. oec., Prof. für Finance an der Universität Zürich. Jahrgang 1959. Hat ursprünglich Mathematik in Paris an der Universität Diderot studiert. 1989 Promotion in Genf und 1994 Habilitation an der Sorbonne. 1993–2003 Professor und stellvertretender Dekan am HEC in Paris und Präsident des CEBC (*Centre pour l'étude du blanchiment et la corruption*), dann Ruf an die Universität Zürich auf einen Lehrstuhl für Finance. Seit 2008 Vize-Direktor des Instituts für Banking und Finance an der Universität Zürich. Ausserdem Mitglied von Finance Watch.

Veröffentlichungen in Auswahl: Verschiedene Artikel im Bereich der Gefahren, die mit der Grösse und Komplexität der Finanzsphäre verbunden sind. Vgl. insbesondere: Derivative Finanzprodukte und ihre Systemrisiken, in: NZZ, 20.7.2011, Haben die Finanzmärkte den Kapitalismus verraten?, in: Der Schweizer Treuhänder, 2009/8 und auch: Stock Options and Managers' Incentives to Cheat, in: Review of Derivatives Research, 2008.

Dill, Alexander. Dr. phil., Mitaktionär, Vorstandsmitglied und Präsident des Verwaltungsrates des Basel Institute of Commons and Economics, Jahrgang 1959, Studium der Soziologie, Promotion 1989, Leiter der Deutschen Marketing Initiative, Planer von Biomasseheizwerken in Bayern, Vorsitzender der Arbeitsgruppe für Holzenergie im Forstabsatzfonds, 1999 Gründung des Softwareunternehmens «Internetkloster», 2009 Gründung des Basel Institute of Commons and Economics.

Veröffentlichungen in Auswahl: Philosophische Praxis – eine Einführung, Frankfurt 1990; Marketing für Deutschland – mit einem Vorwort von Dr. Helmut Kohl, Teisendorf 1997; Die Erfolgsfalle, München 2006; Gemeinsam sind wir reich, München 2012.

Esposito, Elena. Dr. phil., Prof. ass. der Kommunikationssoziologie in Modena und Reggio Emilia, Jahrgang 1960, Studium der Soziologie und Philosophie, Promotion 1990, 1993–2000 Assistenzprofessur in Urbino, 2000–2001 Assistenzprofessur in Modena und Reggio Emilia, 2014 Fellowship Italian Academy for Advanced Studies in America at Columbia University und Institute of Advanced Studies University of Warwick.

Veröffentlichungen in Auswahl: Soziales Vergessen. Formen und Medien des Gedächtnisses der Gesellschaft, Frankfurt am Main 2002; Die Verbindlichkeit des Vorübergehenden: Paradoxien der Mode, Frankfurt am Main 2004; Die Fiktion der wahrscheinlichen Realität, Frankfurt am Main 2007; Die Zukunft der Futures. Die Zeit des Geldes in der Finanzwelt und Gesellschaft, Heidelberg 2010; mit John, René und Rückert-John, Jana (Hg.): Ontologien der Moderne, Wiesbaden 2013.

Frankel, Tamar. LLM., SJD., Prof. der Rechtswissenschaft an der Boston University School of Law, Jahrgang 1925, Studium der Rechtswissenschaft in Jerusalem und Cambridge, Promotion 1972, 1950–1962 Tätigkeit in einer eigenen Kanzlei in Tel Aviv, 1968–1970 Assistenzprofessur an der Boston University School of Law, Gastprofessuren in Cambridge (Harvard Business School, Harvard Law School), Berkeley, Tokio, Mitglied der Massachusetts Bar Association, der American Bar Association, der Section of Corporate, Banking and Business Law, Mitglied auf Lebzeiten bei der American Bar Foundation und des American Law Institute.

Veröffentlichungen in Auswahl: Trust and Honesty, America's Business Culture at a Crossroad, Oxford 2006; Fiduciary Law, Oxford 2010; Investment Management Regulation, Anchorage 20124; The Ponzi Puzzle, Oxford 2012.

Hirszowicz, Christine. Dr. oec., Prof. em. für Bankbetriebswirtschaftslehre an der Wirtschaftswissenschaftlichen Fakultät der Universität Zürich, Jahrgang 1935, Studium der Wirtschaftswissenschaften in Zürich, Promotion 1973, 1988–1998 Direktorin der Swiss Banking School, Mitglied der Leitung des Instituts für schweizerisches Bankwesen an der Universität Zürich, Mitglied des Vorstands des Europa-Instituts an der Universität Zürich.

Veröffentlichungen in Auswahl: Hg. mit Weber, Rolf: Derivative Finanz-instrumente und Eigenmittelvorschriften, Zürich 1995; Hg. mit Weber, Rolf: Perspektiven der Europäischen Währungsunion und die Schweiz, Zürich 1996; mit Jovic, Dean: Stellenwert einer wirksamen Bankenaufsicht im Rahmen der internationalen Finanzarchitektur, Working Paper 22, 2000, mit Jovic, Dean: Neue Herausforderungen für das Kreditrisikomanagement der Banken, Der Schweizer Treuhänder 6-7/2000, Swiss Banking Policy, 5. Aufl., Bern 2003; Integrität als Wettbewerbsfaktor? Der verlorene moralische Kompass, in: Der Schweizer Treuhänder 2009.

Hörisch, Jochen. Dr. phil., Ordinarius für Neuere Germanistik und Medienana-lyse an der Universität Mannheim, Jahrgang 1951, Studium der Germanistik, Philosophie und Geschichte in Düsseldorf, Paris und Heidelberg, 1976 Pro-motion, 1982 Habilitation, 1976–1988 Assistent, Privatdozent und Professor in Düsseldorf, Gastprofessuren in Klagenfurt, Paris, Charlottesville, Prince-ton und Bloomington, Kurzzeitdozenturen in Buenos Aires, Paris, Istanbul und St. Gallen, Mitglied der europäischen Akademie für Wissenschaften und Künste in Salzburg, der Freien Akademie der Künste in Mannheim und der Freien Akademie der Künste in Hamburg, Fellow im Forschungsprojekt des Zentrums für Religion, Wirtschaft, Politik (ZRWP – Collegium Helveticum) in Basel über «Ökonomie und Religion» (2010/2011).

Veröffentlichungen in Auswahl: Die fröhliche Wissenschaft der Poesie (über frühromantische Poetologie), Berlin 1976; Bedeutsamkeit – Über den Zusammenhang von Sinn, Zeit und Medien, München 2009; Der Takt der Neuzeit – Die Schwellenjahre der Geschichte, Stuttgart 2009; Tauschen, Spre-chen, Begehren – Eine Kritik der unreinen Vernunft, München 2011; Man muss dran glauben – Die Theologie der Märkte, München 2013.

Matern, Harald. Dr. theol. des., Koordinator des SNF-Projekts «Religion. Zur Transformation eines Grundbegriffs europäischer Kultur in der deutschspra-chigen protestantischen Theologie (ca. 1830–1914)», Fellow des Forschungs-kollegs 2014–2015 «Zwischen Apokalyptik und unsichtbarer Hand» des ZRWP, Jahrgang 1982, Studium der evangelischen Theologie und Philosophie in Frei-burg i. B., Basel, Buenos Aires und Heidelberg, Promotion 2013, 2009–2013 Assistent und Forschungsassistent am Lehrstuhl für Systematische Theolo-gie/Ethik der Universität Basel, 2010–2013 Wissenschaftlicher Mitarbeiter an der Universität Erlangen im Rahmen des BMBF-Verbundprojektes «Enginee-ring Life» im Teilprojekt «Creating Life – Playing God? A Theological Analysis of Synthetic Biology».

Veröffentlichungen in Auswahl: Hg. mit Dietz, Thorsten, Rudolf Otto. Religion und Subjekt, Zürich 2012; Boldt, Joachim; Matern, Harald; Müller, Oliver; Eichinger, Tobias; Ried, Jens: Der Herstellungsbegriff in der Synthetischen Biologie, in: Jahrbuch für Wissenschaft und Ethik 17, 2012, S. 89–116; Wertgefühle und gelebte Moral. Rudolf Ottos Begründung der Ethik im Anschluss an Kant, in: Lauster, Jörg; Schüz, Peter; Barth, Roderich; Danz, Christian (Hg.): Rudolf Otto. Theologie – Religionsphilosophie – Religionsgeschichte, Marburg 2014, S. 391–402.

Pfleiderer, Georg. Dr. theol., seit 1999 Ordinarius für Systematische Theologie/ Ethik an der Universität Basel. Jahrgang 1960; Studium der evang. Theologie in München, Tübingen und Heidelberg; 1987–1992; 1996–1998; 1991 Promotion, 1998 Habilitation an der Ev.-Theol. Fak. der LMU München; Forschungsaufenthalte in Princeton (2004) und Berkeley/CA (2008). Forschungsschwerpunkte: Theorie des neuzeitlichen Christentums, Grundfragen theologischer Ethik, Politische Theologie, Bio- und Wirtschaftsethik. Wissenschaftlicher Leiter des Forschungskollegs des Zentrums für Religion, Wirtschaft und Politik (ZRWP)-Collegium Helveticum Basel; Präsident der Eidgenössischen Ethikkommission für die Biotechnologie im Ausserhumanbereich (EKAH).

Veröffentlichungen in Auswahl: Mit Alexander Heit (Hg.): Religions-Politik II. Zur pluralistischen Religionskultur in Europa. (Religion – Wirtschaft – Politik, Bd. 7), Nomos, Pano, Zürich/Baden-Baden 2012; mit Manuel Battegay und Klaus Lindpaintner (Hg.): Knowing One's Medical Fate in Advance. Challenges for Diagnosis and Treatment, Philosophy, Ethics and Religion. Karger Publishing House, Basel, Freiburg, Paris, London u. a. 2012; mit Peter Seele (Hg.): Wirtschaftsethik kontrovers. Positionen aus Theorie und Praxis (Religion – Wirtschaft – Politik, Bd.5), Pano-Verlag Zürich, Nomos Verlag Baden-Baden 2012.

Priddat, Birger P. Dr. rer. pol, Professor für Politische Ökonomie an der Universität Witten/Herdecke, Jahrgang 1950, Studium der VWL, Philosophie und Arbeitswissenschaft an der Universität Hamburg, Promotion 1985, Lehrstuhl in Witten/Herdecke seit 1991, 2004–2007 Lehrstuhl an der Zeppelin University in Friedrichshafen, 2007–2009 Präsident der Universität Witten/Herdecke, Gastprofessuren an den Universitäten Basel und Zeppelin, Friedrichshafen; 2011–2012 Fellow am Exzellenzcenter der Universität Konstanz.

Veröffentlichungen in Auswahl: Hegel als Ökonom, Berlin 1990; Die andere Ökonomie. Marburg: 1995, Moralischer Konsum. 13 Lektionen über Käuflichkeit. Stuttgart/Leipzig 1998; Der bewegte Staat (Hg.), Marburg 2000; Electronic Government (zus. m. St. A. Jansen), Stuttgart 2002; Theoriegeschichte der

Wirtschaft (Hg.), München 2002; Strukturierter Individualismus. Institutionen als ökonomische Theorie, Marburg 2004; Moral und Ökonomie, Berlin 2005; Unvollständige Akteure. Wiesbaden 2005, Irritierte Ordnung, Wiesbaden 2006; Gemeinwohlmodernisierung, Marburg 2006; Moral als Indikator, Marburg 2007; Karl Marx, Marburg 2008; Wirtschaft durch Kultur, Marburg 2009; Politik unter Einfluss, Wiesbaden 2009; Politikberatung (Hg.), Wiesbaden 2009; Diversität, Steuerung, Netzwerke, Marburg 2012; Akteure, Verträge, Netzwerke. Der kooperative Modus der Ökonomie, Marburg 2012.

Seele, Peter. Dr. rer. pol. Dr. phil, Professor für «Corporate Social Responsibility & Business Ethics» an der Università della Svizzera italiana, Jahrgang 1974, Studium der Wirtschaftswissenschaften und Philosophie/ev. Theologie. Promotion zum Dr. rer. pol. 2003 an der Universität Witten/Herdecke und zum Dr. phil 2006 an der Universität Düsseldorf. Lehrbeauftragter am Zentrum für Religion, Wirtschaft und Politik (ZRWP), von 2010–2011 Leiter der in diesem Band vertretenen ZRWP-Fellowgruppe Religion und Wirtschaft.

Veröffentlichungen in Auswahl: Philosophie der Epochenschwelle (2007), Philosophie des Neuen (2007), Das Neue in Ökonomie und Management (2007, Hg. mit B. Priddat), Wirtschaftsethik kontrovers (2011, Hg. mit G. Pfleiderer), Ordnungen im Übergang (2012, Hg. mit K. Seele), Ökonomie, Politik und Ethik in der Praktischen Philosophie der Antike (2012).

Von Braun, Christina. Dr. phil., Prof. em. für Kulturtheorie mit dem Schwerpunkt Geschlecht und Geschichte in Berlin, Jahrgang 1944, Studium der Politikwissenschaften, Soziologie und des Völkerrechts, Promotion 1990, 1969–1991 freischaffende Autorin und Filmemacherin, 1991–1993 Fellow am Kulturwissenschaftlichen Institut in Essen, 1997–2002 Gründung und Leitung des Studiengangs Gender Studies an der Humboldt-Universität zu Berlin, 2005–2007 Leiterin des Zentrums für Transdisziplinäre Geschlechterstudien der Humboldt-Universität Berlin, 2005–2012 Sprecherin des Graduiertenkollegs «Geschlecht als Wissenskategorie», 2009–2013 Gründung und Leitung des Kollegiums Jüdische Studien an der Humboldt-Universität Berlin, seit 2008 Vizepräsidentin des Goethe-Instituts.

Veröffentlichungen in Auswahl: Gibt es eine «jüdische» und eine «christliche» Sexualwissenschaft? – Sexualität und Säkularisierung, Wien 2004; mit Mathes, Bettina: Verschleierte Wirklichkeit. Die Frau, der Islam und der Westen, Berlin 2007; Stille Post. Eine andere Familiengeschichte, Berlin 2007; mit Dornhof, Dorothea und Johach, Eva (Hg.): Das Unbewusste. Krisis und Kapital der Wissenschaften, Bielefeld 2009; Der Preis des Geldes. Eine Kulturgeschichte, Berlin 2012.

Weber-Berg, Christoph. Dr. theol., Kirchenratspräsident der Reformierten Landeskirche Aargau, Jahrgang 1964, Studium der evang. Theologie in Zürich und Master of Business Administration (MBA) in Nonprofit Management in Freiburg (CH), 1995–2001 Pfarrer in Lenzburg-Hendschiken, 2001–2008 Leiter der Fachstelle «Kirche & Wirtschaft» der Reformierten Kirche Kanton Zürich, 2009–2012 Leiter des «Center for Corporate Social Responsibility» und Dozent der Wirtschaftsethik an der Hochschule für Wirtschaft Zürich, 2010–2011 ZWRP-Fellow des Collegium Helveticum an der theologischen Fakultät der Universität Basel.

Veröffentlichungen in Auswahl: Mehrwert Ethik. Added Values in Wirtschaft und Management, Zürich 2007; mit Wirz, Stephan: Finanz-Dienst-Leistungen. Finanzen im Dienst von Wirtschaft und Gesellschaft, Schmerikon 2011; als Hg. mit Wirz, Stephan: Spagat zwischen Beruf und Pflege. Neue Herausforderungen für die Personalpolitik der Unternehmen, Schmerikon 2012.